CW00971086

# LERNPUNKT DEUTSCH 3

Unter den Linden

BREITEN

PETER MORRIS
ALAN WESSON

Nelson

**Thomas Nelson and Sons Ltd**
Nelson House Mayfield Road Walton-on-Thames
Surrey KT12 5PL United Kingdom

I(T)P® Thomas Nelson is an International Thomson Company.

I(T)P® is used under licence.



First published by Thomas Nelson and Sons Ltd 1998
ISBN 0 17 4400519
NPN 9 8 7 6 5 4 3 2 1
02 01 00 99 98



Printed and bound by L.E.G.O. Spa, Italy

Picture Research by Image Select International Ltd.

**Illustration**
Gary Andrews
Dawn Brend
Eldad Druks
David Horwood
Maggie Ling
Jeremy Long
Roddy Murray
Nick Raven

**Cover Photography**
Tony Stone tr, bl
Image Bank br, ml
Brighteye Productions m

**Photography**
AKG 83m
Allsport 123b
Ann Ronan 62l, 62r, 82bl
A.F.P. Photo, Paris 30b
Alan Wesson 64t, 108tm
Chris Fairclough Colour Library 132t
Daniel Biskup 111t
Diane Collett 24t
Dieter Klein 13t, b
Colorific 137b
Corbis 45t
Hulton Getty 23t, 24br, 60br
Hans G. Isenberg 111b, bl, br
Images 79l, 79r
Image Select 82tr, 108tr, 123t, 134m,
Kobal 52br, 52mr
Oxford Scientific Films 12bl, br
PIX 25b, 25t, 31tl, 31b, 68tl, 79m, 83br, 136b, br, mr, 137t
Rex 82br, 132m
Tony Stone 114r, 132b
TRIP 23br, 31tr, 31m, 31br, 31ml, 96t
Rolf Schulten 61t, 61b
Ronald Frommann 124br
dpa (Deutsche Presse Agentur GmbH) 125b

All other photos by David Simson

Commissioning – Clive Bell
Development – Rachel Giles
Project Management – Harriette Lanzer
Editorial – Diane Collett
Marketing – Rosemary Thornhill, Michael Vawdrey, Mo Smyth-Clark
Production – Gina Mance
Concept design – Eleanor Fisher
Produced by Pardoe Blacker Publishing Ltd.

**Acknowledgements**
Julie Adams
Marion Dill
Angharad Holloway
Miroslav Imbrisevic
Simon Peberdy
Landfermann Gymnasium, Duisburg

Many thanks to all the schools who have been involved in the trialling of *Lernpunkt Deutsch*

TREFF 25, 30t + l
JUMA/TIP 30mr + b, 38b, 97, 102, 103, 124, 125b, 130, 138, 142l, 143t, l, 156(3), 163(7)
Stafette 39b
Jugendscala 44t
Musenalp Magazin 143r
Christine Lindner, *Alles, was Kindern Spaß macht* (Verlagsgruppe Falken – bassermann, 1994) 33, 47
*Das große Buch der Kinderlieder* (Verlagsgruppe Falken – bassermann, 1995) 119
Tim Hunkin, *All there is to know about everything* (Reed Books) 39t, 44b, 45t
JO/AOK Jugendmagazin 53b, 60t, 61, 62
*Das Buch der 1000 Sensationen* (Loewe Verlag GmbH, Bindlach, 1993) 12b, 52t, 53t, 60b, 140
*Expedition TITANIC*, Hamburg-Speicherstadt 82
*Handbuch für junge Umweltschützer* (C. Bertelsmann Verlag, München, 1991) 136
Walter Verlag, Olten und Freiburg im Breisgau 137

Every effort has been made to trace the copyright holders of extracts printed in this book. We apologise for any inadvertent omission, which can be rectified in a subsequent reprint.

# Willkommen!

Welcome to Stage 3 of **Lernpunkt Deutsch**. In this book you will learn how to talk about yourself, your interests, your family, your area and your country, and to give your opinion on a wide range of issues as well as talking about your hopes and plans for the future. You will also use German in situations which practise language you might need in daily life in a German-speaking country, for instance on a school trip or exchange.

The activities in **Lernpunkt Deutsch 3** cover the four skills of listening, speaking, reading and writing.

You may have already used Stages 1 and 2 of **Lernpunkt Deutsch**, or you may have used another textbook in your previous German language-learning experience. In either case, **Lernpunkt Deutsch 3** covers and/or revises all the grammar, skills and topics you will need for your examination.

Every chapter contains grammar reminders **(Lerntips)**, and these are linked to separate activities which help you work out the rules for yourself or present them in summarized form. There are also practice exercises for each grammar point, and there is a complete grammar summary towards the back of the book.

Each chapter also provides:

- two or four pages of reading texts **(Lesepausen)**, accompanied by a copymaster with exam-style questions about the material
- an exam practice section **(Prüfungstraining)**
- one or more exam speaking practice copymasters
- one or two exam skills copymasters, with revision aids and tips
- a pronunciation practice activity (**Aussprache**)
- a summary **(Zusammenfassung)** at the end, which directs you to the pages and copymasters you need for reference and revision
- an episode of the soap opera for you to listen to.

There is a new extra practice section towards the back of the book **(Extra)**, which provides further (written) exam practice activities which you may do in class or at home.

At the back of the book you will find a German-English/English-German wordlist (**Wortschatz**), and a glossary of German instructions used in the book (**Glossar**).

We hope that you enjoy using **Lernpunkt Deutsch 3**, and that it helps you to be successful in your examination.

**Viel Spaß beim Lernen!**

# Inhalt

# 1 Unterricht, Unterricht

**LERNPUNKTE**

- **Thema 1: Kommunikation im Klassenraum**
  Hilfe!!!
- **Thema 2: Schulfächer**
  Machst du jetzt Wahlfächer?
- **Thema 3: Der Schultag**
  Ist der Schultag zu lang?
- **Thema 4: Die Schuluniform**
  Trägst du gern eine Uniform?
- **Thema 5: Meinungen über die Schule**
  Was würdest du ändern?

## 1 Der neue Lehrer

Hör gut zu und sieh dir die Bildgeschichte an.

1
Heute fängt der neue Englischlehrer an.
Ich hoffe, er ist freundlich.
2
Schaut auf Seite sieben. Lest den Text und füllt die Lücken aus. Ihr habt eine Minute Zeit!
Ach nein! Ich habe keinen Kuli dabei.
KRACHHH!
3
Entschuldigung, Herr Kleinwort. Darf ich ein Blatt Papier haben? Ich habe mein Heft vergessen.
Das ist dein Problem. Ihr habt jetzt 40 Sekunden Zeit!
4
Herr Kleinwort, wie heißt dieses Wort auf deutsch?
Schlag es in einem Wörterbuch nach. Ihr habt 12 Sekunden Zeit!
5
Könnten Sie mir helfen? Ich verstehe diese Aufgabe nicht.
Jetzt Seite acht. Es gibt zehn Sätze und zehn Fotos. Was paßt zusammen? Ihr habt eine Minute Zeit!
6
Alle fertig? Gut. Jetzt Seite zehn. Beantwortet die Fragen auf englisch. Ihr habt eine Minute Zeit!
Nein!
7
Dreißig Sekunden Zeit!
Nina, wie schreibt man das? Und was bedeutet diese Frage auf deutsch?
Ich weiß es nicht.
Könnten Sie das bitte wiederholen?
8
Alle fertig? Jetzt Seite 11. Arbeitet zu zweit. Macht Dialoge. Ihr habt eine Minute Zeit!
Frank, paß auf! Der neue Lehrer ist da.
9
Macht eure Hefte auf. Wer hat seine Hausaufgaben nicht mit?

## 2 Logisch?

Hör gut zu. Sind die Antworten logisch oder unlogisch?

**Beispiel**

1 unlogisch

## 3 Im Klassenzimmer

Lies die Satzteile unten. Wie viele Sätze kannst du bilden? Mach eine Liste.

**Beispiel**

Ich verstehe das nicht!!! / Ich brauche ein Wörterbuch.

| | | | | |
|---|---|---|---|---|
| Ich habe | ein Blatt Papier | | gemacht | |
| Ich kann | mein Buch | | vergessen | |
| Ich bin | alle meine Bücher | | verstanden | |
| Ich verstehe | das | | durchlesen | |
| Ich brauche | auf die Toilette | | gehen | |
| Ich muß | keinen Kuli | | haben | ? |
| Haben Sie | dieses Wort | | wiederholen | . |
| Könnten Sie | kein Wort | (nicht) | machen | !!! |
| Müssen wir | ein Problem | | finden | |
| Darf ich | meine Arbeit | | helfen | |
| Könnte ich | die Hausaufgabe | | buchstabieren | |
| Dürfen wir | die Frage | | schreiben | |
| Wie mache ich | die Fragen | | bitte | |
| Wie schreibt man | ein Wörterbuch | | mit | |
| Wie heißt | mein Heft | | dabei | |
| Was bedeutet | meinen Bleistift | | fertig | |
| Was muß ich | mir | | auf englisch | |
| Was müssen wir | uns | | auf deutsch | |

### Lerntip

**Wortstellung im Hauptsatz und bei Fragen**

| | | | | |
|---|---|---|---|---|
| **Hauptsatz** | | Ich<br>Ich<br>Mein Heft | **brauche**<br>**habe**<br>**habe** | ein Blatt Papier.<br>mein Heft vergessen.<br>ich vergessen. |
| **Frage** | | **Darf**<br>**Könnten** | ich<br>Sie | ein Blatt Papier haben?<br>mir helfen? |
| **W-Frage** | Was<br>Wie | **muß**<br>**heißt** | ich<br>das | machen?<br>auf englisch? |

Siehe Grammatik, 3.1

## 4 Und dann?

Wie geht die Geschichte auf Seite 6 weiter? Schreib zehn Extraszenen.

**Beispiel**

**A** (Nina:) Entschuldigung. Was müssen wir machen?

**B** (Lehrer:) …

## 5 Der neue Lehrer II

Übt die neuen Szenen in einer Gruppe und nehmt sie auf Kassette auf.

# 1 Wahlfächer

GAUDI interviewt vier Jugendliche über Wahlfächer. Lies die Interviews.

GIORGIO

*Machst du jetzt Wahlfächer, Natalie?*
Natalie: Ich lerne seit drei Wochen Psychologie. Das ist bei uns Wahlfach. Außerdem mache ich Mathematik, Deutsch, Englisch, Physik ... die normalen Pflichtfächer. Ich habe Psychologie gewählt, weil ich gern Experimente und Umfragen mache, weil ich mich für Menschen interessiere, und weil meine Schwester auch seit einem Jahr Psychologie macht. Mein Lieblingsfach ist Mathe.

*Stefan und Elise, macht ihr auch Wahlfächer?*
Stefan: Ja. Wir machen alle die normalen Pflichtfächer wie Mathe und Deutsch. Andere Fächer darf man frei wählen. Meine Wahlfächer sind Französisch und Sozialwissenschaften. Ich habe Französisch gewählt, weil ich Fremdsprachen unheimlich interessant finde. Sozialwissenschaften habe ich gewählt, weil ich gern lese und diskutiere. Doch mein Lieblingsfach ist Englisch, weil ich immer gute Noten bekomme. Im Moment lesen wir ‚The Outsiders' von S.E. Hinton.

Elise: Ich mache die normalen Pflichtfächer wie Englisch, Mathe, Naturwissenschaften, Deutsch und so weiter. Seit Anfang September mache ich auch zwei Wahlfächer: Spanisch und Informatik. Ich habe Informatik gewählt, weil ich gern am Computer arbeite und weil der Lehrer ganz nett ist. Spanisch habe ich gewählt, weil mir die Sprache gefällt. Mein Lieblingsfach ist Deutsch. Mathe lerne ich nicht so gern, weil die Lehrerin unheimlich streng ist.

*Und du, Christian? Machst du jetzt ein Wahlfach?*
Christian: Ich habe auch Sozialwissenschaften gewählt.

*Weil du auch gern liest und diskutierst?*
Christian: Nee. Weil alle meine Freunde Sozi machen. Und weil ich den Lehrer OK finde. Mein älterer Bruder lernt auch Sozi und liest ganz dicke Bücher dafür, aber das interessiert mich nicht.

*Was lest ihr zur Zeit in Deutsch?*
Christian: Wir lesen ‚Die Physiker' von Friedrich Dürrenmatt. Meine Klassenkameraden lesen das ganz gern, aber ich finde es ein bißchen seltsam. Die Lehrerin ist aber ganz freundlich. Eigentlich mag ich Deutsch, weil ich gern in Gruppen arbeite und weil ich gern Projekte mache. Aber ‚Die Physiker' gefällt mir nicht.

## Lerntip
**Verben im Präsens**

| | **regelmäßig** machen | **unregelmäßig*** lesen |
|---|---|---|
| ich | mach**e** | les**e** |
| du | mach**st** | **liest** |
| er/sie/es (*usw.*) | mach**t** | **liest** |
| wir | mach**en** | les**en** |
| ihr | mach**t** | les**t** |
| Sie | mach**en** | les**en** |
| sie | mach**en** | les**en** |

* unregelmäßige Verben findest du in der Verbliste.

Siehe Grammatik, 2.1

## 2 Alles klar?

Lies den Artikel auf Seite 8 und beantworte die Fragen.

**Beispiel**

1 Sie macht seit drei Wochen Psychologie.

1 Seit wann macht Natalie Psychologie?
2 Was macht sie im Psychologieunterricht?
3 Wie findet Stefan Französisch?
4 Was macht er gern in Sozialwissenschaften?
5 In welchem Fach bekommt er nie schlechte Noten?
6* Welche Fremdsprache macht Elise seit Anfang September?
7 Warum gefällt ihr Mathe nicht?
8 Was liest Christians Klasse zur Zeit in Deutsch?
9 Was ist Christians Meinung dazu?

## 3 Wer ist das?

Hör gut zu. Wer ist das?

**Beispiel**

1 Christians Bruder

| | |
|---|---|
| Christians | Mutter |
| Elises | Bruder |
| Natalies | Deutschlehrerin |
| Stefans | Schwester |

## Lerntip
**Wortstellung im Nebensatz**

…, weil ich mich für Menschen **interessiere**.

…, weil der Lehrer ganz nett **ist**.

Siehe Grammatik 4, 4.4

## 4 Umfrage

Interviewe deine Klassenkameraden. Frag so oft wie möglich ‚Warum?'

**Beispiel**

**A** Was sind deine Wahlfächer?
**B** Meine Wahlfächer sind …

**A** Warum hast du **** gewählt?
**B** Weil …

**A** Was ist dein Lieblingsfach?
**B** Mein Lieblingsfach ist …

**A** Warum?
**B** Weil …

## 5 Und du?

Schreib jetzt einen Artikel über dich selbst. Häng ihn an die Wand. Wissen deine Klassenkameraden, wer das ist?

**Beispiel**

Ich mache zwei Wahlfächer. Ich lerne seit zwei Wochen Spanisch und …

?

?

## 1 Wann stehst du auf? ODER Ist der Schultag zu lang?

Lies die Briefe an JUFO-Magazin und schlag unbekannte Wörter nach.

AUS: JUFO-MAGAZIN, 2. SEPTEMBER

Ich habe schon die Nase voll. Der Schultag bei uns ist halt zu lang. Die Schule ist erst um 1.00 Uhr aus, aber der Unterricht fängt schon um 7.50 Uhr an. Das ist total verrückt. Ich stehe jeden Tag um 6.00 Uhr auf, weil unser Bus schon um 7.00 Uhr fährt. Ich komme um 7.20 Uhr in der Schule an. Dann sitze ich fast eine halbe Stunde herum. Dann gibt's Unterricht. Die Schule ist erst um 12.50 Uhr aus, und ich bin erst gegen 2.05 Uhr wieder zu Hause, weil ich gut 15 Minuten auf den Bus warten muß. Unmenschlich ist das.

**Sonja Schmidt, 16 Jahre**

AUS: JUFO-MAGAZIN, 9. SEPTEMBER

Sonja Schmidt ist total verrückt. Sie steht also um 6.00 Uhr auf ... Die Arme! Ich verlasse das Haus um 6.30 Uhr, weil ich auch mit dem Bus zur Schule fahre. Null Problemo! (Tip: Geh nicht zu spät ins Bett.) Und sie ist ‚erst' um 2.05 Uhr wieder zu Hause. O je! Bei uns ist die Schule um 1.00 Uhr aus, aber meine Brieffreundin in Schottland hat bis 4.00 Uhr Unterricht. Stellt euch das mal vor! Der Schultag ist zu lang??? Was will Sonja denn? Kürzere Pausen?

**Frank Pascal, 16 Jahre**

AUS: JUFO-MAGAZIN, 16. SEPTEMBER

Frank Pascal ist total verrückt. Sonja Schmidt hat recht. Der Schultag ist wirklich zu lang. Ich gehe um 11.30 Uhr ins Bett und stehe um 6.00 Uhr auf, weil ich das Haus um 6.50 Uhr verlassen muß. Die erste Stunde fängt um acht an. Kein Problem. Doch in der sechsten Stunde bin ich immer völlig kaputt. Und nein: Kürzere Pausen will ich nicht. Bei uns dauert die erste Pause sowieso nur zehn Minuten. Um 11.30 Uhr gibt es die ‚große Pause', aber sie ist auch schnell vorbei. Wir brauchen kürzere Unterrichtsstunden.

**Martin Roth, 15 Jahre**

AUS: JUFO-MAGAZIN, 23. SEPTEMBER

Martin Roth und Sonja Schmidt sind total verrückt. Der Schultag ist nicht zu lang. ‚Kürzere Stunden' bedeutet ‚schlechte Noten'. Will Martin denn nichts lernen? Sonja und Martin, ihr steht jeden Tag um 6.00 auf ... Schade! Bei uns stehen wir alle um 5.50 Uhr auf, weil wir auch 20 Kilometer mit dem Bus zur Schule fahren. So ist das Leben.

**Melanie Sammer, 16 Jahre**

## 2 Tatsache oder Meinung?

Kannst du zehn Meinungen in den Briefen finden? Mach eine Liste.

**Beispiel**

Der Schultag ist bei uns halt zu lang.

## 3 Tagesablauf

Lies die Briefe auf Seite 10. Was paßt zusammen?

**Beispiel**

1 c

| | | | |
|---|---|---|---|
| 1 | Sonja und Martin | a | ist am Ende des Schultages total müde. |
| 2 | In Martins Schule | b | fahren mit dem Bus zur Schule. |
| 3 | Sonja, Frank und Melanie | c | stehen um 6.00 Uhr auf. |
| 4 | In Franks Schule | d | fängt der Unterricht um acht an. |
| 5 | Martin | e | gibt es bis 12.50 Uhr Unterricht. |
| 6 | Sonja und Martin | f | steht um 5.50 Uhr auf. |
| 7 | Melanie | g | finden den Schultag zu lang. |
| 8 | In Sonjas Schule | h | gibt es bis 1.00 Uhr Unterricht. |

## 4 Wie war die Frage?

Hör gut zu und wähl jeweils die richtige Frage.

**Beispiel**

1 h

a Wann stehst du auf?
b Um wieviel Uhr mußt du das Haus verlassen?
c Wie kommst du zur Schule?
d Wie lange dauert die Fahrt zur Schule?
e Um wieviel Uhr fängt der Unterricht an?
f Gibt es eine Pause?
g Um wieviel Uhr ist die Schule aus?
h Wann bist du wieder zu Hause?

**Lerntip**

**Trennbare Verben im Präsens**

| | | | | |
|---|---|---|---|---|
| **aufstehen** | Ich | **stehe** | jeden Tag um 6.00 Uhr | **auf.** |
| **ankommen** | Ich | **komme** | um 7.20 Uhr in der Schule | **an.** |
| **anfangen** | Die erste Stunde | **fängt** | um 8.00 Uhr | **an.** |

Siehe Grammatik, 2.4

## 5 Partnerarbeit

Mach ein Interview mit einem/einer Partner/in zum Thema ‚Tagesablauf'.

**Beispiel**

**A** Wann stehst du auf?

**B** Ich stehe gegen 7.00 Uhr auf.

**A** Um wieviel Uhr mußt du das Haus verlassen?

JUFO
Ist der Schultag zu lang?

## 6 Mein Tagesablauf

Mach dir Notizen über deinen eigenen Tagesablauf. Wieviel kannst du sagen, ohne dir die Notizen anzusehen?

**Beispiel**

Der Schultag ist wirklich zu lang. Ich stehe jeden Tag um ... auf. Ich verlasse das Haus gegen ...

## 7 Ist der Schultag zu lang oder nicht?

Schreib einen weiteren Brief an JUFO-Magazin zum Thema ‚Schultag'.

**Beispiel**

Melanie Sammer und Frank Pascal sind total verrückt ... *usw., usw.*

**ODER**

Melanie Sammer und Frank Pascal haben recht ... *usw., usw.*

# Lesepause

## Lieber Zoffkasten ...

Lieber Zoffkasten!

Ich finde die Schule wirklich stressig. Die Arbeit ist mir echt zu viel. Niemand hilft mir. Ich sitze immer alleine im Klassenzimmer. Oft gucke ich aus dem Fenster oder ich träume von der nächsten Pause. Ich mache mir ständig Sorgen wegen schlechter Noten. Der Schuldirektor sagt, daß ich ein fauler Sack bin. Am Anfang war ich immer sehr zufrieden in der Schule, aber jetzt sehne ich mich die ganze Zeit nach den Ferien. Mir geht's schlecht in der Schule. Hilfe!

Thomas Meyer, Lehrer

*Hör doch auf zu meckern! Du glaubst, dir geht es schlecht? Frag die Schüler, wie es ihnen geht!*
*Dein Zoffkasten*

## Perfekte Lehrer ...

gehen gern zur Schule
waren einmal Schüler
sind immer gerecht

langweilen nie
sind nie gelangweilt
haben immer Zeit

sehen meine Schwächen
verstehen meine Schwächen
haben selbst keine

sind entdornte Rosen
geben gute Noten
besonders für Gedichte

*Jana Reinhold, 16 Jahre*

## *Krähe bekommt eine Eins in Fremdsprachen*

Es gibt auf der Welt Tausende von Dialekten und Sprachen. Daher müssen die Menschen Fremdsprachen lernen, wenn sie in fremde Länder reisen. Doch Tiere haben auch unterschiedliche Sprachen und Dialekte. Zum Beispiel: Die Laute der Krähen haben in verschiedenen Gegenden eine ganz andere Bedeutung. Also würde eine deutsche Krähe eine spanische Krähe nicht verstehen.
Experten haben festgestellt, daß manche Krähen auf ihren Wanderungen tatsächlich fremde Dialekte lernen. Besonders kluge Vögel lernen sogar echte Fremdsprachen. Diese Krähen kennen die wichtigsten Ausdrücke in der Sprache der Dohlen und Möwen.

¡Buenos dias!

Können Sie das bitte wiederholen?

# Was hast du in deiner Schultasche?

**Carolin**

Carolin ist 17 Jahre alt und besucht die Stufe 12 des Gymnasiums. Ihre Hobbys sind Zeichnen, Schreiben, Reiten, Tanzen und Singen. Ihre Leistungskurse in der Schule sind Englisch und Spanisch.

Carolins Schultasche ist ein Rucksack: ‚Ich schleppe darin meine Bücher zur Schule, transportiere meine Reitsachen zum Stall und nehme ihn zu meiner Sing-Gruppe mit.'

Haarband, Kette, Tagebuch, Taschentücher, Asthmaspray, Geldbörse, Busausweis, Kassettenspieler, Kassette.

Meine Bücher. ‚Die Moorhexe' ist ein Fantasy-Horror-Roman. Ich bin gerade an einer spannenden Stelle. Der andere Roman ist auf englisch.

kokett
SONY
WALKMAN
Wolfgang Hohlbein
DIE MOORHEXE
CLIVE CUSSLER
INCA GOLD
1995
Die Würfel von Cäsar

Ein Block mit Stiften. Zeichnen und Schreiben sind meine Lieblingshobbys.

Mein Schlüsselbund. Daran sind der Schlüssel für die Haustür und der Schlüssel fürs Fahrrad.

**Arne**

Arne ist 14 Jahre alt und geht aufs Gymnasium. Seine Hobbys sind Tennis und Musik. Arne spielt Klavier und guckt gern Fußball.

Arne hat auch einen Rucksack. ‚Im Moment ist mein ganzer Kram im Sack. Ich schleppe ihn einfach so herum!', sagt Arne.

Bücher, die ich im Moment lese. Wenn man mit dem Bus fährt, hat man viel Zeit zum Lesen.

Musikkassette und Kassettenspieler. Ich höre besonders gern Hexenhammer und SMRT.

Taschentücher, Kalender, Hustenpastillen, die meine Mutter aus der Apotheke mitgebracht hat.

SONY
WALKMAN
PHILADELPHIA
Labello
Taschenkalender
1995

Mein Portemonnaie. Drin habe ich die Telefonnummer von meiner Ex-Freundin, von meiner jetzigen Freundin und von meinem Vater. Außerdem ein Foto von meiner Ex.

# 1 Die Schuluniform

Hör zu und lies die Bildgeschichte.

1

Ich habe hier die Briefe von euren Brieffreunden in Australien. Sie schreiben über ihre Schuluniform.

Astrein!

2

O je! Hört zu! ‚Ich trage eine grüne Jacke, ein weißes Hemd und eine schwarz-grüngestreifte Krawatte.' Zum Totlachen! Guckt euch mal das Foto an.

Ich finde die grüne Jacke ganz praktisch. Ja. Die grüne Jacke sieht gut aus.

3

‚Ich trage eine schwarze Hose und einen dunkelgrünen Pullover.' Ich habe auch ein Foto. O je! Eine Katastrophe!

Der dunkelgrüne Pullover gefällt mir gut. Das weiße Hemd ist auch ganz ordentlich. Ja. Ich mag das weiße Hemd.

4

‚Ich trage auch schwarze Schuhe. Wir dürfen keine Sportschuhe tragen.' Keine Sportschuhe? Das ist unmenschlich!

Ach nee! Die schwarzen Schuhe sind ganz toll. O ja. Ich mag die schwarzen Schuhe.

5

Ich habe auch einen Brief von Charlie. ‚Ich trage immer eine gestreifte Krawatte, eine weiße Bluse und einen dunkelgrünen Rock …' Wie bitte?!?

Ich glaube, Charlie ist ein Mädchen. Sieh dir das Foto an. O, ich mag den grünen Rock.

6

Ja. Eine Schuluniform hat viele Vorteile. Sie macht einen guten Eindruck. Alle Schüler sehen gleich aus …

Das sind Vorteile?

7

Man muß nicht immer überlegen, was man tragen soll …. Man ist nicht von der Mode abhängig. Also. Was meint ihr? Würdet ihr gern eine Uniform tragen?

8

Niemals!!!

# 2 Was meint ihr?

Im Text findest du positive und negative Kommentare. Mach zwei Listen.

**Beispiel**

| Positive Kommentare | Negative Kommentare |
| --- | --- |
| Ich mag das weiße Hemd. | Zum Totlachen! |

## 3 Mit anderen Worten

Wähl jeweils das richtige Wort und schreib die Zusammenfassung auf.
**Beispiel**
Die australischen Schüler müssen eine Uniform tragen. Sie ...

Die **deutschen/australischen** Schüler müssen eine Uniform tragen. Sie dürfen nur Kleidung in bestimmten **Farben/Größen** tragen. Zum Beispiel tragen die **Lehrer/Jungen/Mädchen** eine grüne Jacke, ein weißes Hemd, eine gestreifte Krawatte und eine schwarze Hose. Die Mädchen tragen auch eine **Jacke/Krawatte/Hose**, eine weiße Bluse und einen grünen Rock. Man darf **niemals/nur** schwarze Schuhe tragen. Sportschuhe sind nicht **gestattet/verboten/modisch**. Die deutsche Lehrerin findet die Uniform **modisch/praktisch** und ordentlich. Einige **Vorteile/Probleme** sind: Man ist nicht von der Mode abhängig und die Uniform macht einen guten Eindruck. Doch die deutschen Schüler finden die Idee **astrein/komisch**.

## 4 Was tragen sie?

Fünf deutsche Schüler/innen bekommen Kassetten von ihren Partnerschulen. Was für eine Uniform tragen die Partner/innen? Hör gut zu und schreib jeweils drei Buchstaben auf.
**Beispiel**
1 i, e, c

a 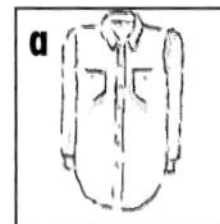
b 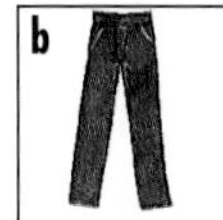
c 
d 
e 
f 
g 
h 
i 
J 

### Lerntip

**Adjektivendungen**

| | Maskulinum | Femininum | Neutrum | Plural |
|---|---|---|---|---|
| **Nom.**<br>**Akk.** | der grüne Pullover<br>den grünen Rock | die grüne Jacke<br>die grüne Jacke | das weiße Hemd<br>das weiße Hemd | die schwarzen Schuhe<br>die schwarzen Schuhe |
| **Akk.** | einen grünen Rock | eine grüne Jacke | ein weißes Hemd | schwarze Schuhe |

Siehe Grammatik, 9.1, 9.2

## 5 Noch etwas!

Hör noch einmal zu. Sind die Schüler/innen mit der Schuluniform zufrieden?
**Beispiel**
1 nein

## 6 Partnerarbeit

Macht einen Dialog zu zweit.
**Beispiel**

**A:** Trägst du eine Schuluniform?
**B:** Ja, ich trage ... und ... *usw.*
**A:** Gefällt dir die Uniform?
**B:** Ja/nein. Sie gefällt mir gut/nicht.
**A:** Warum (nicht)?
**B:** Ich mag ... und ... (nicht).
**A:** Was sind die Vorteile einer Uniform?
**B:** ...

## 7 Brief an die Partnerschule

Schreib einen Brief an einen Brieffreund/eine Brieffreundin.

- Beschreib deine Schuluniform.
- Schreib, ob du damit zufrieden bist.
- Schreib, warum/warum nicht.

## 1 Wenn ich Schuldirektor/in wäre

Schulvorschriften, Schulregeln ... ,Ihr müßt dies machen.' ,Ihr dürft das nicht machen.' OK. Endlich bist *du* dran. Was würdest *du* machen, wenn du Schuldirektor/in wärst?

In Frankreich müssen die Schüler bis vier oder fünf Uhr in der Schule bleiben. Unglaublich! Zum Glück müssen wir das nicht machen. Das würde ich hier bestimmt nicht einführen. Leider muß ich nächstes Jahr sitzenbleiben. Das ist es, was ich sofort ändern würde!
**Harald, Augsburg**

Wir müssen immer viele Klassenarbeiten schreiben, aber das muß sein, finde ich. Doch das deutsche Notensystem kann ich nicht akzeptieren. Wenn man nur zweimal im Jahr eine Fünf oder eine Sechs bekommt, muß man das ganze Jahr wiederholen. Das würde ich sofort ändern.
**Steffi, Rostock**

Warum muß mein Mathelehrer immer eine grüne Krawatte zu einem gelben Hemd tragen? Muß das sein? Das würde ich ihm verbieten. Meine Eltern sagen auch dauernd: ,Du mußt deine Hausaufgaben zu Hause machen, nicht im Bus.' Ich würde also die Hausaufgaben abschaffen. Problem gelöst!
**Marc, Erfurt**

Hier darf man im Unterricht essen, aber es kann total nervig sein, wenn jemand während einer Diskussion seine Chips ißt. Das würde ich also verbieten. Und warum dürfen die Lehrer in der Schule rauchen? Das Lehrerzimmer stinkt nach Qualm. Das würde ich wohl auch ändern.
**Tima, Bremen**

Ich muß jeden Morgen um sechs aufstehen. Das kann stressig sein. Aber so schlimm ist es auch nicht. Während der Pausen dürfen wir nicht im Klassenzimmer bleiben. Wir müssen auch bei Kälte und Schnee auf den Schulhof gehen. Doch die Lehrer müssen nicht rausgehen. Das würde ich sofort ändern.
**Thomas, Salzburg**

## 2 Kurz gesagt

Lies den Artikel oben und schreib zwei Sätze über jede Person.

**Beispiel**

*Harald muß das ganze Jahr wiederholen. Er ...*

| | | | | |
|---|---|---|---|---|
| Harald | | Hausaufgaben | | verbieten. |
| Marc | darf | auch im Winter | | verstehen. |
| Tima | kann | es | | bleiben. |
| Steffi | muß | die Meinung seiner Eltern | | ändern. |
| Thomas | würde | im Klassenzimmer | (nicht) | akzeptieren. |
| Er | | einen längeren Schultag | | rausgehen. |
| Sie | | das ganze Jahr | | einführen. |
| | | das deutsche Notensystem | | abschaffen. |
| | | das Rauchen im Lehrerzimmer | | wiederholen. |
| | | die vielen Klassenarbeiten | | |

## 3 Das würde ich machen

Hör gut zu. Was paßt zusammen?
**Beispiel**
1 d

| | |
|---|---|
| **1** Murat | **a** würde das ganze Schulsystem ändern. |
| **2** Jana | **b** würde die Samstagsschule abschaffen. |
| **3** Birgit | **c** würde nur das Notensystem ändern. |
| **4** Zehra | **d** würde ein Kaugummiverbot einführen. |
| **5** Carsten | **e** würde mehr Fremdsprachen einführen. |
| **6** Christiane | **f** würde gar nichts ändern. |

### Lerntip

| **können** | **dürfen** | **müssen** |
|---|---|---|
| ich kann | ich darf | ich muß |
| du kannst | du darfst | du mußt |
| er/sie/es kann | er/sie/es darf | er/sie/es muß |
| wir können | wir dürfen | wir müssen |
| ihr könnt | ihr dürft | ihr müßt |
| Sie können | Sie dürfen | Sie müssen |
| sie können | sie dürfen | sie müssen |

Siehe Grammatik, 2.5

### Lerntip

**Wortstellung bei Modalverben**

| | | | |
|---|---|---|---|
| Du | mußt | deine Hausaufgaben zu Hause | machen. |
| Hier | darf | man im Unterricht | essen. |
| Ich | kann | das deutsche Notensystem nicht | akzeptieren. |
| Das | würde | ich sofort | ändern. |

Siehe Grammatik, 2.5

**Achtung!**
wir dürfen nicht = *we can't/we're not allowed to/we mustn't*
wir müssen nicht = *we don't have to*

## 4 Wer ist das?

Macht zu zweit ein Gedächtnisspiel. Ein/e Partner/in macht das Buch zu. Der/Die andere stellt Fragen.
**Beispiel**

**A** Er muß das ganze Jahr wiederholen.

**B** Das ist Harald.

## 5 Die Schule und du

Wieviel kannst du über die Schule schreiben?

- Welche Wahlfächer machst du? Warum?
- Was ist dein Lieblingsfach? Warum?
- Um wieviel Uhr ist die Schule aus? Bist du damit zufrieden?
- Trägst du eine Schuluniform? Was meinst du dazu?
- Wie würdest du deine Schule ändern? Warum?

## 6 Präsentation

Mach jetzt eine Präsentation über die Schule. Benutz die Notizen von deinem Artikel oben.

# Prüfungstraining

## 1 Hören

Martin erzählt seiner Mutter, was er heute in der Schule gemacht hat. Hör zu und füll die Tabelle aus.

| | Fach | Was hat er gemacht? |
|---|---|---|
| 1. Stunde | Englisch | Test |
| 2. Stunde | | |
| 3. Stunde | | |
| 4. Stunde | | |

## 2 Sprechen

*You are talking to your German friend about your school uniform, which you like wearing. Ask your friend if he/she wears a uniform to school. You must describe your uniform, say that you like it and say why. Try to persuade your friend that a school uniform is a good idea.*

- Frag, ob er/sie eine Uniform trägt.
- Beschreib deine Uniform.
- Sag deine Meinung dazu.
- Versuch, ihn/sie zu überreden, daß eine Uniform eine gute Idee ist.

## 3 Lesen

Lies den Text.

### Schlechte Noten in der Schule – was sag' ich meinen Eltern?

Im deutschen Schulsystem sind die besten Noten eine Eins und eine Zwei. Wenn man zweimal im Schuljahr eine Fünf oder eine Sechs bekommt, muß man ‚sitzenbleiben' (d.h., man muß das ganze Schuljahr in allen Fächern wiederholen). Viele Schüler haben Angst davor, sitzenzubleiben, weil sie mit ihren Freunden in einer Klasse bleiben wollen oder weil sie Ärger mit ihren Eltern bekommen können ...

Am besten ist es, glaube ich, sofort zu sagen, wenn man eine Fünf oder eine Sechs bekommen hat. Die Noten stehen sowieso im Jahreszeugnis. Gewöhnlich bekomme ich eine Eins oder eine Zwei. Doch wenn ich mal eine Fünf bekomme, gibt's zwei Wochen Hausarrest. Das geht mir auf den Keks.

**Thorsten Müller, 15 Jahre, Gymnasium, Rostock**

Wenn ich eine schlechte Note bekomme, warte ich immer ein paar Wochen ab, bis ich eine gute Note in einem anderen Fach bekommen habe. Dann zeige ich meinen Eltern beide Noten. So sieht's nicht mehr so schlimm aus.

**Stefanie Witzmann, 15 Jahre, Hauptschule, Trier**

Zuerst mache ich immer dumme Ausreden wie z.B.: Der Lehrer war nicht gerecht ... Aber das bringt nichts. Eine Fünf ist schließlich eine Fünf. Doch meine Eltern sind ganz vernünftig und machen kein großes Theater. Wir reden darüber und ich versuche, für die nächste Klassenarbeit mehr zu lernen.

**Benjamin Kahla, 15 Jahre, Gesamtschule, Hildesheim**

Beantworte die folgenden Fragen auf deutsch.

**Beispiel**

1 Die besten Noten sind eine Eins und eine Zwei.

1 Was sind die besten Noten in deutschen Schulen?
2 Warum haben Schüler Angst vor dem Sitzenbleiben?
3 Woher wissen Thorstens Eltern, welche Noten er hat, wenn er nichts sagt?
4 Wie reagieren Thorstens Eltern, wenn er eine Fünf bekommt?
5 Was macht Stefanie, bevor sie ihren Eltern von ihren schlechten Noten berichtet?
6 Warum macht sie das?
7 Was macht Benjamin zuerst, wenn er eine schlechte Note bekommt?
8 Wie helfen ihm seine Eltern?

## 1 Hören

Martin erzählt seiner Mutter, was er heute in der Schule gemacht hat. Hör zu und füll die Tabelle aus.

## 3 Lesen

Lies den Text.

## 2 Sprechen

*You are talking to your German friend about your school uniform, which you like wearing. Ask your friend if he/she wears a uniform to school. You must describe your uniform, say that you like it and say why. Try to persuade your friend that a school uniform is a good idea.*

- Frag, ob er/sie eine Uniform trägt.
- Beschreib deine Uniform.

# Selbstlernkassetten

## 1 Aussprache

Hör gut zu und wiederhole.

*Wahlfächer, Pflichtfächer ...*
*Was sind meine Lieblingsfächer?*
*Fremdsprachen find' ich wirklich gut,*
*und Geschichte ist auch nicht schlecht.*
*Doch nach und nach (ich lüge nicht)*
*wird Mathe wohl mein Lieblingsfach.*
*Echt!*

## 2 Seifenoper

Hör dir die erste Episode der Serie an.

# Zusammenfassung

## Themen

| | | Seite | Vokabeln |
|---|---|---|---|
| 1 | Kommunikation im Klassenraum | 6 | AB 4 |
| 2 | Schulfächer | 8 | AB 11 |
| 3 | Der Schultag | 10 | AB 14 |
| 4 | Die Schuluniform | 14 | AB 17 |
| 5 | Meinungen über die Schule | 16 | AB 21 |

## Grammatik

| | Seite | Arbeitsblatt | Grammatik |
|---|---|---|---|
| Wortstellung | 7 | 1 | 3.1 |
| Verben im Präsens | 9 | 7 | 2.1 |
| Wortstellung im Nebensatz | 9 | 8 | 4, 4.4 |
| Trennbare Verben im Präsens | 11 | 12 | 2.4 |
| Adjektivendungen | 15 | 16 | 9.1, 9.2 |
| *müssen, dürfen, können* | 17 | 19 | 2.5 |
| Wortstellung bei Modalverben | 17 | 19 | 2.5 |

## Besonderes

| | Seite | Arbeitsblatt |
|---|---|---|
| Lesepause | 12-13 | 15 |
| Prüfungstraining | 18-19 | – |
| Extra | 146 | – |

# 2 Was machen wir?

**LERNPUNKTE**

- **Thema 1: Freizeit und Hobbys**
  Wie ist das heute? Wie war das früher?
- **Thema 2: Radio, Fernsehen und Musik**
  Hörst du gern Musik?
- **Thema 3: Was wollen wir machen?**
  Fußball im Fernsehen – nein danke!!
- **Thema 4: Wie war das?**
  Was hast du gestern abend gemacht?

## 1 Oskar und Sebastian

Hör gut zu und sieh dir die Bildgeschichte an.

1
Oskar, was machst du in deiner Freizeit? Ich habe viele Hobbys. Ich spiele jeden Abend Fußball, und wenn es regnet, spiele ich Tischtennis.
Tischtennis ist nur was für Babys. Fußball auch. Meine jüngere Schwester spielt Fußball. Als ich jünger war, habe ich Tischtennis gespielt.

2
Ähm ... am Wochenende gehe ich immer mit meinem Bruder spazieren. In den Ferien fahren wir auch Rollschuh.
Spazieren gehen ist langweilig. Einmal in der Woche fährt meine kleine Schwester Rollschuh, aber das finde ich doof.

3
Drei- oder viermal in der Woche lese und zeichne ich. Als ich kleiner war, konnte ich weder zeichnen noch lesen.
Mm-hm – aber Lesen und Zeichnen sind auch langweilig. Ich bin zu cool für solche Sachen.

4
Schwimmen finde ich toll. Meine Freunde gehen alle schwimmen. Ich gehe auch in den Jugendclub. Jugendclubs sind nicht für kleine Kinder.
Mag ich nicht. Im Schwimmbad sind immer so viele kleine Kinder. Und wenn ich in Jugendzentren gehe, singt man Lieder, bastelt usw. Langweilig!

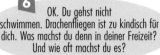

5
In den Ferien mache ich Drachenfliegen. Drachenfliegen ist echt cool. Nur ältere Leute machen Drachenfliegen.
Stimmt nicht. Meine kleine Schwester macht Drachenfliegen. Drachenfliegen ist kinderleicht.

6
OK. Du gehst nicht schwimmen. Drachenfliegen ist zu kindisch für dich. Was machst du denn in deiner Freizeit? Und wie oft machst du es?
Ähm ... ich habe keine Hobbys ...

### Lerntip

**Verben an zweiter Stelle**

| 1 | 2 | 3 | 4 | 5 |
|---|---|---|---|---|
| Ab und zu | **gehen** | wir | kegeln. | |
| In den Ferien | **fahren** | wir | auch | Rollschuh. |
| Meine jüngere Schwester | **spielt** | Fußball. | | |

Siehe Grammatik, 3.1

## 2 Fragen, Fragen

Stell deinem/deiner Partner/in Fragen über Hobbys.

**Beispiel**

Was machst du in deiner Freizeit?

Wie oft machst du es?

Hast du noch andere Hobbys?

## 3 KLARO–Artikel

KLARO hat gefragt: ‚Was machtest du vor zehn Jahren? Und was machst du jetzt?' Lies diese Texte.

Vor zehn Jahren ging ich noch aufs Gymnasium. Wenn ich Zeit hatte, spielte ich Tennis und Federball. Damals ging ich oft mit meinem damaligen Freund, Frank, in die Disco – ich habe vergessen, wann ich ihn zum letzten Mal gesehen habe. Was noch? Na ja. Zu dieser Zeit aß ich noch Fleisch. Igitt!
**Claudia (24)**

Als ich jünger war, blieb ich meistens mit meinem Vater zu Hause. Wir lasen Kinderbücher, und oft spielte ich mit unserem Meerschweinchen. Wenn ich in den Kindergarten ging, spielte ich im Sandkasten usw. Ich habe vergessen, wann mein Vater einen Videorecorder gekauft hat, aber damals schaute ich mir auch Kindervideos an.
**Karl (14)**

Vor zehn Jahren war ich noch mit Hermann zusammen. Ich war in der Oberstufe und ich mußte viel lernen, aber wenn ich Zeit hatte, ging ich Ski fahren. Zu dieser Zeit hatte ich wenige Haustiere – eigentlich nur meine kleine Katze, und damals aß ich noch Kekse, Schokolade usw. Ich hörte am liebsten Discomusik.
**Christa (28)**

### Lerntip
**Verben im Imperfekt**

Damals **aß** ich noch Kekse, Schokolade usw.
Vor zehn Jahren **ging** ich noch aufs Gymnasium.
Ich **hörte** am liebsten Discomusik.

Siehe Grammatik, 2.12

### Lerntip
**Als, wenn**

**Als** ich jünger war, blieb ich meistens mit meinem Vater zu Hause.
**Wenn** ich Zeit hatte, spielte ich Tennis und Federball.

Siehe Grammatik, 4.2, 4.1

### Lerntip
**Wann**

Ich weiß nicht mehr, **wann** ich zum letzten Mal Schokolade gegessen habe!

Siehe Grammatik, 4.3

## 4 Wer ist das?

**Beispiel**
1 Claudia

1 Zu dieser Zeit aß diese Person noch Fleisch.
2 Vor zehn Jahren hörte diese Person am liebsten Discomusik.
3 Damals spielte diese Person mit seinem/ihrem Meerschweinchen.
4 Damals ging diese Person oft in die Disco.
5 Damals spielte diese Person im Sandkasten usw.
6 Zu dieser Zeit hatte diese Person nur eine Katze.
7 Vor zehn Jahren schaute sich diese Person Kindervideos an.
8 Vor zehn Jahren ging diese Person noch aufs Gymnasium.
9 Vor zehn Jahren war diese Person noch mit Hermann zusammen.

## 5 Und heute

Hör gut zu. Wer ist das jedesmal – Claudia, Karl oder Christa?

## 6 Vor zehn Jahren

Und du? Wie war dein Leben vor zehn Jahren? Und wie ist es heute? Schreib einen kurzen Aufsatz darüber und vergleich dein Leben damals mit heute.

**Beispiel**
*Vor zehn Jahren ging ich noch auf die Grundschule. Jetzt gehe ich auf die Gesamtschule.*

## 1 Ich höre nicht gern Musik

Hör gut zu und lies den Dialog.

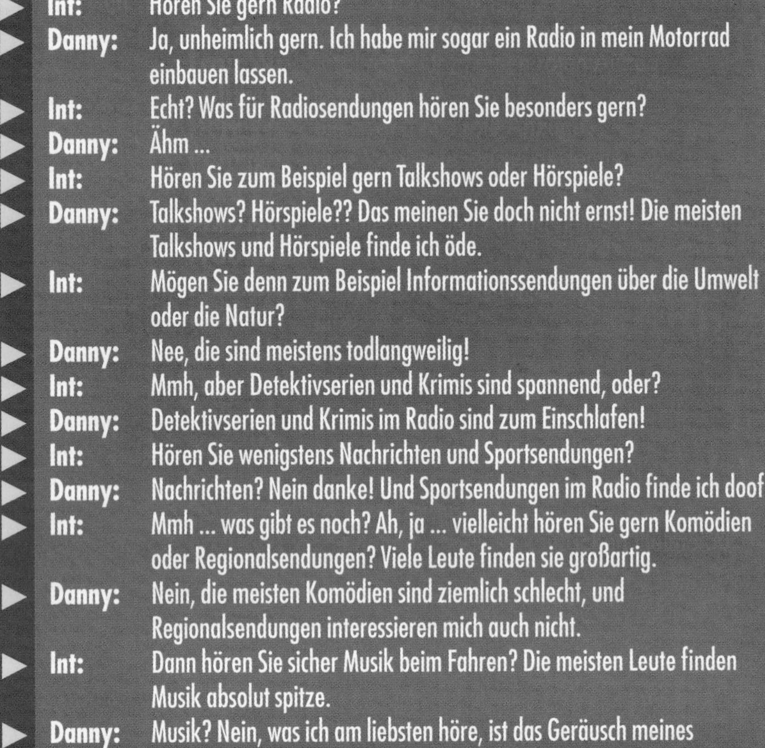

| | |
|---|---|
| **Int:** | Hören Sie gern Radio? |
| **Danny:** | Ja, unheimlich gern. Ich habe mir sogar ein Radio in mein Motorrad einbauen lassen. |
| **Int:** | Echt? Was für Radiosendungen hören Sie besonders gern? |
| **Danny:** | Ähm ... |
| **Int:** | Hören Sie zum Beispiel gern Talkshows oder Hörspiele? |
| **Danny:** | Talkshows? Hörspiele?? Das meinen Sie doch nicht ernst! Die meisten Talkshows und Hörspiele finde ich öde. |
| **Int:** | Mögen Sie denn zum Beispiel Informationssendungen über die Umwelt oder die Natur? |
| **Danny:** | Nee, die sind meistens todlangweilig! |
| **Int:** | Mmh, aber Detektivserien und Krimis sind spannend, oder? |
| **Danny:** | Detektivserien und Krimis im Radio sind zum Einschlafen! |
| **Int:** | Hören Sie wenigstens Nachrichten und Sportsendungen? |
| **Danny:** | Nachrichten? Nein danke! Und Sportsendungen im Radio finde ich doof! |
| **Int:** | Mmh ... was gibt es noch? Ah, ja ... vielleicht hören Sie gern Komödien oder Regionalsendungen? Viele Leute finden sie großartig. |
| **Danny:** | Nein, die meisten Komödien sind ziemlich schlecht, und Regionalsendungen interessieren mich auch nicht. |
| **Int:** | Dann hören Sie sicher Musik beim Fahren? Die meisten Leute finden Musik absolut spitze. |
| **Danny:** | Musik? Nein, was ich am liebsten höre, ist das Geräusch meines Motorrads. |
| **Int:** | Aber wieso haben Sie dann ein Radio im Motorrad? Was hören Sie denn? Nichts? |
| **Danny:** | Doch! Motorradrennen! |

## 2 Fragen

Lies den Dialog noch einmal durch und beantworte die Fragen.

**Beispiel**

1 (Er sagt:) Ja, unheimlich gern.

1 Wie beantwortet Danny die Frage: ‚Hören Sie gern Radio?'
2 Wie findet er Talkshows?
3 Was für Sendungen findet er doof?
4 Mag er Detektivserien und Krimis?
5 Was ist seine Meinung zu Komödien?
6 Was für Sendungen findet er todlangweilig?
7 Die meisten Leute finden Musik absolut spitze. Danny auch?
8 Was hört er gern beim Fahren?

## 3 Wie findest du Radio?

Arbeitet zu zweit und interviewt einander über Radiosendungen. Wieviel könnt ihr in zwei Minuten herausfinden?

**Beispiel**

**A** Hörst du gern Nachrichten im Radio?

**B** Nein! Gar nicht! Nachrichten im Radio sind öde!

## 4 Fernsehen – heute und morgen

Lies diese Meinungen über Fernsehen und Computer heute und in der Zukunft.
Wähl für jede Meinung einen der folgenden Zeitpunkte aus:

**Heute** | **In Fünf Jahren** | **In 50 Jahren** | **Nie/Total falsch**

**1**
Fernsehen ist zu einem schlechten Medium für Nachrichten geworden. Der Grund? Die Zuschauer verlangen, daß Fernsehsendungen spannend oder interessant sind, und deshalb bringt das Fernsehen nicht die wichtigsten Nachrichten, sondern die spannendsten oder die sensationellsten.

○ ○ ○ ○

**2**
Die Funktionen von Computer, Telefon und Fernseher sind heute fast zu 100% vermischt. Wenn die Fernsehsendungen nicht interessant sind, kann man im Internet Texte lesen, einkaufen gehen, mit der Bank sprechen, Briefe schicken, Zeitungen lesen, Freunde anrufen usw.

○ ○ ○ ○

**3**
In den meisten Ländern der Welt können die Menschen heutzutage Fernsehprogramme aus der ganzen Welt empfangen. Deswegen ist es für eine schlechte Regierung sehr schwierig, das Volk über das Fernsehen zu manipulieren. Die Menschen sehen die Programme aus dem Ausland und erkennen dadurch die Lügen der eigenen Regierung.

○ ○ ○ ○

**4**
Es gibt schon in fast jedem Zimmer des Hauses einen Fernseher. Das ist eine gefährliche Situation, weil so viele Gammastrahlen aus den Bildschirmen kommen und das Haus füllen. Fernseher sind zu einem beträchtlichen Gesundheitsrisiko geworden.

○ ○ ○ ○

**5**
Im Fernsehen gibt es in fast jeder Sendung sinnlose Gewalt. Auf diese Weise wird Gewalt idealisiert, und deshalb werden einige Jugendliche in Streitereien und Verbrechen verwickelt. Ohne Zweifel werden manche von ihnen im späteren Leben Verbrecher oder werden Frauen und Kinder mißhandeln.

○ ○ ○ ○

**6**
Fernseher, Telefon und Computer sind jetzt dasselbe geworden. Damit sie als Bildtelefon oder für Videokonferenzen funktionieren können, müssen sie eine Videokamera eingebaut haben – und darin besteht die Gefahr! Die Regierung könnte diese Kameras benutzen, um die ganze Bevölkerung eines Landes zu beobachten.

○ ○ ○ ○

SABA

## 5 Ansichtssache?

Lies die Texte noch einmal durch. Wie viele Meinungen kannst du finden? (Mindestens acht.)

**Beispiel**
Fernsehen ist zu einem schlechten Medium für Nachrichten geworden.

## 6 Debatte!

Arbeitet in Vierergruppen. Bildet Sätze über die Zukunft des Fernsehens. Die anderen Gruppen entscheiden dann, ob sie mit jedem Satz einverstanden sind oder nicht.

**Beispiel**
In der Zukunft wird man die meisten Dienstleistungen bezahlen müssen.

# Lesepause 1

## Erinnerungen

Bettina, eine 15jährige Schülerin aus Duisburg, erinnert sich an ihre Kindheit.

Mit **2** Wochen weinte ich den ganzen Tag – und fast die ganze Nacht!

Mit **2** Monaten lächelte ich zum ersten Mal.

Als ich **2** Jahre alt war, lief ich meiner Mutter in Geschäften ständig weg.

Mit **4** Jahren zählte ich schon bis zu einer Million.

Als ich **6** Jahre alt war, zeichnete ich Hunde und Katzen.

Als ich **8** Jahre alt war, fuhr ich Rad – nur einmal in den Fluß!

Mit **10** Jahren schwamm ich acht Meter, ohne die Hälfte des Schwimmbads zu schlucken.

Mit **12** Jahren ging ich auf die Gesamtschule (HILFE!!!).

Mit **14** Jahren lernte ich Englisch (die unlogischste Sprache der Welt?).

... und wie geht's weiter, frag' ich mich?

Bettina

# Die ‚gute alte Zeit'?

## *Damals (1)*

Damals gab es keine Verkehrsstaus, keine Umweltverschmutzung und keine Flughäfen. Das Reisen war langsam, angenehm und entspannend. Die Städte waren ruhig und fast unverschmutzt. Es gab an jeder Ecke ein Geschäft, und in den Städten gab es viele schöne Fachwerkhäuser. Die Waren in den Geschäften waren von besserer Qualität und die Autos hatten Sitze aus Leder und Armaturenbretter aus Holz. Radios und Grammophone waren aus Holz oder Bakelit, und das Essen hatte mehr Geschmack.

Eine Tasse Kaffee kostete nur ein paar Pfennige und ein Auto nur DM 900. Alles in allem war das Leben damals ruhiger, schöner und angenehmer.

## *Damals (2)*

Damals war das Autofahren kalt, langsam und gefährlich. Reisen war nur für reiche Leute, und nur wenige Leute zogen um.

Die meisten Leute hatten einen längeren Arbeitstag, und sie bekamen einen niedrigen Lohn und hatten fast keine Rechte.

Die Lebenserwartung der Leute war viel niedriger als heute, und viele Kinder starben bei der Geburt.

Viele Minderheiten hatten keine Rechte und das Leben war schwierig, und sie durften oft nicht bei bestimmten Firmen arbeiten.

Alles in allem war das Leben für die meisten Leute hart, langweilig, gefährlich und relativ kurz. Heute haben wir es viel besser.

# Hörst du gern Musik? Aber nicht zu laut, bitte!

Das Bundesumweltsamt in Berlin versucht, die Musiklautstärke bei tragbaren CD- und Kassettenspielern sowie in Discos zu begrenzen. Es heißt in einer Studie, daß 25% der jungen Männer und Frauen wegen zu lauten Musikhörens Probleme mit ihrem Hörvermögen bekommen können. Heutzutage sind schon nach fünf Jahren bei 10% der Jugendlichen beträchtliche Hörverluste festzustellen.

# Zuviel Fernsehen? Vielleicht sind die Eltern schuld daran ...

Um ihren Kindern ein gutes Vorbild zu sein, sollten Eltern ihren eigenen TV-Konsum beschränken. Das forderte der Vorsitzende des Bundeselternrats, Peter Hennes, bei einer Tagung in Mainz. Er sagte auch, daß Eltern den Fernsehkonsum ihrer Kinder genau beobachten sollten – nur auf diese Weise können sie herausfinden, was ihre Kinder wirklich interessiert.

## 1 Das Fußballspiel

Hör gut zu und sieh dir die Bildgeschichte an.

1
Was möchtet ihr heute machen, Wolfgang und Danny? Wollen wir Tennis spielen?
Ich würde lieber zu Hause bleiben. Heute abend kommt das Fußball-Europapokalspiel im Fernsehen.
Barbara, Wolfgang und Danny haben heute frei.
2
Fußball? Das ist zum Einschlafen. OK, Danny, aber vorher haben Wolfgang und ich die Wahl.
Ich würde gern schwimmen gehen.
3
Was wollen wir jetzt machen, Wolfgang? Wollen wir vielleicht joggen gehen?
Ich würde lieber Motorrad fahren.
Joggen gehen! Nein, bitte nicht! Ich würde lieber fernsehen.
4
OK. Wir gehen Motorrad fahren. Wollen wir ein Picknick auf dem Land machen?
MMBAD→
Ein Picknick? Prima, Barbara!
5
Astrein! Wollen wir jetzt spazieren gehen?
Oder wollen wir etwas trainieren?
NEIN!!! Ich würde lieber fernsehen!
6
So gefällt mir das Leben!
Wir sollten bald nach Hause fahren. Wir wollen das Spiel nicht verpassen.
7
Wollen wir ins Wohnzimmer gehen? Ich könnte den Fernseher einschalten.
Ja, OK. Danny, jetzt bist du dran.
8
Es fängt in fünf Minuten an. Ich kann es kaum aushalten.
Blöd ...
Zum Einschlafen!
9
Es tut uns leid, meine Damen und Herren, aber die Übertragung des Fußballspiels muß leider verschoben werden ...


## 2 Richtig oder falsch?

1 Barbara fragt: ‚Wollen wir Tennis spielen?'
2 Barbara will Fußball spielen.
3 Wolfgang möchte ein Picknick machen.
4 Danny würde lieber Tennis spielen.
5 Danny möchte nach Hause fahren.
6 Danny will den Fernseher einschalten.

### Lerntip

**Modalverben**

| **wollen – *want*** | **können – *can*** | **(möchten – *would like*)** | **(könnten – *could*)** |
|---|---|---|---|
| ich will | ich kann | ich möchte | ich könnte |
| er/sie/es/(*usw.*) will | er/sie/es/(*usw.*) kann | er/sie/es/(*usw.*) möchte | er/sie/es (*usw.*) könnte |
| wir wollen | wir können | wir möchten | wir könnten |
| sie wollen | sie können | sie möchten | sie könnten |

Siehe Grammatik, 2.5, 2.6

## Lerntip

**Ich würde lieber ...**

ich würde lieber
du würdest lieber
er/sie/es/(*usw.*) würde lieber
wir würden lieber
ihr würdet lieber
Sie würden lieber
sie würden lieber

Siehe Grammatik, 2.7

## 3 Partnerarbeit

Schlag deinem/deiner Partner/in Tätigkeiten vor. Er/Sie muß jedesmal sagen, was er/sie lieber machen würde. Die Person, der nichts Neues mehr einfällt, verliert das Spiel.

**Beispiel**

**A** Wollen wir in die Disco gehen?

**B** Ich würde lieber in den Jugendclub gehen.

## 4 Jetzt bist du dran!

Kannst du die Bildgeschichte links weiterschreiben? Benutz so viele Modalverben wie möglich.

**Beispiel**

**Barbara:** Kein Fußball im Fernsehen? Furchtbar?! Wollen wir ...?

***Fußball verschoben***
Jetzt noch eine Gelegenheit, *den großen Preis von Omnako* zu sehen.
Ihr Kommentator – Rumay Fußgänger!

## 5 Der große Preis von Omnako

Hör gut zu. Rumay Fußgänger ist kein guter Kommentator, und er macht viele Fehler. Sieh dir die Bildschirme unten an. Für welche Bildschirme gibt Rumay falsche Infos?

**Beispiel**

1, ...

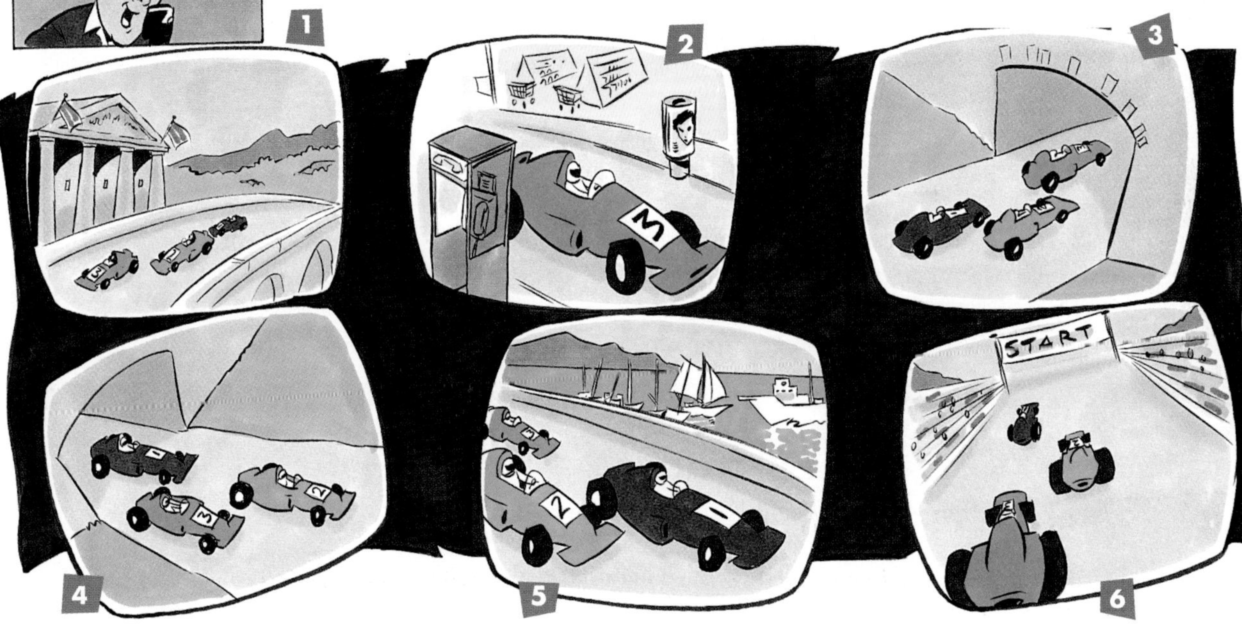
1
2
3
4
5
6
START

## Lerntip

**Präpositionen + Akkusativ oder Dativ**

| an | auf | hinter | in | neben |
|---|---|---|---|---|
| über | unter | vor | zwischen | |

**Präpositionen + Dativ allein**

| an ... entlang | an ... vorbei | aus | bei | gegenüber (von) |
|---|---|---|---|---|
| mit | nach | seit | von | zu |

Siehe Grammatik, 8

## 6 Du bist Rumay Fußgänger!

Stell dir vor, du bist Rumay Fußgänger und kommentierst einen erfundenen großen Preis. Dein/e Partner/in muß Notizen machen und dir danach soviel wie möglich darüber berichten.

**Beispiel**

Und am Start ist Nummer 3 schon vorne.

# 1 Kritiken, Kritiken

Harald hat das Buch ‚Mord auf dem *MS Blauer Stern*' gelesen, und Elisabeth hat den Film ‚Abenteuer in der Wüste' gesehen. Lies ihre Kritiken im KLARO-Magazin.

## Buchkritik: ‚Mord auf dem *MS Blauer Stern*'

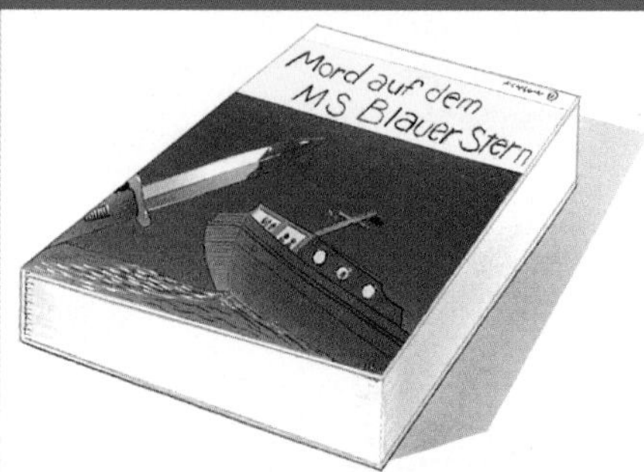
Mord auf dem
MS Blauer Stern

Das Buch ‚Mord auf dem *MS Blauer Stern*' hat ein interessantes Titelbild, aber am Anfang habe ich mich nicht gut ins Buch eingelesen. Die ersten 40 Seiten haben sich schwer gelesen, und nach einer halben Stunde habe ich das Buch fast aus der Hand gelegt.

Zum Glück habe ich weitergelesen. Nach den ersten Seiten ist es interessanter geworden, und ich habe mich ins Buch vertieft. Dann wurde die Handlung richtig spannend – erst um Mitternacht war ich mit dem Buch fertig (was für ein Ende!). Es handelt von einem Schiff, auf dem die Passagiere allmählich spurlos verschwinden, aber ihre Stimmen sind immer noch im Schiffsrestaurant zu hören. Die Figuren sind wirklich überzeugend – ich kann das Buch fast vorbehaltlos empfehlen, aber paß auf, daß du nicht auf den ersten 40 Seiten aufgibst!

**Harald**

## Filmkritik: ‚Abenteuer in der Wüste'

Neulich habe ich mir den Abenteuerfilm ‚Abenteuer in der Wüste' angesehen. Am Anfang war der Film nicht schlecht, und ich habe mich sogar ziemlich in den Film vertieft. Er handelt von einer Gruppe von Jugendlichen, die eine Autopanne in der Wüste haben. In den ersten vierzig Minuten ist die Handlung spannend, und die Figuren sind überzeugend. Dann fängt es an, unglaubhaft zu werden. Fast alle Personen im Film verlieben sich neu (und das mitten in der Wüste, ohne Essen und Getränke!). Hilfe kommt rechtzeitig (was schon von Anfang an klar war!), die Leute werden gerettet, und wenn sie nicht gestorben sind, dann leben sie noch heute ...

Alles in allem habe ich den Film langweilig gefunden, sein Ende nicht überzeugend, die Handlung langweilig und unglaubhaft und die Figuren unglaubwürdig, einfallslos und schlecht dargestellt.

**Elisabeth**

# 2 Fragen

Beantworte die Fragen zu den Texten.

**Beispiel**

1 (Das Buch heißt) ‚Mord auf dem *MS Blauer Stern*'.

1 Wie heißt Haralds Buch?
2 Wie findet Harald das Titelbild des Buches?
3 Wie lesen sich die ersten 40 Seiten?
4 Was hat Harald nach einer halben Stunde fast gemacht?
5 Wie findet Harald die Handlung?
6 Wie findet Harald die Figuren im Buch?
7 Was für einen Film hat Elisabeth gesehen?
8 Wie findet Elisabeth den Film am Anfang?
9 Wovon handelt der Film?
10 Was machen fast alle Personen im Film?
11 Wie findet Elisabeth das Ende des Films?
12 Wie findet Elisabeth die Figuren im Film?

## 3 Radio-Aktuell: Am Freitagabend

Radio-Aktuell fragt: ‚Was hast du am letzten Freitagabend gemacht?'. Hör gut zu und beantworte die Fragen.

**Beispiel**

1 Sie hat ferngesehen und Musik gehört.

Julia

Thomas

Petra

Udo

Birce

Costas

**Was ...**

1 hat Julia an diesem Freitagabend gemacht?
2 hat Thomas an diesem Freitagabend zuerst gemacht?
3 hat Petra um zehn Uhr gemacht?
4 möchte Udo am nächsten Freitagabend machen?
5 hat Birce bis spät in die Nacht gemacht?
6 hatte Costas am folgenden Montag?

**Warum ...**

7 hatte Julia Ausgehverbot?
8 hat Thomas soviel vergessen?
9 war Petras Party langweilig?
10 hat Udo während des ganzen Abends nichts gemacht?
11 war Birce am Ende des Abends erschöpft?
12 hat Costas einen furchtbaren Abend erlebt?

**Wer ...**

13 durfte nicht ausgehen?
14 ist auf einer Party gewesen?
15 ist in die Disco gegangen?
16 hat den ganzen Abend im Bett verbracht?
17 hat ein neues Mädchen kennengelernt?
18 mußte für seine/ihre Prüfungen lernen?

## 4 Partnerarbeit

Stell dir vor, du bist eine der Personen aus Übung 3. Beschreib deinem/deiner Partner/in deinen Abend. Wie schnell kann er/sie die Person erraten? Wer von euch ist schneller?

**Beispiel**

**A** Letzten Freitag bin ich nicht ausgegangen.

**B** Du bist ...

## 5 Nächste Woche

Wähl eine Person aus Übung 3 aus und beschreib seinen/ihren nächsten Freitagabend. Wie war es – besser oder (noch) schlimmer? Was hat er/sie gemacht? Mit wem hat er/sie den Abend verbracht? Wohin ist er/sie gegangen? Schreib ungefähr 100 Wörter.

**Beispiel**

*Am nächsten Freitagabend war es noch schlimmer. Ich kann es kaum glauben, aber ...*

# Lesepause 2

# Sport aktiv!

## Viele Mountainbikes versagten

Mountainbikes sind oft weniger robust, als sie scheinen – so die Stiftung Warentest.

Sie nahm neunzehn Mountainbikes unter die Lupe. Davon blieben acht Modelle auf der Strecke. In dem Labor-Härtetest ‚fand man viele Probleme und Schwachpunkte, z.B. bei den Gabeln, den Sattelstützen, den Lenkern usw.', heißt es in der Mai-Ausgabe der Zeitschrift.

## Radfahren – mit einem Unterschied!

In manchen Ländern sitzen manchmal bis zu drei Jugendliche auf einmal auf einem Rad – oder manchmal auf einem Motorrad. In der nordvietnamesischen Provinz Hai Hung transportieren Radler gewaltige Berge von Fischreusen, die aus Bambus hergestellt werden. Erstaunlich, wie die Radler die Balance halten ...!

## Rollende Demonstranten

‚München braucht eine Halle für In-Line-Skater!' Das meinten 1.000 Teilnehmer einer Demonstration. Doch das war nicht das einzige Ziel der rollenden Demonstranten. Bei vollen Gehwegen möchten die In-Line-Skater auf der Straße fahren dürfen. Da sie aber mit 20-30 Stundenkilometern oft genauso schnell wie Fahrräder sind, ist das immer noch gesetzlich verboten.

## Hüpfende Sportler

Känguruhs leben in Australien – das weiß man. Wird auch das Hüpfen als Sportart Erfolg haben? Wir werden sehen. Jedenfalls haben Spielerfinder jetzt ‚Kangoo Jumps' erfunden, mit denen man fünf Meter weit und eineinhalb Meter hoch springen kann. Aber wo soll diese Sportart ausgeübt werden? Darüber müßte man mal mit Skateboardern, BMX-Fahrern, Rollschuhläufern und Joggern reden – vor dem ersten Zusammenstoß!

# Was bedeutet Weihnachten für dich?

*In Deutschland feiern die meisten Leute Weihnachten und die anderen christlichen Feste. Bei manchen Leuten sieht es aber ganz anders aus ...*

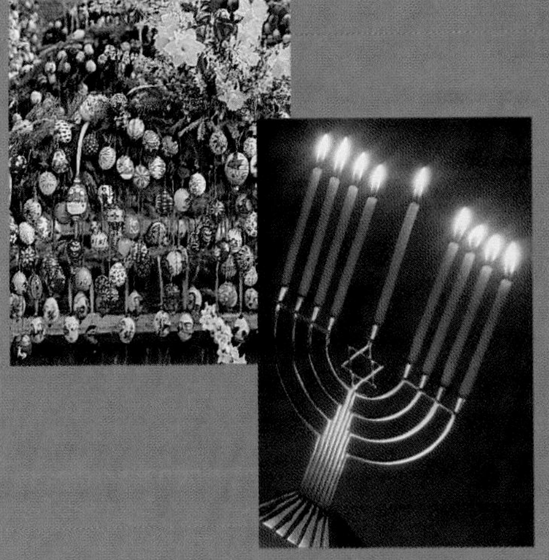

Hanukka, unser ‚Fest der Lichter', dauert dieses Jahr vom 17. bis zum 24. Dezember. Zwei Traditionen, die wir einhalten, sind die ‚Menora' (ein Kerzenhalter mit sieben Armen) anzuzünden und kleine Fritten vorzubereiten und zu essen. **Yitzhak (Jude)**

Ich feiere keine Feste. Für mich bedeuten sie gar nichts. Außerdem finde ich das Austauschen von Geschenken materialistisch. Es wäre besser, wenn alle Leute ihr Geld an Hilfsorganisationen geben würden, statt es für Karten und kitschige Geschenke auszugeben.

**Rainer (Atheist)**

Ich finde, die meisten Feste wurden nur von Regierungen oder Kirchen erfunden, um ihre Bevölkerungen gehorsam und geduldig zu machen – ‚Brot und Spiele' hieß es im Römischen Reich! Die meisten von ihnen haben heute gar keine Bedeutung und sollten nicht fortgesetzt werden.

**Marta (gegen alle Feste)**

Vor allem feiern wir Ramadan, und am Ende des Ramadan feiern wir Eid ul Fitr. Für uns bedeutet Weihnachten eigentlich nicht viel, obwohl wir zwar manchmal einen Tannenbaum schmücken. Ich persönlich finde die Prestigekäufe zu dieser Jahreszeit nicht verlockend, und ich bleibe am liebsten etwas abseits davon. **Turgut (Moslem)**

Ich finde, daß die meisten Feste viel zu eng mit dem Konsum von Süßigkeiten und Alkohol verbunden sind. Ich finde es ekelhaft, daß wir nicht ohne solche Exzesse feiern können. Für mich sind Weihnachten und Ostern wichtig als die Geburts- und Todeszeit unseres Herrn, und ich würde sie lieber auf passendere Weise feiern!

**Wolfgang (Christ)**

In meiner Heimat feiert man das Tet-Fest, wo die gesamte Familie sich gewöhnlich versammelt und runde und eckige Reiskuchen ißt. Dort schmücken wir einen Pfirsichbaum und feiern mit dem Drachentanz und einem Feuerwerk. Hier in Deutschland haben wir aber keinen Pfirsichbaum, sondern nur einen kleinen Tannenbaum.

**Moon (Vietnamesin)**

# Prüfungstraining

## 1 Hören

Übertrag diese Tabelle ins Heft. Dann hör gut zu und schreib jeweils den Namen ins passende Kästchen.

| | Am Wochenende | Ab und zu | In den Ferien | Jeden Abend |
|---|---|---|---|---|
| | | | | |
| | | | | |
| | | Matthias | | |
| | | | | |

## 2 Sprechen

*Imagine you recently spent an evening in town. Give a short presentation about the evening. You can refer to the notes and picture prompts here, if you wish.*

**Beispiel**
Letzten Samstag bin ich kegeln gegangen.

Was gemacht?
Alleine
oder mit jemandem?
Uhrzeit?
Wetter?
Wie dort hingekommen?
Gut oder schlecht gegangen?
Probleme?
VOLL
Wie gelöst?
Wann nach Hause gegangen?
Wie nach Hause gekommen?

## 3 Lesen

Lies die Meinungen von Jugendlichen über Radio und beantworte die Fragen rechts. Wer ist das?

Radio hören? Ja, das macht mir viel Spaß. Meistens höre ich Musik – am liebsten Sender ohne Werbung, in denen nicht dauernd geredet wird. Werbung im Radio finde ich blöd. Manchmal höre ich Kassetten oder CDs, aber ich habe nur wenige. **Meike, Berlin**

Ich sehe viel lieber fern, als Radio zu hören. Ich höre fast ausschließlich beim Autofahren Radio – und dann nur, wenn das Auto keinen Kassettenrecorder hat. Am liebsten wähle ich meine eigene Musik, und beim Radio ist das unmöglich. **Lotte, Graz**

Meistens höre ich Radio, wenn ich andere Sachen mache – zum Beispiel, wenn ich meine Hausaufgaben mache, wenn ich mein Zimmer putze usw. Ich höre sehr gern Nachrichten, weil ich fast keine Zeit habe, Zeitungen zu lesen. **Richard, Salzburg**

Am liebsten höre ich Sport im Radio. Ich muß oft Überstunden machen, und darum habe ich selten die Gelegenheit, mir Sport im Fernsehen anzuschauen. Am liebsten höre ich mir Tennis oder Fußball an. **Oliver, Wernigerode**

**Beispiel**
1 Lotte

1 Sie/Er hört nur Radio, wenn sie/er ein Auto ohne Kassettenrecorder fährt.
2 Sie/Er hat keine Zeit, sich Sport im Fernsehen anzuschauen.
3 Sie/Er hört am liebsten Sender ohne Werbung.
4 Sie/Er hat nicht viele Kassetten.
5 Sie/Er hat keine Zeit, die Zeitung zu lesen.
6 Sie/Er sieht lieber fern, als sich Radio anzuhören.

## 4 Schreiben

Schreib eine Buch- oder Filmkritik (wahr oder erfunden). Schreib ungefähr 100 Wörter über folgendes:

- Wie heißt das Buch/der Film?
- Wovon handelt die Geschichte?
- Wie liest sich das Buch?
- Wie ist/sind die Handlung/die Figuren/das Ende?

# Selbstlernkassetten

## 1 Aussprache

Hör gut zu und wiederhole.

### *Von Spatzen und Katzen*

*Zwei Spatzen sitzen auf dem Dach und schwatzen.*

*Da kommt die Katze, ganz gemach, auf ihren weichen Tatzen.*

*Sie sieht die Spatzen dort oben sitzen und will – wie der Blitz – zu ihnen flitzen,*

*um sie mit einem einzigen Haps zu fressen!*

*Doch das merkt der eine Spatz und flidderdifludderdifladderadatz*

*sind sie weg – und zurück bleibt die Katz'.*

*Und wie sie dort so alleine sitzt, da denkt sie nur noch ‚Mensch, so'n Mist!'*

## 2 Seifenoper

Hör dir die zweite Episode der Serie an.

# Zusammenfassung

## Themen

| | | Seite | Vokabeln |
|---|---|---|---|
| 1 | Freizeit und Hobbys | 20-21 | AB 29 |
| 2 | Radio, Fernsehen und Musik | 22-23 | AB 31 |
| 3 | Was wollen wir machen? | 26-27 | AB 37 |
| 4 | Wie war das? | 28-29 | AB 39 |

## Grammatik

| | Seite | Arbeitsblatt | Grammatik |
|---|---|---|---|
| Verben an zweiter Stelle | 20 | 22 | 3.1 |
| Verben im Imperfekt | 21 | 23 | 2.12 |
| *als, wenn* | 21 | 24, 25 | 4.2, 4.1 |
| *wann* | 21 | 26 | 4.3 |
| Modalverben | 26 | 34 | 2.5, 2.6 |
| *Ich würde lieber* | 27 | 34 | 2.7 |
| Präpositionen mit dem Akk./Dat. | 27 | 35 | 8 |

## Besonderes

| | Seite | Arbeitsblatt |
|---|---|---|
| Lesepause 1 | 24-25 | 33 |
| Lesepause 2 | 30-31 | 40 |
| Prüfungstraining | 32-33 | – |
| Extra | 147 | – |

# 3 Bei mir zu Hause

**LERNPUNKTE**

- **Thema 1: Familien**
  Himmel oder Hölle?
- **Thema 2: Taschengeld und Nebenjobs**
  Bekommst du zuviel oder zu wenig?
- **Thema 3: Geld sparen oder ausgeben?**
  Was machst du mit deinem Geld?
- **Thema 4: Haushalt**
  Hilfst du oder bist du faul?

## 1 Wir verstehen uns prima!

Hör gut zu und sieh dir die Bildgeschichte an.

1
So, Danny. Wie verstehen Sie sich mit Ihrer Familie? Streiten Sie sich oft mit ihr?
Nein. Ich habe einen Bruder, der Kai heißt. Wir verstehen uns sehr gut. Ich finde ihn echt lustig.

2
Und wie verstehen Sie sich mit den anderen Mitgliedern Ihrer Familie?
Ich habe noch zwei Schwestern, die Julia und Meike heißen. Sie streiten sich fast nie mit mir.
Meine Mutter finde ich toll – sie ist unheimlich lieb. Und mit meinem Vater streite ich mich auch nie.
3
Mmh ... mit meinen Eltern verstehe ich mich gar nicht gut. Sie nerven mich.
4
Sie nerven Sie? Wieso denn?
Meine Mutter nervt mich besonders, weil sie immer was zu meckern hat. Und meinen Vater finde ich langweilig.
5
Echt? Na ja, wie verstehen Sie sich mit dem Rest Ihrer Familie?
Ich habe zwei Brüder. Wir streiten uns sehr oft. Wir verstehen uns leider überhaupt nicht. Ich finde meine ganze Familie nervig.
6
Mmh ... das finde ich gar nicht gut. Ich glaube, Sie haben starke Probleme.
Was soll ich bloß machen?
7
Sie brauchen dringend Hilfe. Ich denke, am besten gehen Sie zu einem Psychiater.

## 2 Richtig oder falsch?

1 Danny versteht sich nicht gut mit Kai, seinem Bruder.
2 Er findet Kai lustig.
3 Dannys Schwestern streiten sich oft mit ihm.
4 Der Psychiater versteht sich gut mit seinen Eltern.
5 Der Psychiater findet seinen Vater toll.
6 Der Psychiater findet seine ganze Familie nervig.

**Lerntip**

**Reflexivverben**

**sich verstehen**
ich verstehe **mich** mit
du verstehst **dich** mit
er/sie/es/(*usw.*) versteht **sich** mit
wir verstehen **uns** mit
ihr versteht **euch** mit
Sie verstehen **sich** mit
sie verstehen **sich** mit

Siehe Grammatik, 2.3

## Lerntip
**Relativsätze**

| | |
|---|---|
| Er hat **einen** Bruder, **der** fünf Jahre alt ist. | **einen** ..., **der** |
| Sie hat **eine** Schwester, **die** in London wohnt. | **eine** ..., **die** |
| Ich habe **ein** Pferd, **das** Beauty heißt. | **ein** ..., **das** |
| Er hat **zwei** Schwestern, **die** Abby und Holly heißen. | **zwei** ..., **die** |

Siehe Grammatik, 5

## 3 Gespräche im Jugendclub

Hör gut zu. Bilde Sätze über die Familien von diesen Personen.

**Beispiel**

Karl hat zwei Brüder, die Helmut und Joachim heißen.
Karl hat eine Schwester, die Martina heißt.
Er versteht sich gut mit seinem Bruder. Er ...

**1** Karl

**2** Charlotte

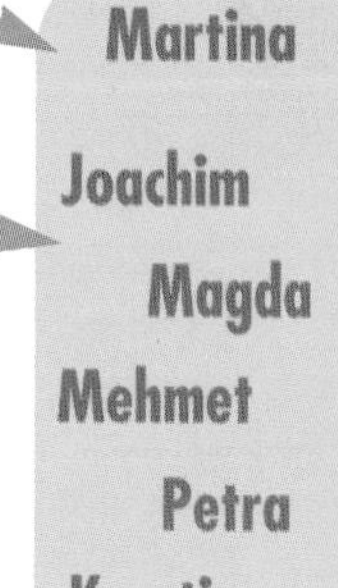

**3** Turgut

Martina
Helmut
Joachim
Knut
Barbara
Magda
Harald
Mehmet
Beauty
Petra
Anna
Kerstin
Lars

**4** Jörg

**5** Marlene

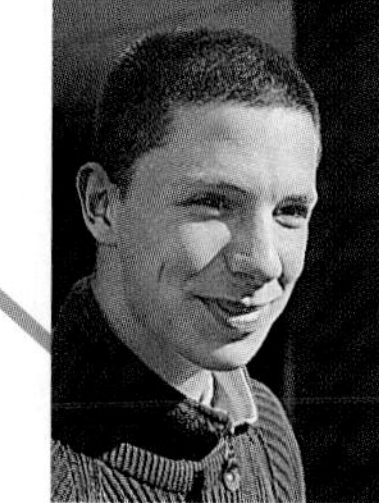

**6** Oswald

## Lerntip
**Possessivpronomen**

| | Mask. | Fem. | Neut. |
|---|---|---|---|
| **Nom.** | mein | meine | mein |
| **Akk.** | meinen | meine | mein |
| **Dat.** | meinem | meiner | meinem |
| **Pl.** | meine | meine | meine |
| **Dativpl.** | meinen | meinen | meinen |

Siehe Grammatik, 6

## 4 Wer ist das?

Lies die Sätze unten und schreib jeweils, wer das ist.

**Beispiel**

1 Karl

1 Seine Brüder heißen Helmut und Joachim.
2 Er ist ein Einzelkind.
3 Sie findet ihren Bruder manchmal nervig.
4 Sein Bruder heißt Lars.
5 Er versteht sich unheimlich gut mit seinem Bruder.
6 Ihre Schwestern heißen Anna, Kerstin und Petra.

## 5 Alptraumfamilie?

Stell dir vor, du bist eine berühmte Person. Dein/e Partner/in muß dich interviewen und soviel wie möglich über deine Familie herausfinden. Nach zwei Minuten muß er/sie erraten, wie du heißt. Dann tauscht die Rollen und wiederholt das Spiel – wer hat am häufigsten richtig erraten?

**Beispiel**

**A** Hast du Geschwister?

**B** Ja. Ich habe ...

## 1 Ein Wettbewerb!

Lies die Artikel unten. Welcher Person würdest du den Preis geben: Hugo, Elise, Sebastian, Hartmut oder Claudia?

# BLITZ-Magazin Wettbewerb!

*Heute bist du der Journalist/die Journalistin! Für den besten Artikel bieten wir DM 50 Taschengeld die Woche, bis zum Ende deiner Schulzeit! Du mußt folgende Fragen beantworten:-*

- Warum brauchst du die DM 50 die Woche?
- Wieviel Taschengeld geben dir deine Eltern?
- Reicht dir das?
- Hast du einen Nebenjob?

Ich brauche die DM 50 die Woche dringend! Meine Eltern geben mir wohl DM 50 die Woche, aber sie geben meinem Bruder DM 75. Für mich sind DM 50 viel zu wenig, und das nervt mich! Ich habe einen Nebenjob in einem Supermarkt, wo ich das ganze Wochenende an der Kasse arbeiten muß. Sie zahlen mir nur DM 100, und das reicht mir natürlich nicht.

**Hugo, 16, Rottweil**

*Unsere Eltern geben uns nicht viel Taschengeld. Meine Schwestern sind 12 und 13 Jahre alt, und meine Eltern geben ihnen je DM 15 die Woche – aber ich bin schon 16, und sie geben mir auch nur DM 15! Das reicht mir natürlich nicht, und ich finde es wirklich unfair! Unter der Woche spüle ich abends in einem Restaurant ab. Dafür bekomme ich nur DM 60.*

**Elise, 16, Flensburg**

*Ehrlich gesagt geben uns unsere Eltern genug Taschengeld, aber meine Schwester möchte ein neues Rad, und ich möchte ihr eins schenken. Unsere Eltern geben uns beiden DM 15 die Woche, und das reicht uns. Ich habe einen Nebenjob, aber eigentlich nur, weil ich mich sonst langweile. Samstags arbeite ich an einer Tankstelle, wo ich an der Kasse arbeiten muß. Ich bekomme DM 30 dafür.*

**Sebastian, 16, Ulm**

Meine Eltern geben mir kein Taschengeld. Sie meinen, ich sollte mein eigenes Taschengeld verdienen. Das finde ich blöd, und wir streiten uns oft darüber, aber ich habe zwei Nebenjobs. Sonntags muß ich den Abfall im Park aufsammeln und das Unkraut in den Blumenbeeten jäten. Freitagabends arbeite ich in einem Café, wo ich Kunden bedienen und Getränke an die Tische bringen muß. Ich verdiene DM 50 die Woche insgesamt.

**Hartmut, 18, Knittelfeld (Österreich)**

*Meine Mutter ist alleinerziehend, und wir haben nicht viel Geld. Sie gibt mir DM 20 Taschengeld die Woche, aber manchmal gebe ich ihr fast die Hälfte zurück. In der Woche gehe ich manchmal abends babysitten. Ich muß mich um die Kinder kümmern, ihnen Geschichten vorlesen usw. Ich bekomme ungefähr DM 40 pro Abend. Wenn meine Mutter aber das Geld dringend braucht, gebe ich es ihr.*

**Claudia, 17, Limburg a/d Lahn**

## 2 Die Entscheidung

Die Preisrichter interviewen jetzt die Kandidaten, um einen Gewinner zu finden. Hör gut zu. Wer spricht jedesmal?

**Beispiel**

1 Elise

### Lerntip

**Indirekte Objektpronomen im Dativ**

| | |
|---|---|
| er gibt **mir** | unsere Eltern geben **uns** |
| ich gebe **dir** | wieviel geben **euch** ...? |
| sie gibt **ihm** | man gibt **Ihnen** |
| man gibt **ihr** | ihre Eltern geben **ihnen** |
| ich gebe **ihm** | |

Siehe Grammatik, 1

## 3 Wer gewinnt?

Die Preisrichter haben einen Gewinner ausgewählt. Hör gut zu. Wer gewinnt: Hugo, Elise, Sebastian, Hartmut oder Claudia?

Hugo

Elise

Sebastian

Hartmut

Claudia

## 4 Wie findest du sie?

Lies die Texte auf Seite 36 noch einmal durch. Wie findest du die Jugendlichen? Mit Hilfe der Tabelle unten schreib Sätze über sie.

**Beispiel**

*Ich finde Elise echt geizig.*

| Ich finde | Hartmut<br>Elise<br>Sebastian<br>Claudia<br>Hugo | sehr<br>echt<br>wirklich<br>ganz schön<br>ziemlich | geizig.<br>materialistisch.<br>nett.<br>verschwenderisch.<br>verwöhnt. |
|---|---|---|---|

## 5 Zusammengefaßt

Lies diese Zusammenfassung der Artikel und füll die Lücken aus.

**Beispiel**

(a) *ihm*

Hugos Eltern geben **...(a)...** DM 50 die Woche. Elise hat zwei Schwestern, und ihre Eltern geben **...(b)...** allen DM 15 die Woche. Sebastians Eltern geben **...(c)...** genug Taschengeld, aber er möchte die DM 50 die Woche für seine Schwester gewinnen. Hartmuts Eltern geben **...(d)...** kein Taschengeld, aber Claudias Mutter gibt **...(e)...** DM 20 die Woche.

## 6 Konsequenzen

Arbeitet zu viert. Stellt euch vor, ihr habt einen Nebenjob (entweder einen Traumjob oder einen langweiligen Job). Wechselt euch ab. Jeder schreibt ein Wort, um den Nebenjob zu beschreiben. (Das darf auch Unsinn sein!) Die Texte auf Seite 36 helfen euch dabei.
Achtung! Ihr dürft den Satz NICHT beenden!

**Beispiel**

*Ich ... arbeite ... in ... einer ... Tankstelle ... und ...*

## 7 Dein Artikel

Möchtest du die DM 50 die Woche gewinnen? Erfinde eine Person und schreib deinen eigenen Artikel. Sag, wieviel Taschengeld du (d.h. die Person) bekommst, was für einen Nebenjob du hast und was du machen mußt usw.

**Beispiel**

*Meine Eltern geben mir fünf Pfund die Woche.*

# Lesepause 1

## Die Zeit der INFLATION

Zwischen Januar 1922 und November 1923 (d.h. in weniger als zwei Jahren!) stiegen die Preise in Deutschland ungefähr zwanzig milliardenmal (20.000.000.000 mal) an!

*Warum passierte das?*
Nach dem Ersten Weltkrieg war die deutsche Wirtschaft sehr schwach. Die Produktion in den Fabriken sank, und gleichzeitig stiegen die Preise an. Folglich verlor das Geld an Wert, und die Menschen mußten immer mehr Geld für die Produkte bezahlen. Um das Problem zu lösen, druckte die Regierung mehr Geld. Dadurch erhöhten sich aber wiederum die Preise, ... und die Regierung druckte noch mehr Geld, ... was natürlich wieder die Preise aufsteigen ließ ... usw., usw.!

REICHSBANKNOTE
EINE MILLIARDE

*Wieviel war eine Reichsmark wert?*
So fing der Teufelskreis an.
Im Juni 1922 war ein Dollar 300 Reichsmark wert. Im Juli war ein Dollar schon 500 Reichsmark wert.
Bis Oktober 1922 war ein Dollar 4.500 Reichsmark wert, und im Januar 1923 war ein Dollar schon 10.200 Reichsmark wert.
Die ‚Hyperinflation' fing im April 1923 an, und bis Ende November war ein Dollar schon 12 Trillionen (12.000.000.000.000.000.000) Reichsmark wert!

P·56111845
Rentenbankschein
Eine Rentenmark
Deutsche Rentenbank

*Wie brachte man das wieder in Ordnung?*
Die Leute mußten ihr Geld in Schubkarren oder Koffern herumschleppen. Dabei bestand aber die Gefahr, daß man den Koffer oder die Schubkarre klauen würde – für das Geld interessierten sich die Diebe weniger!
Die Leute wurden täglich bezahlt (später sogar stündlich!), und sie mußten ihr Geld sofort ausgeben, weil es nach ein paar Stunden nichts mehr wert war!
Am Ende der Inflationszeit war es möglich, an einem Tag eine volle Flasche Wein zu kaufen und die leere Flasche am folgenden Tag für mehr Geld zu verkaufen, als die volle gekostet hatte!
Im November 1923 löste Reichsbankpräsident, Hjalmar Horace Greeley Schacht, das Problem. Er erfand eine neue deutsche Mark – die ‚Rentenmark', die 4,2 Dollar (oder eine Trillion Reichsmark!) wert war.

## Lottogewinner gibt Geld weg!

Ein Lottogewinner wollte seiner Mutter zu Weihnachten etwas von seinem Gewinn abgeben und kam auf folgende Idee: Er kaufte ein Monopoly™-Spiel und ersetzte das Spielgeld durch richtiges Geld – insgesamt 40.000 Mark.

Dann steckte er alles wieder in die Original-Verpackung. Freunde brachten seiner Mutter das Spiel, die sich jedoch nicht dafür interessierte: Sie tauschte es in einem Spielwarengeschäft einfach um!

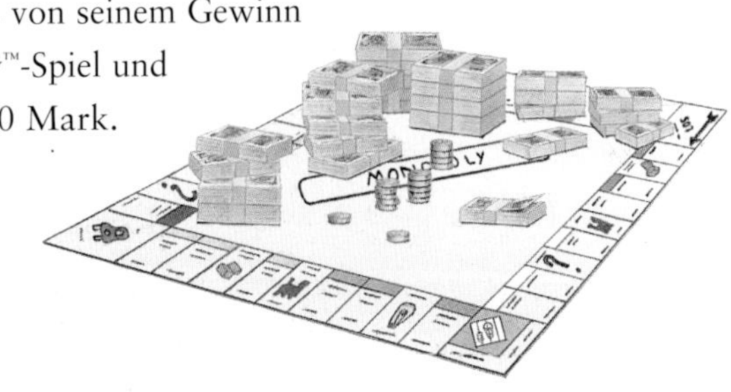

# Geld

**Definition**

Tauschmittel, das benutzt wird, um den Handel mit Gütern zu erleichtern.

## o WICHTIGE FAKTEN o

- **Geldsysteme**

Basis eines Geldsystems ist ein einheitlicher Bezugspunkt. So wurden früher z.B. Tee, Ziegen, Äxte und Riesensteine als Rechengrundlage benutzt. Erst später wurden Goldmünzen ein allgemeines Tauschmittel.

- **New York**

In New York wird viel mehr Gold gelagert als in Fort Knox (dem Gold- und Silberbarrenlagerhaus der USA).

Der größte Schatz der USA sind die ungefähr 400.000 Goldbarren, die in der US-Bundesbank in Liberty Street gelagert werden.

Der größte Tresorraum der Welt ist auch in New York zu finden, und zwar unter der Chase Manhattan Bank. Er hat sechs Türen, und jede einzelne Tür wiegt soviel wie acht Elefanten.

DN9204998KO
DEUTSCHE BUNDESBANK
Banknote
20
ZWANZIG DEUTSCHE MARK

## Und was machst du mit deinem Taschengeld?

In den letzten paar Jahren haben Kinder zwischen sieben und 15 Jahren insgesamt 3.500.000.000 (dreieinhalb Milliarden) Mark auf Sparkonten getan. Natürlich geben sie aber auch etwas Geld aus. Und hierfür wird es ausgegeben:

1.000.000.000 Mark im Monat geben sie für Süßigkeiten aus

500.000.000 Mark geben sie für Spielzeug (einschließlich Computer) aus.

400.000.000 Mark geben sie für Bücher, Zeitschriften und anderes Lesematerial aus.

# 1 Beim Sommerschlußverkauf

Lies diese Interviews im Flensburger Einkaufszentrum. Was kauft jede Person? Mach eine Liste.

**Beispiel**

*Beate: eine Zeitschrift, ...*

Was ich kaufe? Geldausgeben ist ja mein Hobby. Guck mal – hier im Einkaufswagen sind ein paar Kleinigkeiten ... meine Lieblingszeitschrift, Pronto, ein T-Shirt mit Andreas ‚Düki' Düking darauf und ein Paar flaschenförmige Ohrringe. Was noch? Na, ja, hier ist ein Fläschchen Parfüm (Arroganz, von Kelvin Groß), ein Tuch mit Leopardenpunkten darauf und zum Schluß ein ... nein, das ist geheim! **Beate**

Einkaufen macht mir fast keinen Spaß. In meinem Einkaufswagen habe ich also nur so aufregende (!) Sachen wie zum Beispiel: Briefpapier, Seife usw. Hier habe ich auch ein Heft und einen Satz Filzstifte. Die brauche ich nämlich für meine Hausaufgaben. Nur eine unnötige Sache habe ich mir heute gegönnt – ich habe diesen tollen, birnenförmigen Krug in der Küchenabteilung gefunden. **Max**

Normalerweise kaufe ich nur Sachen für den Alltag und ein bißchen Luxus. Hier in meinem Einkaufswagen sind aber einige Sachen, die ich einfach haben mußte – eine Video vom letzten Hexenhammer-Konzert, ein Discman™, eine Mütze aus Wolle, ein Automodell und ein violetter Lippenstift. Außerdem kaufe ich Sachen für mein Schlafzimmer, und hier ist ein Steppdeckenbezug mit Che Guevara darauf. Toll, oder? **Anja**

Ich kaufe unheimlich gern ein! Und hier gibt es so tolle Sonderangebote! Heute habe ich es vielleicht ein bißchen übertrieben – aber ach, was soll's! Zum Beispiel habe ich diese tolle Brieftasche gefunden. Die hat nur DM 99 gekostet – ein Schnäppchen. Und hier ist eine Tasche aus tollem, gelbem Kunststoff. Sehr geschmackvoll. Aber zum Schluß das Beste. Eine entenförmige Türklinke! Ich kann's kaum erwarten, sie meiner Mutter zu zeigen! **Frank**

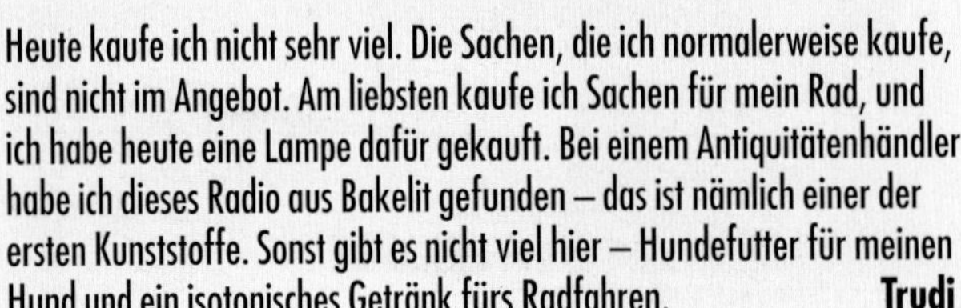

Heute kaufe ich nicht sehr viel. Die Sachen, die ich normalerweise kaufe, sind nicht im Angebot. Am liebsten kaufe ich Sachen für mein Rad, und ich habe heute eine Lampe dafür gekauft. Bei einem Antiquitätenhändler habe ich dieses Radio aus Bakelit gefunden – das ist nämlich einer der ersten Kunststoffe. Sonst gibt es nicht viel hier – Hundefutter für meinen Hund und ein isotonisches Getränk fürs Radfahren. **Trudi**

## Lerntip

**Subjekt im Nominativ**

| | |
|---|---|
| Hier ist/sind ... | **+ Nominativ** |

**Direktes Objekt im Akkusativ**

| | |
|---|---|
| Ich gebe mein Geld für ... aus.<br>Ich habe ... gefunden/gekauft.<br>Hier habe ich ...<br>Ich spare für ...<br>Hier gibt es ...<br>Ich kaufe ... | **+ Akkusativ** |

Siehe Grammatik, 7

**Achtung!**

| | |
|---|---|
| Birne – birnen**förmig** | Flasche – Fl**ä**sch**chen** |
| Ente – enten**förmig** | Katze – K**ä**tz**chen** |

## 2 Wer kauft das?

Lies die Texte auf Seite 40 noch einmal durch.

- Schreib die Fragen richtig auf.
- Wer kauft das jeweils?

**Beispiel**

1 • Wer kauft **ein Paar Ohrringe, eine Zeitschrift** und **ein Tuch**?
• Beate

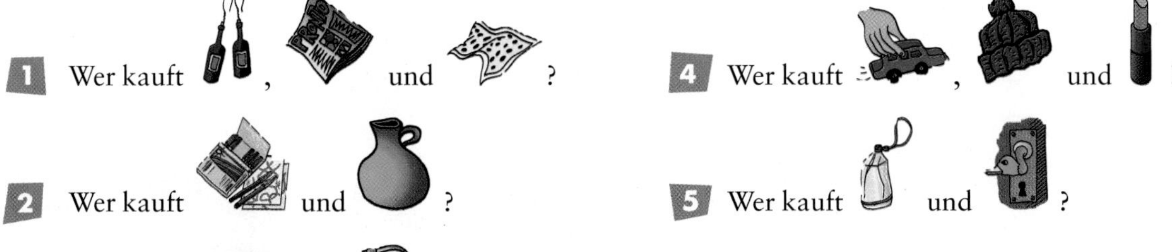

1 Wer kauft , und ?

2 Wer kauft und ?

3 Wer kauft und für ihr Rad?

4 Wer kauft , und ?

5 Wer kauft und ?

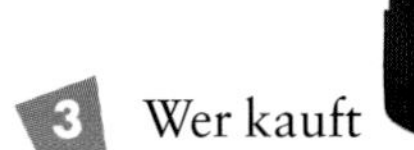

## 3 Ich werde nach New York fliegen

Hör gut zu. Man interviewt die Jugendlichen oben. Wofür sparen sie? Füll die Lücken unten aus.

**Beispiel**

1 Beate wird nach **New York** fliegen und spart für ihr **Flugticket**.

1 Beate wird nach _______ fliegen und spart für ihr _______ .
2 Außerdem spart sie ein bißchen Geld für _______ und _______ .
3 Max wird nächsten Monat einen neuen _______ kaufen.
4 Er spart auch für eine _______ .
5 Anja spart für einen neuen _______ .
6 Nächstes Jahr wird sie ihr erstes _______ kaufen.
7 Frank spart für ein altes _______ aus Kunststoff.
8 Nächstes Jahr wird er auch einen _______ kaufen.
9 Er spart auch für ein kleines _______ .
10 Trudi und ihr Freund werden ein _______ kaufen.
11 Trudi wird auch bald genug Geld für ein neues _______ haben.
12 Sie spart auch etwas Geld für _______ für ihre _______ .

### Lerntip

**Die Zukunft**

ich werd**e**
du **wirst**
er/sie/es/(*usw.*) **wird** (kaufen)
wir werd**en**
ihr werd**et**
Sie werd**en**
sie werd**en**

Siehe Grammatik, 2.8

## 4 Kettenspiel

Arbeitet in kleinen Gruppen. Sag, was du kaufen wirst. Dann sagt die nächste Person, was du kaufen wirst und auch, was er/sie kaufen wird usw. Wie lange schafft ihr das, ohne Fehler zu machen?

**Beispiel**

**A:** Ich werde ein Radio kaufen.
**B:** A wird ein Radio kaufen, und ich werde ein Buch kaufen.
**C:** A wird ein Radio kaufen, B wird ein Buch kaufen, und ich werde ...

## 5 Wofür sparst du?

Was wirst du mit deinem Geld machen? Warum? Schreib ungefähr 100 Wörter darüber.

**Beispiel**

Ich spare für ein neues Rad.

# 1 Die Eltern sind gleich wieder da!

Hör gut zu und sieh dir die Fotogeschichte an.

1
Das war eine tolle Party! Aber wir müssen auf alle Fälle aufräumen, bevor meine Eltern zurückkommen.
OK, ich leite das Putzkommando. Matthias, du mußt abspülen und die Küche putzen.

2
O guckt mal, das Wohnzimmer! Mein Vater darf diesen schmutzigen Teppich auf keinen Fall sehen.
Kein Problem! Karsten, du mußt das Wohnzimmer aufräumen und staubsaugen.

3
O je! Wir dürfen das Büro nicht vergessen.
Auf keinen Fall! Ich darf das Zimmer gar nicht betreten.
O ... wir waren aber trotzdem drin.

4
Aber das Eßzimmer sieht nicht schlecht aus. Vielleicht können wir es so lassen.
Wir müssen nur die Papierteller wegräumen.
Stimmt. Habiba, du mußt die Papierteller wegräumen und den Tisch abwischen.

5
Und ich muß die Limonadenflaschen einsammeln und sie zum Altglascontainer bringen.
War's das? Oder haben wir was vergessen? Ach, ja. Ich muß noch den Garten aufräumen. Deine Mutter darf den Müll nicht sehen.

6
Vielen, vielen Dank. Das haben wir gerade noch rechtzeitig geschafft! Ich glaube, ich höre ein Auto. Ihr auch?
Ja. Ich glaube, das sind deine Eltern. Aber jetzt können sie das Haus ruhig sehen!

*Eine halbe Stunde später.*

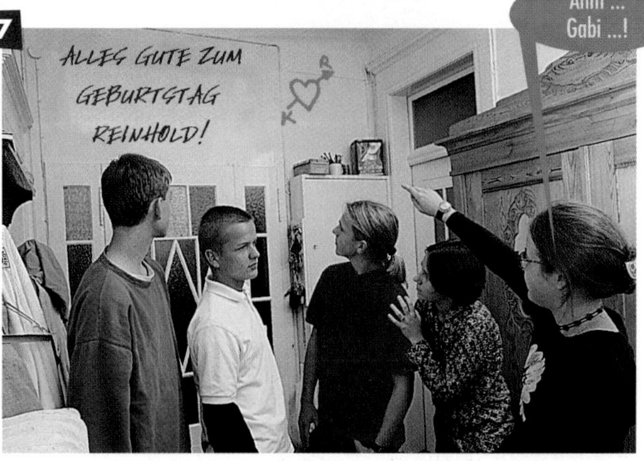
7
ALLES GUTE ZUM GEBURTSTAG REINHOLD!
Ähm ... Gabi ...!

# 2 Richtig oder falsch?

1. Reinhold und seine Freunde müssen aufräumen, bevor seine Eltern zurückkommen.
2. Matthias muß abspülen und die Küche putzen.
3. Reinholds Vater darf den Teppich im Wohnzimmer ruhig sehen.
4. Karsten und Matthias müssen im Wohnzimmer staubsaugen.
5. Reinhold darf jederzeit ins Büro hinein.
6. Das Wohnzimmer kann so bleiben, wie es jetzt ist.
7. Habiba und Matthias müssen die Papierteller wegräumen.
8. Reinhold muß die Limonadenflaschen einsammeln und zum Altglascontainer bringen.

## Lerntip

**Müssen und (nicht) dürfen**

| **müssen** | **(nicht) dürfen** |
|---|---|
| ich muß | ich darf (nicht) |
| du mußt | du darfst (nicht) |
| er/sie/es/(*usw.*) muß | er/sie/es/(*usw.*) darf (nicht) |
| wir müssen | wir dürfen (nicht) |
| ihr müßt | ihr dürft (nicht) |
| Sie müssen | Sie dürfen (nicht) |
| sie müssen | sie dürfen (nicht) |

Siehe Grammatik, 2.5

## 3 Der tägliche Trott!

Hilfst du im Haushalt? Und wie oft? Lies die Texte unten und füll die Tabelle auf Arbeitsblatt 56 aus.

Schon seit sieben Jahren muß ich mein Zimmer jede Woche putzen und mein Bett jeden Morgen machen. Außerdem muß ich jeden Sonntag das Auto washen und die Garage putzen und den Schuppen aufräumen. Ab und zu helfe ich meiner Mutter, das Motoröl zu wechseln. Ich finde es vernünftig, daß ich das alles machen muß – ich bin schließlich doch Mitglied des Haushalts!
**Frieda**

Ich muß fast jeden Tag beim Tischdecken und beim Abspülen helfen. Außerdem muß ich jede Woche unbedingt meinem Vater beim Staubsaugen und meiner Mutter beim Rasenmähen helfen. Sonst darf ich nicht ausgehen, sondern muß in meinem Zimmer bleiben. Das finde ich unfair. Meine Eltern sind alt und langweilig. Ich bin aber jung und habe viele interessante Sachen zu tun.
**Lisa**

Ich helfe meinen Eltern ganz gern im Haushalt. Viele Jugendliche beklagen sich darüber, aber ich werde schließlich doch bald selber erwachsen sein! Am Wochenende muß ich meiner Mutter beim Abstauben der Möbel helfen. Dann muß ich am Wochenende auch meinem Vater bei der Gartenarbeit und beim Autowaschen helfen. Aber mit unserer Waschmaschine komme ich nicht gut zurecht ...
**Klaus**

Ich helfe nur im Haushalt, wenn ich es muß. Ich weiß, daß meine Eltern viel zu tun haben – aber ich auch. Ich darf erst ausgehen, wenn ich meine Hausarbeit gemacht habe. Ich muß jeden Morgen die Spülmaschine ausräumen und den Tisch decken. An den Wochenenden muß ich meinem Vater beim Abstauben der Möbel und Antiquitäten helfen. Es geht mir auf die Nerven, daß ich solche Arbeiten machen muß.
**Frauke**

Ich darf meine Freundin erst besuchen, wenn ich meinen Eltern geholfen habe. Jede Woche helfe ich beim Einkaufen und ich putze das Badezimmer. Ich muß mein eigenes Zimmer putzen – aber das mache ich nur einmal im Monat! Ich muß auch dreimal in der Woche beim Kochen helfen. Meine Mutter denkt, ich mache auch jeden Tag mein Bett – aber das Leben ist zu kurz dafür und ich mache es nur ab und zu.
**Gerold**

## 4 Noch etwas!

Wer hilft am meisten (deiner Meinung nach!): Frieda, Lisa, Frauke, Klaus oder Gerold?

## 5 Und die Eltern?

Jetzt sprechen die Eltern über ihre Kinder. Hör gut zu. Welche Person beschreibt man jedesmal?

**Beispiel**
1 Lisa

### Lerntip
**Verben als Nomen**

**beim R**asenmähen
**beim S**taubsaugen
**beim A**bspülen

Siehe Grammatik, 2.16

## 6 Jetzt bist du dran!

Was machst du im Haushalt? Schreib einen kurzen Bericht darüber. Sag zum Beispiel:

- ob du gern im Haushalt hilfst
- wie du Hausarbeit findest
- ob du es gerecht findest, wenn du im Haushalt helfen mußt
- was deine Eltern darüber denken
- ob ihr euch einig seid.

Kannst du herausfinden, wer aus deiner Klasse welchen Bericht geschrieben hat?

**Beispiel**
Ich räume jeden Morgen die Küche auf und decke jeden Abend den Tisch. Das finde ich fair, weil mein Vater erst um sechs Uhr abends nach Hause kommt. Wer bin ich?

# Lesepause 2

Zeig doch mal!

*Tasche, Tüte, Beutel, Rucksack … fast jeder hat so ein ‚Ding' dabei. Aber was ist drin? GAUDI war neugierig. Tanja packte aus.*

***Tanja Mack (15 Jahre)***

Ich habe eingekauft. Ich mußte noch schnell ein paar Dinge für meinen Südfrankreich-Urlaub besorgen. Dort wohne ich bei einer Gastfamilie in Antibes.

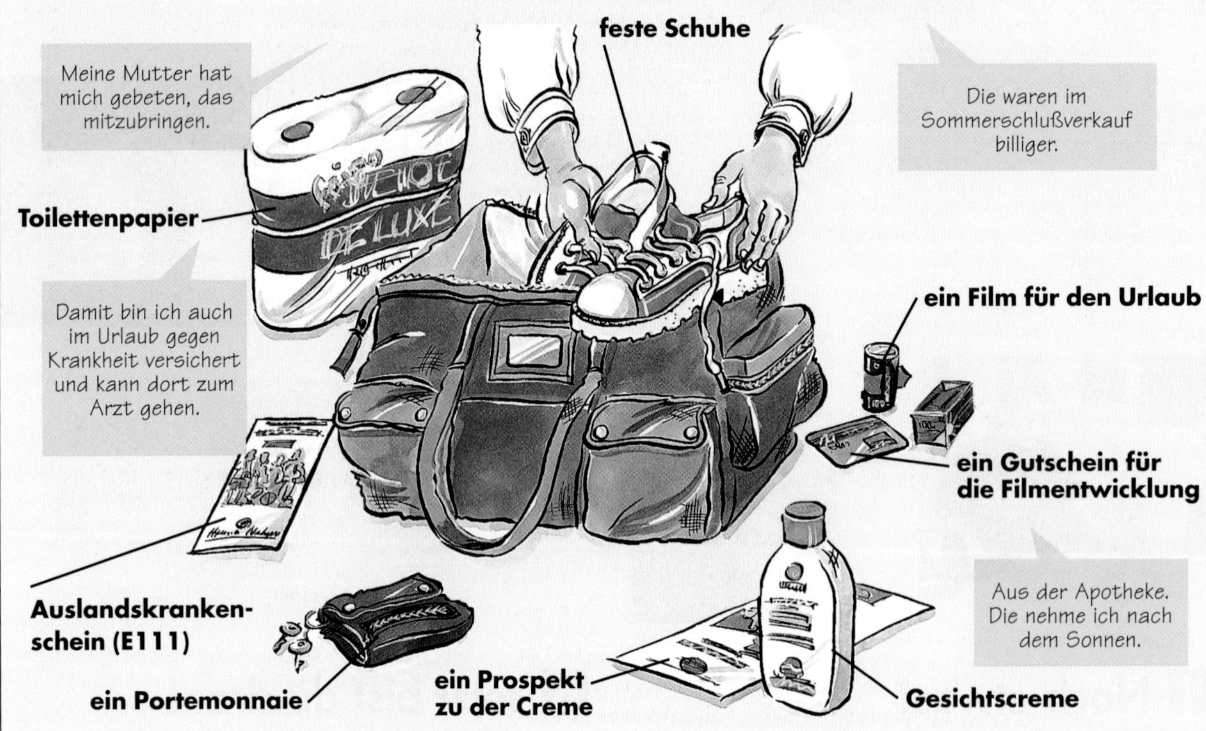
feste Schuhe
Meine Mutter hat mich gebeten, das mitzubringen.
Die waren im Sommerschlußverkauf billiger.
Toilettenpapier
DE LUXE
ein Film für den Urlaub
Damit bin ich auch im Urlaub gegen Krankheit versichert und kann dort zum Arzt gehen.
ein Gutschein für die Filmentwicklung
Aus der Apotheke. Die nehme ich nach dem Sonnen.
Auslandskrankenschein (E111)
ein Portemonnaie
ein Prospekt zu der Creme
Gesichtscreme

# Der Strichcode

Hast du dich schon einmal gefragt, wie man Strichcodes verstehen kann? Lies weiter – ab jetzt kaufst du sicherlich nichts, ohne an diesen kleinen Code zu denken …

**Wie man den Strichcode lesen kann**

Jede Ziffer wird von zwei schwarzen Streifen und zwei weißen Streifen dargestellt. Die Gesamtbreite für jede Ziffer wird in sieben Einheiten unterteilt, und die Streifen dürfen bis zu vier dieser Einheiten abdecken. Ein Siebtel der Gesamtbreite ist für jede Ziffer verfügbar.

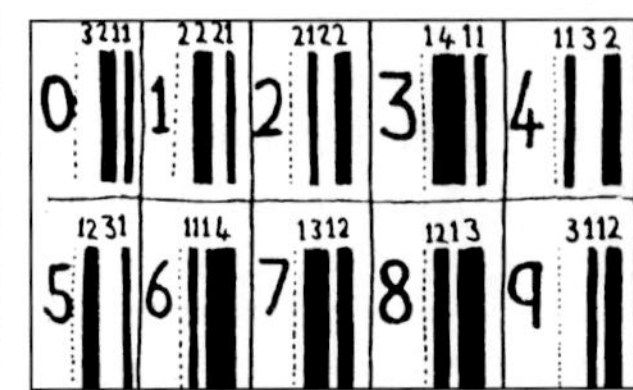
3211 0
2221 1
2122 2
1411 3
1132 4
1231 5
1114 6
1312 7
1213 8
3112 9

Die zweite, dritte und fünfte Ziffer sind rückwärts zu lesen. Bei der sechsten bis zur zwölften Ziffer sind die schwarzen und die weißen Streifen umgekehrt.

780140551396

Kannst du diesen Strichcode dekodieren? (Lösung auf Seite 45)

# Der Supermarkt

Das erste Lebensmittelgeschäft mit einer Kasse am Ausgang (so definiert man einen Supermarkt) war das ‚Piggly-Wiggly', das 1916 in Memphis im US-Bundesstaat Tennessee aufmachte. Innerhalb von sieben Jahren gab es 2.800 Piggly-Wigglys in den USA.

Die Waren in der Mitte und am Ende der Regale verkaufen sich doppelt so schnell wie die Waren an anderen Plätzen. Deshalb findet man dort oft die teuersten Waren.

Einige Sachen (besonders Tee, Kaffee, Butter, Tierfutter und Seife) stellt man in maximaler Entfernung voneinander auf, so daß man zwischen ihnen an so vielen Waren wie möglich vorbeigeht!

Bonbons und Süßigkeiten werden oft in der Nähe der Kassen aufgestellt, so daß Kinder ihre Eltern ständig danach fragen, wenn sie Schlange stehen.

Durch eine besonders helle Beleuchtung sehen die Supermärkte sehr hygienisch aus (auch wenn sie in Wirklichkeit schmutzig sind!).

Supermärkte sind normalerweise so gestaltet, daß man an so vielen Regalen wie möglich vorbeigehen muß (um so vielleicht mehr zu kaufen!).

Die Kunden kaufen normalerweise doppelt soviel, wie sie eigentlich vorhatten. An ein Drittel der zusätzlichen Einkäufe hat man sich erst im Supermarkt erinnert, ein Drittel war im Angebot und ein Drittel hat man ‚sich mal gegönnt'.

**Strichcode: Lösung** 0003 0083 (siehe Seite 44)

# DIE LAGE DER FRAU – HEUTE BESSER ODER NICHT?

**Damals**

- Für die meisten Frauen war das Leben vorbestimmt. Die meisten Frauen mußten zu Hause bleiben und für die Kinder sorgen (früher hieß es ‚Kinder, Küche, Kirche').
- Da die meisten Frauen keine Karriere machen konnten, hatten sie auch kein ‚eigenes' Geld. Sie bekamen nur das wöchentliche ‚Haushaltsgeld' von ihrem Mann.
- Wenn Frauen arbeiteten, mußten sie oft die schlechtesten Arbeiten machen. Sogar wenn sie dieselbe Arbeit machten wie Männer, wurden sie oft nicht so gut bezahlt wie diese.

**Heute**

- Wenn Frauen Kinder haben wollen, bekommen sie jetzt Mutterschaftsurlaub, obwohl sie dann oft nur die Hälfte ihres Gehalts bekommen.
- Die Frau von heute kann meist selbst entscheiden, ob sie Karriere machen will. Das bedeutet aber oft, daß sie weniger Zeit für ihre Kinder hat.
- Die ‚Superfrauen', die an der Spitze von großen Firmen stehen, müssen die Betreuung der Kinder oft ihrem Mann oder anderen Leuten übertragen.

# Prüfungstraining

## 1 Hören

Karsten begegnet verschiedenen Familienmitgliedern auf der Hochzeitsfeier seiner Schwester.

- Wieviel Geld hat er am Anfang der Hochzeit?
- Wieviel bekommt er von jeder Person?
- Und wieviel hat er insgesamt am Ende?

Hör gut zu und füll die Tabelle aus.

| | Betrag |
|---|---|
| Anfangssumme: | DM *25,00* |
| Tante Sibylle | DM |
| Onkel Friedhelm | DM |
| Tante Kirsten | DM |
| Onkel Reinhard | DM |
| Endsumme | DM |

## 2 Sprechen

*What is your attitude to money? Answer the following questions and make a short presentation.*

**Beispiel**

Eigentlich interessiert mich Geld nicht besonders.

- Was machst du mit deinem Geld?
- Sparst du es, oder spendest du es lieber an Hilfsorganisationen?
- Bist du materialistisch? Bist du ein ‚typisches Konsumkind'?
- Magst du billige Sachen?
- Wieviel sparst du und wofür? Was wirst du mit dem Geld machen?

## 3 Lesen

Paul redet über seine Familie und ihre Einstellung zum Geld. Lies den Text und wähl die richtigen Antworten aus.

**Beispiel**

1b

Ich habe einen Bruder, der Dennis heißt, und eine Schwester, die Frauke heißt. Ich habe Frauke sehr gern, aber sie gibt fast ihr ganzes Geld aus und ist etwas verschwenderisch. Dennis geht viel vernünftiger mit seinem Geld um und spart fast alles, aber ich habe ihn nicht so gern wie Frauke. Ich gebe zwar auch viel Geld aus, aber ich spare auch ein bißchen.

Frauke gibt ihr ganzes Geld für CDs und Kassetten aus, und sie hat jetzt eine ganze Menge davon. Ich finde das doof, weil sie nach ein paar Jahren nichts mehr wert sind. Dennis kauft meistens nur langweilige Sachen wie zum Beispiel Bücher, Hefte, Kulis usw. und spart den Rest. Ich finde das etwas deprimierend – er weiß wirklich nicht, wie man sich amüsiert! Ich gebe etwas Geld für Comics und Videos aus und auch ab und zu für Bonbons, aber ich versuche jede Woche, zehn oder 15 Mark zu sparen. Frauke findet, daß ich zu vernünftig mit meinem Geld umgehe, und Dennis hält mich für verschwenderisch!

**Paul, 17, Stuttgart**

1 Paul hat Frauke ...
   a) gern und denkt, daß sie vernünftig mit ihrem Geld umgeht.
   b) gern aber hält sie für verschwenderisch.
   c) nicht gern und hält sie für verschwenderisch.

2 Pauls Bruder ...
   a) gibt viel Geld aus und spart auch ein bißchen.
   b) spart viel und gibt wenig aus.
   c) bekommt kein Geld.

3 Frauke gibt ihr Geld für ... aus.
   a) Sachen, die schnell nichts mehr wert sind
   b) Sachen, die nach ein paar Jahren 10.000 Mark wert sein werden
   c) langweilige Sachen

4 Dennis kauft ...
   a) viele CDs und Kassetten.
   b) gar nichts.
   c) meistens Hefte, Kulis usw.

5 Paul gibt sein Geld für ... aus.
   a) langweilige Sachen
   b) Bücher und CDs
   c) Comics und Videos

6 Frauke findet, daß Paul ... ist.
   a) verschwenderisch
   b) geizig
   c) unheimlich materialistisch

## 4 Schreiben

Schreib einen kurzen Aufsatz über Taschengeld, Hausarbeiten, Nebenjobs und Geldausgeben.

- Bekommst du genug Taschengeld? Findest du das gerecht?
- Ist es gerecht, wenn du bei der Hausarbeit helfen mußt, um dein Taschengeld zu verdienen?
- Hast du einen Nebenjob? Ist es gerecht, daß du dein Geld so verdienen mußt?
- Welche Einstellung hast du zum Geld? Was ist dir lieber: Sparen, Ausgeben oder Spenden?

**Beispiel**

Meine Eltern geben mir gar kein Taschengeld. Das finde ich aber gerecht, weil ...

# Selbstlernkassetten

## 1 Aussprache

Hör gut zu und wiederhole.

### *Schnirkelschnecken*

*Sieben kecke Schnirkelschnecken*
*saßen einst auf einem Stecken,*

*machten dort auf ihrem Sitze kecke*
*Schnirkelschneckenwitze,*

*lachten alle: Ho, ho, ho!*

*Doch vom vielen Ho-ho-Lachen,*
*Schnirkelschneckenwitze-Machen,*

*fielen sie von ihrem Stecken, alle sieben*
*Schnirkelschnecken.*

## 2 Seifenoper

Hör dir die dritte Episode der Serie an.

# Zusammenfassung

## Themen

| | | Seite | Vokabeln |
|---|---|---|---|
| 1 | Familien | 34-35 | AB 47 |
| 2 | Taschengeld und Nebenjobs | 36-37 | AB 50 |
| 3 | Geld sparen oder ausgeben? | 40-41 | AB 54 |
| 4 | Haushalt | 42-43 | AB 58 |

## Grammatik

| | Seite | Arbeitsblatt | Grammatik |
|---|---|---|---|
| Reflexivverben | 34 | 41 | 2.3 |
| Relativsätze | 35 | 42, 43 | 5 |
| Possessivpronomen | 35 | 44 | 6 |
| Indirekte Objektpronomen im Dativ | 36 | 49 | 1 |
| Subj. im Nom./Direktes Obj. im Akk. | 40 | 52 | 7 |
| Die Zukunft | 41 | 53 | 2.8 |
| *müssen/(nicht) dürfen* | 42 | 55 | 2.5 |
| Verben als Nomen | 43 | 57 | 2.16 |

## Besonderes

| | Seite | Arbeitsblatt |
|---|---|---|
| Lesepause 1 | 38-39 | 51 |
| Lesepause 2 | 44-45 | 59 |
| Prüfungstraining | 46-47 | – |
| Extra | 149 | – |

# 4 Fühlst du dich gut?

**LERNPUNKTE**

- **Thema 1: Kleider kaufen**
  Mode oder Normalo-Outfit?
- **Thema 2: Meinungen über Kleider**
  Ich mag Schlaghosen. Na und?
- **Thema 3: Krankheiten**
  Negative Gefühle für Captain Positive
- **Thema 4: Bist du in Form?**
  Ist Fitneß nur eine Mode?
- **Thema 5: Unfälle**
  Katastrophe für Rockgruppe

## 1 Björn geht einkaufen

Hör gut zu und sieh dir die Bildgeschichte an.

1
Mutti, ich mache mein Berufspraktikum bei einer Werbeagentur.
Das ist ja wunderbar, Björn. Aber so kannst du nicht ins Büro gehen. Du mußt dich gut anziehen.
2
Darf ich den roten Anzug anprobieren?
Björn, du arbeitest in einem Büro, nicht bei der Feuerwehr. Nee. Der dunkelblaue Anzug gefällt mir besser.

3
Welche Größe?
Er möchte den dunkelblauen Anzug anprobieren.
Groß.
Medium.
4
Paßt er?
Nein. Er ist zu klein. Haben Sie den in Groß?
Er paßt doch gut. Ich nehme ihn.
5
Was kostet die gepunktete Krawatte?
Sie kostet DM 30.
Ich finde die hellblaue viel praktischer. Ich nehme sie.
6
Darf ich das gelbe Hemd anprobieren?
Das gelbe Hemd steht dir bestimmt nicht.
Wir haben das auch in Weiß.

7
Paßt es?
Ja, aber Weiß steht mir nicht. Haben Sie eine andere Farbe?
Ich nehme es.
8
Gefallen Ihnen die schwarzen Schuhe?
Die schwarzen mag ich überhaupt nicht.
Ich nehme sie. Sie stehen dir sehr gut.
9
Also, Björn, ich bin Frau Lenz. Ich bin die Direktorin der Firma. Das ist Herr Mitteregger, unser Designer. Willkommen bei *Publicitymaschine*.
Mist!

## Lerntip

**Adjektivendungen nach dem bestimmten Artikel**

| | **Maskulinum** | **Femininum** | **Neutrum** | **Plural** |
|---|---|---|---|---|
| **Nom.** | der rot**e** Pullover | die grün**e** Jacke | das weiß**e** Hemd | die schwarz**en** Schuhe |
| **Nom.** | er | sie | es | sie |
| **Akk.** | den rot**en** Pullover | die grün**e** Jacke | das weiß**e** Hemd | die schwarz**en** Schuhe |
| **Akk.** | ihn | sie | es | sie |

Siehe Grammatik, 9.2

## 2 Passen sie gut?

Hör gut zu. Welche Satzteile passen jeweils zusammen?

**Beispiel**

1c

1 Die Pantera-Sportschuhe
2 Das karierte Polohemd
3 Der gestreifte Pullover
4 Die italienischen Blusen
5 Das rote Kleid
6 Die blauen Jeans

a passen gut.
b ist zu teuer.
c stehen ihm nicht.
d mag sie nicht.
e ist preiswert.
f paßt nicht.

## 3 Dialog

Übt diesen Dialog unten zu zweit. Dann wählt eine Situation – Sport, Skiurlaub oder Disco – aus, und erfindet neue Dialoge mit Hilfe der Kästchen.

**Beispiel**

(**Skiurlaub**)

**A** Guten Tag. Kann ich Ihnen helfen?

**B** Was kosten die Skijacken?

**A:** Guten Tag. Kann ich Ihnen helfen?
**B:** Was kosten **die Sweatshirts**?
**A:** **DM 65**.
**B:** Ich möchte **das schwarze** anprobieren.
**A:** Welche Größe haben Sie?
**B:** **Klein**.
**A:** Paßt **es**?
**B:** Haben Sie **das in Medium**?
**A:** Bitte schön ... O ja! **Es** steht Ihnen sehr gut. Das sieht ja prima aus!

**B:** Ich mag **es** nicht. Und **es** ist zu teuer.

**B:** Perfekt. Ich nehme **es.**

die ... Schals/Pullis/Miniröcke/Skihosen/Jeans/Skijacken/Hosen/Blusen/Polohemden/Fußballhemden/T-Shirts (*usw.*)

den/die/das in Klein/Medium/Groß? eine andere Farbe?/etwas Billigeres?

Klein/Medium/Groß/Keine Ahnung

er/sie/es

DM 20/DM 165/DM 500 (*usw.*)

ihn/sie/es

den ... gestreiften/gepunkteten (*usw.*)
die ... dunkelgrüne/gelbe (*usw.*)
das ... weiße/hellblaue/rote (*usw.*)
die ... weißen/hellgrünen/gelben (*usw.*)

## 4 Entscheidungen

Eine Freundin von Björn muß auch Kleidung für das Berufspraktikum kaufen. Leider kann sie sich nicht entscheiden. Schreib den Dialog. Übt ihn zu zweit und spielt ihn vor.

**Beispiel**

**A:** Kann ich Ihnen helfen?
**B:** Ich weiß nicht. Vielleicht. Äh, was kostet die schwarze Jacke?
**A:** Sie kostet DM 250. Möchten Sie sie anprobieren?
**B:** Äh, ich weiß nicht. Was kostet die blaue?

## 1 Kleider machen Leute, oder?

Hör gut zu und lies den Text.

**WAS TRAGEN SIE ZU EINER HOCHZEIT ODER ZU OPAS GEBURTSTAG? ZIEHEN SIE BEI DER ARBEIT ODER IN DER SCHULE ETWAS ANDERES AN ALS IN DER DISCO? GAUDI-MAGAZIN HAT IN EINIGE KLEIDERSCHRÄNKE GEGUCKT.**

Ich gehe noch zur Schule. In der Schule trage ich immer mein Normalo-Outfit: Baseballmütze, weiße Sportschuhe, Polohemd. Auf Hochzeiten und Partys trage ich am liebsten Turnschuhe, Jeans, T-Shirt oder Hemd und etwas Verrücktes auf dem Kopf. Kleidung ist für mich sehr wichtig. Damit zeigt man, wer man ist. Was ich nicht habe, aber gern hätte: ein verrücktes Hawaiihemd in schrillen Farben! **Thorben (17)**

Ich mache eine Ausbildung zum Maler und Lackierer. Bei der Arbeit trage ich ganz praktische Sachen: weiße Socken, weiße Hose, weißes T-Shirt und schwarze Turnschuhe. Für mich sind Mode und Kleidung nicht so wichtig. Hauptsache ist: ich bin fit. Meine Gesundheit ist viel wichtiger als die Mode. In der Freizeit laufe ich meistens in Jeans und T-Shirt herum. Ich habe meinen eigenen Kleidungsstil. In der Disco oder auf einer Hochzeit trage ich ein schwarzes Hemd, einen dunklen Anzug und schwarze Lederschuhe. Was mir nicht gefällt: zuviel Farbe. **Atakan (18)**

Ich bin auch Schülerin. Ich ziehe am liebsten kurze und lange Röcke, Kleider und Jeans an. In der Schule oder wenn ich ausgehe, trage ich normalerweise das, was mir gefällt. Ich gehe mit der Mode. Was andere tragen, finde ich nicht wichtig. Hauptsache, meine Kleidung paßt zu mir. Schlaghosen finde ich total ätzend. Die würde ich nie anziehen. Auf Partys trage ich oft ein blaues Kleid, das total schrill aussieht. **Julia (16)**

Ich lerne Bankkauffrau. Die Bank verlangt ‚angemessene' Kleidung. Also trage ich dort schicke Schuhe, Hosen, Röcke und Blusen. In der Berufsschule darf es etwas bequemer sein, zum Beispiel Jeans und Pulli. In der Freizeit trage ich oft eine enge Stoffhose, eine weiße Bluse, eine Jeansweste und italienische Schuhe. Gute Kleidung ist mein Hobby. Beim Einkaufsbummel kaufe ich oft impulsiv ein Paar Schuhe oder ein Kleid. Wenn ich ausgehe, trage ich gern kurze Cocktailkleider mit ärmellangen Handschuhen. Was ich nie tragen würde, ist eine Latzhose. **Marina (19)**

## 2 Zusammenfassung

Schreib drei Sätze über jede Person im Artikel. Benutz die Tabelle unten und gib Beispiele.

**Beispiel**

**1 Thorben:** In der Schule trägt er gern bequeme Kleidung, zum Beispiel Sportschuhe und ein Polohemd.

| | | | |
|---|---|---|---|
| Auf Hochzeiten<br>In der Schule<br>Wenn er/sie ausgeht,<br>Auf Discos<br>Auf Partys<br>Bei der Arbeit<br>In der Freizeit<br>In der Berufsschule<br>Abends<br>Wie ich | trägt er/sie | immer<br>oft<br>gewöhnlich<br>meistens<br>manchmal<br>gern<br>lieber<br>am liebsten<br>nicht gern<br>nie | dunkle Farben.<br>angemessene Kleidung.<br>schicke Kleidung.<br>Sportbekleidung.<br>alte Klamotten.<br>modische Sachen.<br>praktische Kleidung.<br>bequeme Kleidung.<br>das, was ihm/ihr gefällt.<br>einen Stil für ihn/sie. |

| | |
|---|---|
| Thorbens<br>Julias<br>Atakans<br>Marinas | Schwester<br>Bruder |

## 3 Was meinen die Geschwister?

Du hörst sechs Teenager: die Geschwister von Thorben, Julia, Atakan und Marina. Wer spricht jeweils?

**Beispiel**

1 Julias Bruder

### Lerntip

**Adjektivendungen nach dem unbestimmten Artikel**

| | Maskulinum | Femininum | Neutrum | Plural |
|---|---|---|---|---|
| **Akk.** | ein**en** dunkl**en** Anzug | ein**e** weiß**e** Bluse | ein schwarz**es** Hemd | schick**e** Schuhe |

Siehe Grammatik, 9.1

## 4 Rollenspiel

Spiel die Rolle von Thorben, Julia, Atakan oder Marina. Lies den Text noch einmal gut durch. Dein/e Partner/in wird dir Fragen stellen. Du brauchst ein bißchen Phantasie!

Wie wichtig sind Mode und Kleidung für dich?

Wie oft kaufst du dir neue Kleider?

Was trägst du in der Freizeit?

Was trägst du, wenn du auf Partys gehst?

Kaufst du manchmal impulsiv Kleidung?

Was würdest du nie tragen?

## 5 Sind Mode und Kleidung wichtig für dich?

Schreib einen Artikel über dich selbst. Die Texte auf Seite 50 helfen dir dabei.

**Beispiel**

Kleidung ist für mich ziemlich wichtig.
Wenn ich ausgehe, trage ich oft ...

## 6 Präsentation

Notiere dir die Hauptpunkte aus deinem Artikel und mach eine Präsentation. Bring einige Lieblingskleidungsstücke in den Deutschunterricht mit.

# Lesepause 1

## Polizisten bleiben cool

Ein Physikprofessor im Emirat Bahrain hat einen Hut mit Klimaanlage entwickelt. Mit Hilfe von Sonnenenergie wird ein Ventilator im Hut betrieben. Die Polizei des Emirats testet zur Zeit diesen Spezialhut. Nach Angaben der Berliner Polizei sei eine Einführung des Huts im Bundesland Berlin nicht beabsichtigt.



## DIE COWBOYS WÜRDEN ES KAUM GLAUBEN!

Jeans: diese Hosen aus französischem Segeltuch waren im 19. Jahrhundert die billige Arbeitsbekleidung der amerikanischen Farmarbeiter und Cowboys. In den 50er Jahren symbolisierten sie die Jugendrebellion. Jetzt sind sie ein Phänomen.

Jeder hat irgendwo im Kleiderschrank ein Paar Jeans. Und nicht nur rebellische Jugendliche, Fußballrowdys und Rockmusiker. Auch Schuldirektoren, Ärzte, Bankkaufleute, Politiker und Nonnen tragen Jeans. (Zumindest am Wochenende oder im Urlaub ...) (OK. Nonnen vielleicht doch nicht ...)

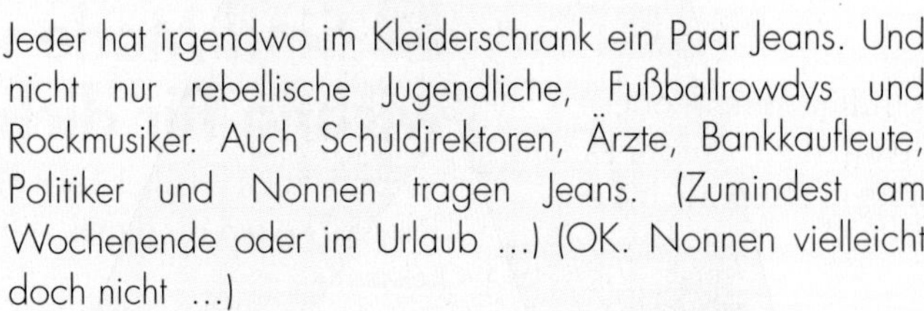

Inzwischen gibt es Designerjeans, Jeanswesten, Jeansjacken, Jeansschuhe, Jeanshandschuhe und auch Jeansmaterial für Autositze (leider!). Kennen Sie vielleicht jemanden, der keine Jeans hat? Na, also!

Die Cowboys würden es kaum glauben. Fast die ganze Welt trägt jetzt ihre Arbeitsbekleidung. Wenn Sie in nächster Zeit zufällig einen Bauernhof besuchen, achten Sie auf die Kleidung der Arbeiter und denken Sie darüber nach: das werden Jugendliche in 50 Jahren in der Disco tragen.

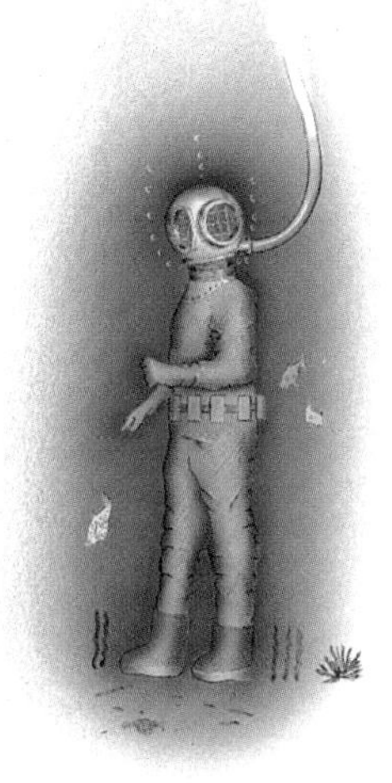

# Die ersten Taucherhelme

Die frühen Taucherhelme waren gefährliche Apparate. Sie saßen auf dem Kopf wie ein viel zu großer Hut und waren am Hals nicht abgedichtet. Der Taucher konnte atmen, aber nur so lange er aufrecht stand. Ein Taucher, der umfiel, war höchst gefährdet. Sein Helm füllte sich sofort mit Wasser.

Erst im Jahr 1829 hatte man die Idee, Helm und Taucheranzug zu kombinieren.



# WINTERSPORT

*Skifahren macht Spaß – und naß. Die richtige Kleidung ist Vorraussetzung dafür, daß man bei jedem Wetter seinen Spaß hat.*

**TIP** Empfehlenswert: mehrere Schichten übereinander tragen. Das Material der Skihose und -jacke muß wasserdicht sein, am besten auch winddicht.

**TIP** Die Jacke sollte bis über den Po reichen. Der Kragen sollte so eng sein, daß auch ohne Schal kein Wind durchpfeifen kann. Die Hosenbeine sollten locker über die Stiefel fallen.

**TIP** Die Reißverschlüsse sollten so große und griffige Zähne haben, daß man sie mit den Handschuhen oder mit kalten Fingern problemlos öffnen und schließen kann.

**TIP** Ein Reißverschluß unten an der Hose ist auch ganz praktisch, besonders wenn man aufs Klo will. Aber vergiß nicht, die Skier vorher abzuschnallen!

**TIP** Auf genügend Taschen achten: Geld, Skipaß, Sonnencreme, Lippenpflege, Taschentücher ... all das muß man dabei haben und im Notfall, wie z.B. bei Schnupfen, schnell finden können.

**TIP** Skibekleidung aus Fleece-Material fühlt sich schön und kuschelig auf der Haut an. Aber leider ist sie nicht wasser- und winddicht. Daher ist sie nur an schönen Tagen zu empfehlen.

**TIP** Auf Schnee wird fast 95% des Lichts reflektiert, und ultraviolettes Licht kann bleibende Augenschäden verursachen. Daher eine Sonnenbrille mit einem speziellen UVB-Filter tragen.

# 1 Captain Positive bei der Ärztin

Hör gut zu und sieh dir die Bildgeschichte an.

1
Unglaublich! Captain Positive! Was fehlt Ihnen denn?
Ich habe **furchtbare Magenschmerzen** und ich habe **Fieber**. Mir geht's **nicht gut**. Ich fühle mich total **negativ**.
2
Seit wann haben Sie diese Symptome?
Seit **drei Tagen**.
3
Lassen Sie mich mal sehen. Sonst keine anderen Symptome?
Ich habe **mich in der Nacht erbrochen. Dreimal**.
4
Wie geht es Ihnen jetzt?
Mir ist **schlecht**, Frau Doktor. Und mir ist **warm**. Und **meine Nase** tut weh.
5
**Eine Grippe** ist das nicht. Sie haben **eine Infektion**. Sind Sie allergisch gegen **Antibiotika**?
Ich bin nur allergisch gegen **negative Gefühle**.
Dann verschreibe ich Ihnen **Penizillin**.
6
Es ist nichts Schlimmes. Nehmen Sie **zwei Tabletten eine Stunde vor dem Essen**.
Danke, Frau Doktor, recht vielen Dank. Mir geht's schon besser.
7
Am besten **fliegen** Sie nicht zur Arbeit!
Frau Doktor! Mir ist total **schwindlig**!
8
Noch eine Aufgabe für ... PRIMAFRAU!!!

# 2 Richtig oder falsch?

Sind die Sätze richtig oder falsch? Schreib die falschen Sätze richtig auf.

**Beispiel**

1 *Falsch: Captain Positive fühlt sich nicht wohl.*

1 Captain Positive fühlt sich wohl.
2 Er ist seit einer Woche krank.
3 Heute morgen geht es ihm nicht besser.
4 Seine Nase tut ihm jetzt weh.
5 Er ist nicht allergisch gegen Antibiotika.
6 Die Ärztin verschreibt Aspirin.
7 Er soll die Tabletten kurz vor dem Essen nehmen.
8 Er soll eine Zeitlang nicht fahren.

## 3 Was soll ich tun, Herr Doktor?

Hör gut zu. Welche Symptome haben die fünf Patienten und welche Ratschläge bekommen sie?

**Beispiel**

1 c; i, j

a

b

c

d

e

f

g

h

i

ANTIBIOTIKA
j

k

ASPIRIN

**Beispiel**

Liebe Mutti,
lieber Vati,
die Reise war
ganz gut. Leider
geht's ...

## 4 Eine Postkarte aus Frankreich

Kannst du diese Postkarte richtig aufschreiben?

aber ich habe ein bißchen Durchfall.

ich fühle mich gut.

Martina

Bis bald

die Reise war ganz gut. Leider geht's

Doch ist das nichts Schlimmes. Ich

erbrochen und hat jetzt furchtbare

Liebe Mutti, Lieber Vati,

nehme Omas HALT!-Tabletten und

Rückenschmerzen. Vielleicht hat

sie eine Grippe. Mir geht's gut,

Steffi nicht gut. Sie hat sich im Bus

## 5 Partnerarbeit

Übt den Dialog auf Seite 54 zu zweit. Ändert das **Fettgedruckte.**

**Beispiel**

**A:** Unglaublich! Captain Positive! Was fehlt Ihnen denn?
**B:** Ich habe **Kopfweh** und ...

## 6 Notfall

Wähl eine dieser Situationen aus und schreib eine Szene. Spiel den Dialog mit einem/einer Partner/in vor.

- ‚Notfall', eine Krankenhausserie im Fernsehen.
- Beim Tierarzt in der Kinderkomödie ‚Die Tiere sprechen!'
- Der Science-fiction-Film ‚Der Arzt vom Planeten Zogg'.
- Die Fernsehwerbung für Mefisto-Schmerztabletten.

## 1 Fitneß oder Mode?

Hör gut zu und lies den Text.

Die Leute, die meinen, Fitneß sei nur eine Mode, sind total bekloppt. Kleidung und Mode interessieren mich überhaupt nicht, aber meine Gesundheit ist für mich sehr wichtig. Ich trinke keinen Alkohol. Ich bin Vegetarierin. Ich rauche seit ein paar Wochen nicht mehr. Ich spiele Handball und Volleyball und ich habe neulich angefangen, Tennis zu lernen. Das ganze Jahr trainiere ich zweimal die Woche im Sportverein. Außerdem jogge ich jeden Tag. Es ärgert mich, wenn Leute die ganze Zeit Sportschuhe und Sportbekleidung tragen, obwohl sie nie Sport treiben und gar nicht fit sind. Das finde ich total heuchlerisch.

**Pia (17), Rostock**

Der letzte Anrufer spinnt wohl. Es ist völlig blöd, zu sagen, man darf Sportschuhe nur tragen, wenn man Sportprofi oder Fitneßfreak ist. Eigentlich halte ich nicht viel von dieser Trainingsmode. Ich lerne im Sportverein Gymnastik, aber ich gehe nie zum Fitneßtraining. Nie. Ehrlich gesagt, finde ich es total doof. Ich bin aktiv und gutaussehend: Warum soll ich die ganze Zeit trainieren? Ungesund bin ich bestimmt nicht. Ich komme aus der Schweiz und gehe gern im Winter mit der Clique snowboarden. Ich rauche nicht. Ich nehme keine Drogen. Ich bin keine Vegetarierin, aber nach dem Essen putze ich mir immer die Zähne. Ich bin fit genug, um glücklich zu leben, und das reicht mir.

**Kristina (16), Zürich**

Ich sehe das alles nicht so extrem. Ich persönlich treibe gern allerlei Sport. Am liebsten spiele ich aber Fußball, obwohl ich kein besonderes Talent habe. Ich wohne direkt gegenüber vom Verein und trainiere seit ein paar Jahren dort. Doch treibe ich Sport nur, weil man so nette Leute trifft. Für einige im Verein ist das Trainieren wie eine Droge. Hauptsache ist, man hat Spaß am Sport. So bleibt man auch im Kopf gesund. Freundschaften sind schließlich auch für die Gesundheit wichtig. Und ich bin auch der Meinung, daß gute Ernährung unheimlich wichtig ist. Daher bin ich seit einem Jahr Vegetarier.

**Marc (17), Husum**

## 2 Alles klar?

Lies den Artikel noch einmal und beantworte die Fragen.

**Beispiel**

1 Sport ist für Pia wichtiger als Mode.

1 Was ist für Pia wichtiger: Mode oder Sport?
2 Was ißt sie nicht?
3 Trainiert sie regelmäßig?
4 Was für Kleidung findet sie bestimmt nicht modisch?
5 Wann trainiert Kristina?
6 Was hat sie mit Pia gemeinsam?
7 Mit wem treibt sie gern Wintersport?
8 Was ist Marcs Lieblingssportart?
9 Warum treibt er Sport?
10 Was hat er mit Pia gemeinsam?

## 3 Mitglieder im Sportverein

Hör gut zu. Seit wann sind diese Teenager Mitglieder im Sportverein? Wie oft trainieren sie?

**Beispiel**

1 Erdal – e; j

| | | | | |
|---|---|---|---|---|
| **1** Erdal<br>**2** Sasskia<br>**3** Timo<br>**4** Kerstin<br>**5** Harald | ist | **a** seit einer Woche<br>**b** seit vier Jahren<br>**c** seit einem Monat<br>**d** seit drei Monaten<br>**e** seit sechs Wochen | im Verein und trainiert | **g** einmal die Woche.<br>**h** zweimal die Woche.<br>**i** dreimal die Woche.<br>**j** jeden Tag.<br>**k** ein-/zweimal im Monat. |

**Achtung!**
Ich **habe** gestern **gespielt**.
Ich **spiele** seit sechs Jahren.

Siehe Grammatik, 2.18

## 4 Bist du einverstanden?

Lies den Artikel noch einmal durch und schreib alle Meinungen auf, mit denen du übereinstimmst.

**Beispiel**

Meine Gesundheit ist für mich sehr wichtig.

### Lerntip

**Präpositionen mit dem Dativ**

aus bei gegenüber (von) mit nach seit von zu

**Die Artikel im Dativ**

| **Maskulinum** | **Femininum** | **Neutrum** | **Plural** |
|---|---|---|---|
| de**m** | de**r** | de**m** | de**n** |
| ein**em** | ein**er** | ein**em** | – |

Siehe Grammatik, 8

Ja/Nein

## 5 Das Ja-Nein-Spiel

Interviewe deinen/deine Partner/in. Er/Sie darf nicht mit ‚Ja' oder ‚Nein' antworten. Dann tauscht die Rollen. Wer kann mehr Fragen beantworten?

**Beispiel**

**A:** Ist deine Gesundheit für dich wichtig?
**B:** Natürlich. Meine Gesundheit ist für mich sehr wichtig.

Ist deine Gesundheit für dich wichtig?

Treibst du gern Sport? (Was machst du?)

Bist du in einem Sportverein? (Seit wann?)

Wie oft trainierst du?

Was machst du, um gesund zu bleiben?

Ist Ernährung für dich wichtig?

Bist du Vegetarier/in? (Seit wann?)

Rauchst du? (Seit wann?)

Trinkst du Alkohol?

## 6 Wie bleibst du in Form?

Schreib einen Artikel über dich selbst. Wie wichtig ist für dich deine Gesundheit? Trainierst du? Wie oft? Rauchst du? Warum (nicht)? Bist du Mitglied in einem Sportverein? Seit wann?

**Beispiel**

Vegetarier – seit 2 J.
schwimme/Basketball
Training – 2 x die Wo. –
anstrengend

## 7 Ich über mich

Notiere dir die Hauptpunkte aus deinem Artikel (oder lerne ihn auswendig) und mach eine Präsentation.

# 1 Das katastrophale Berlin-Konzert

Nach ihrem katastrophalen Berlin-Konzert hat GAUDI-Magazin die Gruppe SMRT im Krankenhaus interviewt. Lies das Interview.

AFRO-CUBAN

**GAUDI:** Also, dann. Die Show war für euch katastrophal ...
**Sezen:** Am Anfang war alles perfekt. Doch am Ende des ersten Songs ist ein Fan auf die Bühne gelaufen und hat angefangen, Murat zu küssen. Sie sind beide zu Boden gefallen, und er hat sich dabei das linke Handgelenk verletzt.
**Murat:** Das war schlimm. Ich habe mir sofort gedacht, ‚Ach nein! Ich habe mir das Handgelenk gebrochen! Ich kann nicht spielen!' Es war aber nur verstaucht. Irgendwie habe ich weitergespielt.
**GAUDI:** Also. Du hast dir das Handgelenk beim Küssen verstaucht?
**Murat:** Stimmt.
**GAUDI:** Und Robert, wie hast du dir die Hand verletzt?
**Robert:** Keine Ahnung. Ich habe mir bei einem langen Solo in die Finger geschnitten. Sie haben sehr geblutet.
**GAUDI:** Also hast du dir beim Gitarrenspielen in die Finger geschnitten?
**Robert:** Ja, aber es war trotzdem ein gutes Solo.
**GAUDI:** Sezen und Thomas. Ihr habt euch beide das linke Bein gebrochen, oder?
**Thomas:** Nee. Ich habe mir das linke Bein gebrochen. Sie hat sich das rechte Bein gebrochen.
**GAUDI:** Alles klar. Die Frage ist aber: Wie?
**Sezen:** Also, wie du weißt, hängen wir ein enormes Herz über der Bühne auf. Und wir machen auch eine große Lasershow.
**Thomas:** Mitten im letzten Song ist die Laseranlage explodiert. Das Herz ist auf mich gefallen. Mein Synthesizer ist explodiert, und ich habe mir die Finger verbrannt.
**Sezen:** Ich bin zu Thomas gelaufen und wir sind beide ins Publikum gestürzt.
**Thomas:** Und wir haben uns beide das Bein gebrochen.
**Robert:** Sie haben sich auch beim Hinfallen den Ellbogen verstaucht.
**GAUDI:** Eine Katastrophe, also. Ist das nicht eine schlechte Publicity für die Band?
**Robert:** Nee. Jede Publicity ist gute Publicity.

# 2 Alles klar?

Lies das Interview noch einmal durch und beantworte folgende Fragen.

**Beispiel**
1 Murat.

1 Wer hat sich als erster verletzt?
2 Was für eine Verletzung hatte er?
3 Wann ist jemand auf die Bühne gelaufen?
4 Wie hat sich Robert die Hand verletzt?
5 Welche Gruppenmitglieder haben sich das Bein verletzt?
6 Wann ist die Laseranlage explodiert?
7 Wie hat sich Thomas die Finger verbrannt?
8 Wie haben sich Thomas und Sezen den Ellbogen verstaucht?

**Achtung!**
Sie sind hingefallen. Sie haben sich den Ellbogen verstaucht. ODER
Sie haben sich **beim Hinfallen** den Ellbogen verstaucht.

Siehe Grammatik, 2.16

## 3 Was paßt zusammen?

Hör gut zu. Welche Satzteile passen zusammen? Mach dir Notizen. Dann schreib die Sätze auf.

**Beispiel**

1 – c, h: Ich habe mir beim Basteln ins Knie geschnitten.

| | | | |
|---|---|---|---|
| 1 **Mehmet:** Ich habe mir beim | a Trainieren | g den Ellbogen gebrochen. |
| 2 **Jasmin:** Ich habe mir beim | b Tennisspielen | h ins Knie geschnitten. |
| 3 **Frauke:** Ich habe mir beim | c Basteln | i das Bein verletzt. |
| 4 **Natalie:** Ich habe mir beim | d Rauchen | j den Fuß verstaucht. |
| 5 **Julian:** Ich habe mir beim | e Hockeyspielen | k in die Hand geschnitten. |
| 6 **Kristin:** Ich habe mir beim | f Kochen | l die Finger verbrannt. |

**Achtung!**
Ich habe mir **in** die Hand geschnitten.

Siehe Grammatik, 2.11

### Lerntip

**Reflexivverben mit Dativpronomen**

| | | |
|---|---|---|
| ich habe **mir** | | |
| du hast **dir** | die Hand | verbrannt. |
| er/sie/es/(*usw.*) hat **sich** | das Bein | gebrochen. |
| wir haben **uns** | die Finger | verletzt. |
| ihr habt **euch** | den Fuß | verstaucht. |
| Sie haben **sich** | | |
| sie haben **sich** | | |

Siehe Grammatik, 2.11

## 4 Wer ist wer?

In diesem Dialog gibt es einen Patienten, einen Krankenpfleger und eine Ärztin. Aber wer ist wer? Wer ist A? Wer ist B? Wer ist C?

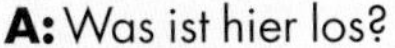

**A:** Was ist hier los?
**B: Der Fuß** tut weh.
**A:** Wie ist das passiert?
**B: Beim Snowboarden**
**A:** Guten Tag. Sie haben sich **beim Snowboarden den Fuß** verletzt ... Darf ich mal sehen?
**C:** Ja. Ist **er** gebrochen?
**A:** Vielleicht nur verstaucht. **Er** muß geröntgt werden.
**B:** Und er hat sich auch **beim Skilaufen** in **die Nase** geschnitten
**A: Beim Skilaufen**?
**C:** Das ist eine lange Geschichte.
**A:** Ist das alles?
**C:** Nein. Ich habe mir **beim Postkartenschreiben die Finger** verbrannt.
**A:** Verbrannt? Meinen Sie nicht verstaucht?
**C:** Das ist auch eine lange Geschichte.

## 5 Gruppenarbeit

Arbeitet in Dreiergruppen und übt den Dialog oben. Dann ändert die grün, blau, und rot gedruckten Informationen.

**Beispiel**

**A** Was ist hier los?

**B** Das Bein tut weh.

# Lesepause 2

## Silber macht unglücklich

2
1
3


Amerikanische Psychologen haben festgestellt, daß Bronzemedaillengewinner viel glücklicher sind als Silbermedaillengewinner, obwohl die Silbermedaillengewinner die bessere Leistung erbracht haben. Denn während die Bronzemedaillengewinner über ihre Leistung jubeln, grämen sich die Silbermedaillengewinner viel mehr über die verpaßte Chance auf Gold.

## Das intelligente WC

Eine japanische Firma will das erste intelligente WC auf den Markt bringen. Innerhalb von wenigen Sekunden liefert der WC-Bordcomputer eine komplette Urinanalyse sowie Blutdruck-, Herz-, und Temperaturwerte. Dank einer Direktverbindung zum Computer des nächsten Krankenhauses gibt das WC auch praktische Gesundheitstips für den bevorstehenden Tag.



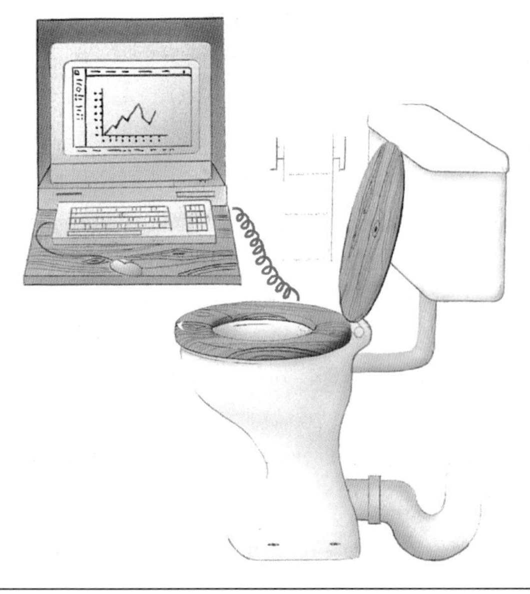

## Wie bitte?

Großer Lärm ist für den Menschen sehr gesundheitsschädlich. Schädlicher Lärm entsteht zum Beispiel in Fabriken, wo Belastungen von 90 Dezibel keine Seltenheit sind. Ein Preßluftbohrer erzeugt 110 Dezibel. Bei einem Konzert der englischen Rockgruppe ‚The Who' im Jahre 1976 betrug die Lautstärke in einer Entfernung von 50 Metern von der 76.000-Watt-Anlage sogar 120 Dezibel. Da ist es nicht mehr weit zur kritischen 150-Dezibel-Marke: Anhaltender Lärm von dieser Lautstärke verursacht unheilbare Taubheit. Lautstärken über 192 Dezibel können tödliche Schocks auslösen.

110 Dezibel

120 Dezibel

**Es ist schon lange nichts Besonderes mehr, daß Mädchen Fußball spielen. Trotzdem ist die Elf des Berliner Vereins BSC Agrispor außergewöhnlich. Es ist das einzige türkische Frauenteam in Europa. Darüber hinaus sind sie in der Berliner Landesliga Hallenmeister und die Berliner Pokalsieger.**

# Der Schrecken von der Spree

Aram Somunciyan trainiert diese Mannschaft. ,Er muß so streng sein', meint seine Tochter Nadja, ,sonst würden sie nur Blödsinn machen.' Doch Aram Somunciyan ist viel mehr als ein strenger Trainer. Für die 20jährigen Mädchen ist er auch eine Art Vaterersatz. ,Früher hatte ich eine Tochter', sagt Aram scherzhaft, ,jetzt habe ich 20.'

Daher kümmert er sich so viel um die Mädchen. Er kontrollierte ihre Schulzeugnisse, als sie noch zur Schule gingen. Er fährt sie nach einem Spiel nach Hause. ,Mein Vater mußte das alles den Eltern versprechen', sagt Nadja, ,sonst hätten sie das niemals erlaubt, daß ihre Töchter Fußball spielen dürfen.'

Die Spielerinnen sind natürlich alle topfit. Sie trainieren hart und spielen hart. Arzu ist die beste Spielerin auf dem Platz. Sie spielt seit fünf Jahren Fußball, zunächst in einem deutschen Verein, seit zwei Jahren bei Agrispor. ,Bei den Deutschen hat man sich nur zum Spiel oder zum Training getroffen', erzählt sie. ,Hier ist der Zusammenhalt viel stärker. Wir treffen uns vor dem Spiel und gehen danach etwas essen oder unternehmen etwas.'

Inzwischen gibt es auch Griechinnen, Albanerinnen und Schwedinnen in der Mannschaft. Wassiliki, deren Eltern aus Griechenland kommen, meint: ,Es gibt auf dem Fußballplatz keinen Nationalismus. Hier zählt nur, was man für das Team leistet.'

Die Erfolge von Agrispor erhöhten sogar die Akzeptanz für Mädchenfußball in der Türkei. ,Vor fünf Jahren haben wir eine Reise in die Türkei gemacht', erinnert sich Nadja. ,Damals konnten wir nur zwei Spiele absolvieren. Mehr Mannschaften gab es nicht. Inzwischen gibt es eine Frauenliga in der Türkei.' Die türkische Nationalmannschaft interessierte sich sehr für die Agrispor-spielerinnen, doch keine war bereit, ihr Leben in Berlin aufzugeben.

*Lutz Göllner*

# Prüfungstraining

## 1 Hören

Hör gut zu. Sind die Sätze richtig oder falsch?

1 Es gab zwei Bankräuber.
2 Sie trugen alle ein gelbes Hemd.
3 Dazu trugen sie eine dunkelgrüne Krawatte.
4 Die Bankräuber trugen alle eine schwarze Hose.
5 Sie trugen alle eine schwarze Baseballmütze.
6 Sie hatten einen grün-weißen Wagen.
7 Die Bankräuber hatten Polizeiuniformen an.

## 2 Sprechen

*You go to the doctor in Germany. You have had stomach pains for three days and last night you vomited twice. Remember that you are allergic to antibiotics. Your teacher will play the part of the doctor and will start the conversation.*

1 Nenn deinen Namen und deine Staatsangehörigkeit.
2 Beschreib deine Symptome.
3 Sag, seit wann es dir schlecht geht.
4 Beantworte die Frage.
5 Frag nach einer Apotheke.

## 3 Lesen

Lies den Text und füll die Lücken in den Sätzen aus. Die Wörter sind unten rechts. Fünf Wörter brauchst du nicht.

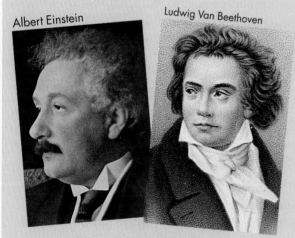

Albert Einstein

Ludwig Van Beethoven

Für diese Linkshänder kam die Münchner Beratungsstelle zu spät.

Zu den berühmtesten Linkshändern zählen Pablo Picasso, Ludwig van Beethoven, Albert Einstein und Leonardo da Vinci.
In Deutschland gibt es rund 16 Millionen Linkshänder, die jedoch mit der rechten Hand schreiben, weil man sie als Kind umgeschult hat. Diese Umschulung führt manchmal zu Problemen wie Müdigkeit, Schreibunlust oder sogar Bewegungsstörungen. Der Weg zurück zur linken Hand ist gar nicht so einfach und bedarf einiger Trainings. In München befindet sich die einzige deutsche Beratungsstelle für Linkshänder, Tel: 089/268614.

**Beispiel**

1 Pablo Picasso, Ludwig van Beethoven, Albert Einstein und Leonardo da Vinci waren alle _Linkshänder_.
2 Rund 16 Millionen deutsche Linkshänder mußten in der Schule lernen, mit der __________ Hand zu schreiben.
3 Diese Linkshänder haben manchmal viele __________ im Leben.
4 Manche fühlen sich oft __________.
5 Manche __________ nicht gern.
6 Das Training auf die richtige Hand kann sehr __________ sein.

müde | Probleme | einfach | schreiben | Fehler | lernen | linken | schlafen | rechten | Linkshänder | schwer

## 4 Schreiben

Schreib einen Brief an eine deutsche Briefpartnerin. Schreib 100 Wörter über das, was du für deine Gesundheit machst.

- Wie wichtig ist deine Gesundheit für dich?
- Treibst du gern Sport? Warum (nicht)?
- Trainierst du? Wie oft?
- Rauchst du? Warum (nicht)?
- Bist du Mitglied in einem Verein? Seit wann?

# Selbstlernkassetten

## 1 Aussprache

Hör gut zu und wiederhole.

*Ich fühle mich oft*
*im dunkelgrünen Anzug übel,*
*obwohl mir öfter übler ist,*
*wenn ich im dunkelgrünen Anzug Judo übe.*
*Doch fühle ich mich überhaupt nicht übel,*
*wenn ich mir in grünen Schuhen*
*neue Judoübungen wünsche.*
*Nur ein bißchen schwindlig.*

## 2 Seifenoper

Hör dir die vierte Episode der Serie an.

# Zusammenfassung

## Themen

| | | Seite | Vokabeln |
|---|---|---|---|
| 1 | Kleider kaufen | 48-49 | AB 63 |
| 2 | Meinungen über Kleider | 50-51 | AB 65 |
| 3 | Krankheiten | 54-55 | AB 69 |
| 4 | Bist du in Form? | 56-57 | AB 72 |
| 5 | Unfälle | 58-59 | AB 74 |

## Grammatik

| | Seite | Arbeitsblatt | Grammatik |
|---|---|---|---|
| Adjektivendungen nach dem bestimmten Artikel | 49 | – | 9.2 |
| Adjektivendungen nach dem unbestimmten Artikel | 51 | – | 9.1 |
| *seit* | 57 | – | 2.18 |
| Präpositionen mit dem Dativ | 57 | 71 | 8 |
| Die Artikel im Dativ | 57 | 71 | 8 |
| *beim* mit Nomen | 58 | – | 2.16 |
| Reflexivverben mit Dativpronomen | 59 | 73 | 2.11 |

## Besonderes

| | Seite | Arbeitsblatt |
|---|---|---|
| Lesepause 1 | 52-53 | 66 |
| Lesepause 2 | 60-61 | 75 |
| Prüfungstraining | 62-63 | – |
| Extra | 150 | – |

# 5 Man ist, was man ißt!

**LERNPUNKTE**
- **Thema 1: Essen und Hygiene**
  Wasch dir bitte die Hände!
- **Thema 2: Im Geschäft**
  Ich möchte ein Kilo Schinken
- **Thema 3: Mahlzeit!**
  Reich mir bitte den Aufschnitt!
- **Thema 4: Drogen, Alkohol und Rauchen**
  Cool oder lächerlich?
- **Thema 5: Gesundheit**
  Fünfmal Obst und Gemüse pro Tag!

## 1 Essen in jedem Alter

Lies diese Texte. Einige Personen verschiedener Altersstufen (oder ihre Eltern!) beschreiben, was sie gern und nicht gern essen.

Sie ißt gern gekochte Karotten und Nudeln. Sie ißt auch gern Wackelpudding und Kuchen. Noch lieber ißt sie püriertes Obst. Am liebsten aber ißt sie Schokoladeneis. Das hat sie erst neulich entdeckt (sie hat mir ein Schokoladeneis geklaut!). Es gibt nicht viel, was sie nicht gern ißt – nur Bananen und Fisch. Aber sie ißt höchstens zehn Prozent des Essens. Den Rest finde ich auf dem Boden, auf ihrer Kleidung, auf meiner Kleidung oder am Hund.
**Die Mutter von Silvia (1 Jahr alt)**

Er ißt fast nichts gern, was gesund ist! Nur Kartoffelchips, Pommes frites, Hamburger usw. Und noch lieber ißt er gebratenes Hähnchen und Bratwurst – eigentlich alles Gebratene! Frühstücksflocken ißt er aber am liebsten, besonders die, die viel Zucker enthalten (das sind aber fast alle!). Gemüse ißt er überhaupt nicht gern. Obst und Joghurt auch nicht. Ich mache mir schon Sorgen über seine Zukunft.
**Die Mutter von Karl (11 Jahre alt)**

Ich habe neulich angefangen, vegetarisch zu leben, weil ich die Verhältnisse in der Fleischproduktionsindustrie entsetzlich finde. Ich esse sehr gern Gemüse – besonders Bohnen, Kohl und Linsen – und ich esse auch gern Käse, Brot und Nüsse. Aber als Vegetarierin esse ich nicht nur gesunde Sachen – ich esse noch lieber Pommes frites, Kekse und Kuchen. Am liebsten esse ich dieselben Sachen wie viele andere Leute: Schokolade und Eis!
**Steffi (31 Jahre alt)**

Ich esse unheimlich gern Fleisch aller Art. Ich esse gern Speck und Aufschnitt, und ich esse noch lieber Rindfleisch. Zum Fleisch esse ich gern Gemüse wie zum Beispiel Bratkartoffeln und Bohnen, aber am liebsten esse ich Knödel dazu. Am allerliebsten esse ich Wiener Schnitzel. Ich esse auch gern Grießpudding mit Kirschen, aber im allgemeinen esse ich nicht gern Süßes. Ich esse auch nicht gern Hamburger und Pommes frites.
**Albert (61 Jahre alt)**

## 2 Fragen

Beantworte folgende Fragen.
**Beispiel**
1 Grießpudding mit Kirschen.

1 Was für süßes Essen ißt Albert gern?
2 Wer ißt seit kurzem kein Fleisch mehr?
3 Wer ißt sehr gern Fleisch?
4 Wer mag nur ungesundes Essen?
5 Was ißt Silvia am liebsten?
6 Was ißt Silvia gern?
7 Was ißt Steffi am liebsten?
8 Was ißt Karl noch lieber als Hamburger?

### Lerntip

**Gern, nicht gern, lieber, am liebsten**

Ich esse **gern** Möhren.
Ich esse (gar) **nicht gern** Pommes frites.
Kartoffeln esse ich (noch) **lieber** (als Erbsen).
Ich esse **am liebsten** Schokoladeneis./**Am liebsten** esse ich Schokoladeneis.

Siehe Grammatik, 12

## 3 Was ißt du gern?

Was ißt du gern, lieber, am liebsten oder gar nicht gern? Mach eine Umfrage in der Klasse und schreib die Ergebnisse in dein Heft.
**Beispiel**

**A** Was ißt du gern?

**B** Ich esse gern Pommes frites, Eis ...

## 4 Sauberkeit ist alles!

Lies diese Ratschläge aus GAUDI-Magazin.

### GAUDI-MAGAZIN • SAUBERKEIT IST ALLES! • 10 wichtige Ratschläge

1 Alle sollten sich die Hände waschen, bevor sie mit Nahrungsmitteln hantieren und nachdem sie zur Toilette gegangen sind.

2 Man sollte gekochtes Essen immer innerhalb von anderthalb Stunden in den Kühlschrank stellen. Sonst besteht die Gefahr einer Salmonellenvergiftung, wenn man das Essen später noch einmal aufwärmt.

3 Beim Gebrauch eines Mikrowellenherdes sollte man sich vergewissern, daß das Essen gut durchgekocht ist. Wenn nicht, besteht das Risiko einer Salmonellenvergiftung.

4 Wenn man irgend etwas aus dem Ofen nimmt, sollte man es sofort abdecken, damit Fliegen nicht darauf landen. Fliegen sind Bazillenträger.

5 Wenn Dosen oder Joghurtbecher aufgewölbte Deckel haben, sollte man sie sofort wegwerfen. Es kann sein, daß der Inhalt verdorben ist.

6 Man sollte die Mindesthaltbarkeitsdaten sorgfältig prüfen. Wenn sie überschritten sind, sollte man den Artikel sofort wegwerfen.

7 Wenn gefrorene Sachen aufgetaut sind, sollte man sie nicht wieder einfrieren. Andernfalls besteht Infektionsgefahr.

8 Rohes Fleisch sollte im Kühlschrank nicht auf demselben Regal wie gekochtes Fleisch und Aufschnitt aufbewahrt werden. Man sollte rohes Fleisch nach unten stellen, damit die Bluttropfen keine anderen Nahrungsmittel vergiften.

9 Man sollte Küchengeräte und Geschirr nach Gebrauch in sehr heißem Wasser und mit Geschirrspülmittel spülen. Am besten benutzt man eine Spülmaschine.

10 Man sollte alle Geschirrtücher und Lappen täglich wechseln und waschen. Auf diese Weise kann man die Übertragung von Bazillen einschränken.

**Lerntip**

**Sollen im Konditional**

ich soll**te**
du soll**test**
er/sie/es/(*usw.*) soll**te**
wir soll**ten**
ihr soll**tet**
Sie soll**ten**
sie soll**ten**

Siehe Grammatik, 2.15

## 5 Wer macht was?

GAUDI hat vier Auszubildende (Tobias, Heiko, Asla und Monia) auf einer Kochschule über die Ratschläge oben interviewt.
Hör gut zu und sieh dir die Liste oben noch einmal an. Wer macht was?
Schreib für jede Person eine Liste in dein Heft.

**Beispiel**

Tobias: 1, ...

## 6 Umfrage

Was machst du, um hygienisch zu essen? Welche der Sachen auf der Liste oben machst du? Schreib die passenden Nummern in dein Heft. Dann mach eine Umfrage in der Klasse zu diesem Thema. Findest du jemanden mit denselben Antworten wie du?

**Beispiel**

**A** Was machst du, um hygienisch zu essen?

**B** Nummer eins. Ich wasche mir immer die Hände, bevor ich mit Nahrungsmitteln hantiere.

## 7 Bessere Regeln?

Kennst du andere oder bessere Regeln für hygienisches Essen?

**Beispiel**

1 Man sollte ...

## 1 Herr Schmidt geht einkaufen

Morgen geben Herr Schmidt und seine Frau eine Party. Jetzt geht er einkaufen, aber er mag keine Supermärkte.
Hör gut zu und lies die Bildgeschichte.

1

Haben Sie Lachs? Ich brauche Lachs für unsere Party.
Es tut mir leid, aber wir führen keinen Lachs. Am besten gehen Sie zum Supermarkt. Dort kann man tollen Lachs kaufen.
S. LAMMERS

2

Ich möchte einen Laib Roggenbrot. Ihr Roggenbrot finde ich lecker.
Es tut mir leid, aber heute ist Donnerstag. Roggenbrot backen wir nur freitags. Im Supermarkt können Sie aber sicherlich Roggenbrot kaufen.

3

Haben Sie Käsekuchen? Ich brauche ein großes Stück.
Ja, hier. Selbstgemacht.

4

Ähm … es ist ein bißchen zu … klein. Gibt es hier in der Gegend auch andere Geschäfte, wo man Käsekuchen kaufen kann?
Außer hier, nur im Supermarkt, aber der ist nicht so gut wie unserer.

5

Haben Sie Speck?
Es ist alles ausverkauft. Am besten gehen Sie zum Supermarkt. Dort kann man tolles Fleisch kaufen.
METZGEREI
N. FILTHAUT

6

Haben Sie Kartoffeln?
Ja, gucken Sie mal. Und sehr preiswert – nur 15 Mark das Kilo.

7

Die sind mir zu teuer. Wo kann ich die sonst noch bekommen?
Nur im Supermarkt. Aber dort sind sie nicht so frisch wie unsere.
Gemüseladen
DM 15 Kilo

8

SUPERMARKT ILKA
DONNERSTAGS GESCHLOSSEN

## 2 Was ist richtig?

Wähl die richtige Antwort aus.

**Beispiel**

1b

1 Im Fischgeschäft kann Herr Schmidt … bekommen.
a) Lachs b) keinen Lachs
c) Dorsch

2 In der Bäckerei kann man Roggenbrot … kaufen.
a) nur donnerstags
b) nur freitags c) gar nicht

3 In der Konditorei kann Herr Schmidt … bekommen.
a) ein kleines Stück Käsekuchen
b) keinen Käsekuchen
c) ein großes Stück Käsekuchen

4 Herr Schmidt kann Speck … kaufen.
a) in der Metzgerei
b) im Supermarkt
c) in der Konditorei

5 Im Gemüseladen kann Herr Schmidt … kaufen.
a) preiswerte Kartoffeln
b) nur teure Kartoffeln
c) Rindfleisch

6 Der Supermarkt ist …
a) offen b) zu weit weg c) zu

## 3 Was kauft man dort?

Was kann man in den verschiedenen Geschäften kaufen? Bilde Sätze. Dein/e Partner/in sagt, ob sie richtig oder falsch sind. Wenn es falsch ist, muß dein/e Partner/in den Satz korrigieren.

**Beispiel**

**A** In der Konditorei kann man Fleisch kaufen.

**B** Falsch. In der Konditorei kann man Kuchen kaufen.

## 4 Ich möchte bitte …

Am folgenden Tag geht Herr Schmidt noch einmal einkaufen. Diesmal hat er eine Liste, und er besucht einige andere Geschäfte. Hör gut zu und ordne die Bilder.

**Beispiel**

e, …

PLUTON
CRU

## 5 Wieviel?

Hör noch einmal zu und sieh dir diese Preise und Mengen an. Welche hörst du auf der Kassette? Schreib sie auf.

**Beispiel**

n, a, …

- **a** zwei Kilo
- **b** eine Scheibe
- **c** ein Glas
- **d** drei Kilo
- **e** DM 2
- **f** ein Paket
- **g** ein Stück
- **h** DM 40
- **i** eine Dose
- **J** DM 10
- **k** eine Tüte
- **l** ein Becher
- **m** 25 Riegel
- **n** ein Kilo
- **o** eine Tafel
- **p** eine Packung
- **q** DM 25
- **r** eine Schachtel
- **s** 500 Gramm
- **t** ein Liter

## 6 Jetzt bist du dran!

Ordne diese Sätze, um einen Dialog im Geschäft zu bilden. Dann schreib den Dialog in dein Heft und hör gut zu. Hast du recht?

**Beispiel**

– Guten Tag. Was darf es sein?

- Und Ihr Wechselgeld. Danke schön.
- Ich möchte ein Kilo Bananen, bitte.
- Auf Wiederschauen.
- Nein. Haben Sie auch Birnen, bitte?
- Guten Tag. Was darf es sein?
- Nein danke, das ist alles.
- Zehn Mark 50. Bitte schön.
- Ja, sicher. Wieviel möchten Sie?
- Auch ein Kilo, bitte.
- Bitte schön. Sonst noch etwas?
- Danke schön. Auf Wiederschauen.
- So, bitte schön. Ist das alles?
- Also, das macht zusammen sechs Mark 50.

# Lesepause 1

## Wie man eine Lebensmittelvergiftung vermeiden kann

### Lebensmittelvergiftung

Eine Lebensmittelvergiftung wird durch bestimmte Bakterien verursacht, die sich in Lebensmitteln vermehren. Um das zu verhindern, müssen Lebensmittel zwischen +5° und -60° Celsius aufbewahrt werden.

### Tierfutter

Tiere können durch ihr Futter Salmonellen bekommen. Das Fleisch der Tiere kann dann die Salmonellen auf den Menschen übertragen. Seit 1960 haben diese Fälle um 900% zugenommen, meistens wegen verschmutzten Tierfutters.

### Vakuumverpackungen

HENGLEIN
Tortellini con carne

Vakuumverpacktes Essen muß unbedingt in Kühlschränken aufbewahrt werden, weil die Bakterie Botulinum in der Packung bei Temperaturen von über +6° überleben kann.

### Mikrowellenherde

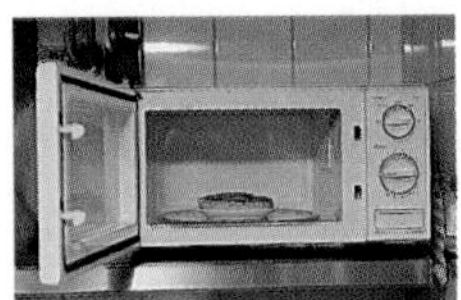

In Mikrowellenherden werden Lebensmittel von innen nach außen erwärmt. Wenn die Lebensmittel nicht lange genug im Mikrowellenherd erhitzt werden, können sie nicht heiß genug werden, um die Bakterien abzutöten.

### Liniendampfer

Lebensmittelvergiftungen auf Liniendampfern werden oft von den kunstvollen Büffets verursacht, bei denen die Speisen zu lange bei Zimmertemperatur im Raum stehen.

### Flugzeuge

In Passagierflugzeugen besteht die Gefahr von Lebensmittelvergiftungen, weil es schwer ist, die Temperatur der im voraus gekochten Mahlzeiten zu kontrollieren. Heutzutage bekommen der Pilot und der Co-Pilot oft nicht die gleiche Mahlzeit.

## Ernährung

**Möhren**
Möhren helfen wirklich beim Sehen im Dunkeln! Der Körper macht aus Vitamin A Karotin, das uns hilft, bei schlechtem Licht zu sehen. Zuviel Karotin kann aber schädlich sein. 1973 starb ein Mann an Vitamin-A-Vergiftung. Er hatte täglich hunderte von Vitamin-A-Pillen genommen und fünf Liter Möhrensaft getrunken. Bei seinem Tod war seine Hautfarbe bereits hellorange.

**Schwere Babys!**
Viele Ärzte machen sich Sorgen um die steigende Anzahl von übergewichtigen Babys. Eine große Firma arbeitet daran, den Zuckergehalt ihrer Babynahrung zu verringern. Aber je weniger Zucker sie benutzen, desto unzufriedener sind ihre Kunden (d.h. die Babys!).

**Känguruhfleisch**
Cholesterin ist ein natürlicher Bestandteil von tierischen Fetten, und man vermutet, daß es Herzinfarkte verursacht. Es gibt aber ein Tier, dessen Fleisch cholesterinfrei ist – das Känguruh. Australische Bauern haben schon angefangen, Känguruhs wegen ihres Fleisches zu züchten.

# • FAST FOOD •

## • HAMBURGER •

**Modell-Beschreibung:**
UFO (unbekanntes Fleischobjekt) aus Disneyland.
**Eß-Komfort:**
Läßt sich auf CD-Dicke pressen. Achtung! Hohe Kleckergefahr!
**Geschmack:**
Unvergeßlich unwichtig; führt zu Suchterscheinungen.
**Design:**
Praktisch, rund und gut.
**Extras:**
Wir empfehlen Pommes und Cola (kostet extra!).
**Sättigung:**
Aber ja!
**Preis:**
DM 4,80.

## • DÖNER KEBAB •

**Modell-Beschreibung:**
Türkischer ‚Burger' aus Puten- oder Kalbfleisch, Salat und Fladenbrot. Findet man zwischen Flensburg und Passau an fast jeder Ecke (am besten den weißen Soßen-Spuren am Boden folgen!).
**Eß-Komfort:**
Wurde früher wahrscheinlich als Foltermethode eingesetzt (zum Öffnen des Mundes). Wir haben es nie geschafft, das Ding in einen normalen Mund zu bekommen. Achtung: Viele Servietten mitnehmen und nicht die Lieblingskleidung anziehen – Kleckergefahr!
**Geschmack:**
Leckeres Fladenbrot, und auch das Fleisch ist meistens gut. Darauf achten, daß es knusprig gebraten ist. Knoblauchsoße verstärkt das Erlebnis.
**Design:**
Hübsch, mit all dem bunten Gemüse.
**Extras:**
Knoblauchsoße (erst überlegen, was man danach vorhat!), scharfe, getrocknete Peperoni als Gewürz.
**Sättigung:**
Ganz ordentlich, außerdem gibt es noch ein paar Vitamine.
**Preis:**
ca. DM 6.

## • PIZZA •

**Modell-Beschreibung:**
Leichte Straßenversion der italienischen Nationalspeise, wenige Modelle.
**Eß-Komfort:**
Leicht zu essen, da in Stücken serviert; problematisch, wenn der Teig zu weich ist.
**Geschmack:**
Je nach Belag (meistens Schinken, Salami, Käse oder Paprika, Peperoni, Käse). Äußerst wenige Gewürze.
**Design:**
Ziemlich fantasielos; wir sahen allerdings auch eine Ananas-Version.
**Extras:**
Keine.
**Sättigung:**
Rutscht runter wie nichts und hinterläßt nichts.
**Preis:**
DM 4,50 pro Stück.

## 1 Auf dem Motorrad-Treffen

Dieses Wochenende findet ein großes Motorrad-Treffen statt.
Hör gut zu und lies die Bildgeschichte. Achtung! Auf der Kassette hörst du mehr Informationen als hier.

1
Super Wetter heute, Dirk!
Möchtest du den Senf?
Nein danke.
2
Igitt! Was ist denn da drauf?
Doch. Guck mal. Motoröl.
Nichts.
3
Nur ein bißchen. Im Behälter waren früher einige Bolzen.
Bolzen?! Jetzt reicht's. Tschüß.
Was ist denn mit ihr los?
4
Was möchtest du, Sonja?
Für mich ein Käsebrot, bitte.
5
Käse, Käse ... ich kann ihn nicht finden. Aber hier sind die Würstchen.
Würstchen?! Ich bin doch Vegetarierin!
6
Ah ja. Hatte ich vergessen. Möchtest du eine Packung Kartoffelchips mit Hähnchengeschmack?
Was? Würstchen? Kartoffelchips? Ich hab' die Nase voll. Tschüß.
Ähm, jetzt nur wir zwei.
7
Kannst du mir bitte die Kuchen reichen?
8
Kuchen. O, nein! Die waren in Sonjas Tasche!
Was? Folgen wir ihr – schnell, bevor sie abfährt.
9
Es nützt nichts. Aber wo ist denn jetzt unser Picknick?
Hey, guck mal, die Hunde dort drüben! Hey, ihr dreckigen Köter!

## 2 Was gibt's zu essen?

Welche Wörter zum Thema ‚Essen und Trinken' hörst du? Hör noch einmal zu und mach eine Liste.

**Beispiel**

ein Brötchen, ...

## 3 Probleme im Restaurant

Hör gut zu und beantworte die Fragen rechts.

**Beispiel**

1b

**Dialog 1**

1 Schließlich bekommt der Gast einen Tisch ...
   a) in der Ecke.
   b) neben dem Fenster.
   c) am Gang.

2 Er bestellt ...
   a) Wiener Schnitzel.
   b) Hähnchen mit Currysoße.
   c) Hähnchen ohne Currysoße.

3 Sein Essen ...
   a) schmeckt ihm sehr.
   b) findet er furchtbar.
   c) kommt gar nicht.

4 Er muß ... bezahlen.
   a) ein Essen
   b) zwei Essen
   c) drei Essen

**Dialog 2**

5 Die Gäste möchten einen Tisch für ...
   a) eine Person.
   b) zwei Personen.
   c) drei Personen.

6 Sie bestellen ...
   a) zweimal Schweineschnitzel.
   b) zweimal Katzenfutter.
   c) dreimal Schweineschnitzel.

7 Sie bekommen ...
   a) Schweineschnitzel.
   b) Katzenfutter.
   c) Wiener Schnitzel.

8 Das Essen ...
   a) schmeckt ihnen sehr.
   b) schmeckt ihnen gar nicht.

## 4 Ein Dialog

Hör gut zu und wähl für Nummern 1–7 die richtigen Wörter aus den Kästchen aus. Wiederhole den Dialog.

**Beispiel**

**A** Guten Abend. Was darf es sein?

**B** Einen Tisch für eine Person, bitte.

**1** eine Person
zwei (Personen)
drei (Personen)

**2** Neben dem Fenster
In der Ecke

**3** Schweineschnitzel
*(siehe Speisekarte auf AB 88)*

**4** ein Glas Cola
*(siehe Speisekarte auf AB 88)*

**5** Apfelstrudel mit Sahne
*(siehe Speisekarte auf AB 88)*

**6** Herr Ober!
Fräulein!

**7** Ja, es hat sehr gut geschmeckt.
Nein, es war ekelhaft.

**A:** Guten Abend. Was darf es sein?
**B:** Einen Tisch für **1**, bitte.
**A:** Neben dem Fenster oder in der Ecke?
**B:** **2**, bitte.
**A:** Und die Speisekarte ... bitte schön.

* * *

**A:** Haben Sie schon bestellt?
**B:** Nein. Für mich **3**, bitte. *(Bei mehr als einer Person zum Wiederholen.)*
**A:** Möchten Sie etwas zu trinken?
**B:** Ja. **4** bitte.
**A:** Kommt sofort.

* * *

**A:** Möchten Sie einen Nachtisch?
**B:** Ja. Für mich **5** bitte. *(Bei mehr als einer Person zum Wiederholen.)*
**A:** In Ordnung.

* * *

**B:** **6**! Zahlen, bitte!
**A:** Hat's Ihnen geschmeckt?
**B:** **7**.
**A:** So ... Ihre Rechnung. Bitte schön.

Jetzt ändere die numerierten Wörter, um neue Dialoge zu bilden. Übt sie zu zweit.

## 1 Meiner Meinung nach

Hör gut zu, sieh dir die Liste unten an und ordne die Meinungen.

**Beispiel**

7, ...

1 (Diesen Standpunkt) finde ich ...
2 Darin mag X (zum Teil) recht haben.
3 Das heißt noch lange nicht, daß ...
4 Ich glaube, daß ...
5 Es ist nicht zu vermeiden, daß ...
6 Da sind wir uns nicht einig!
7 Meiner Meinung nach ...
8 Da ist etwas dran.
9 Einerseits ... andererseits ...
10 Ich finde es ...

## 2 Die große Diskussion

Für die Veranstaltung ‚Jugendliche, Drogen, Alkohol und Tabak' hat der Fernsehsender DFN fünf Jugendliche zu einer großen Diskussion ins Studio eingeladen. Hör gut zu. Was sagen Dieter, Klaus, Christina, Petra, und Claudia?

**Beispiel**

1 (Dieter) – c

**a** Da sind wir uns nicht einig! Sie haben ihre eigenen Fehler schon gemacht und wollen ihre Erfahrungen mit uns teilen, so daß wir dieselben Fehler vermeiden können. Sie wissen, daß Trinken, Rauchen und Drogenkonsum schlechte Folgen haben – sonst würden sie sie nicht verbieten wollen. Ich finde es hilfreich, wenn Sozialarbeiter, Polizisten usw. zur Schule kommen, um uns darüber zu informieren. Wenn sie das nicht machen würden, wären wir in der Gewalt der Pusher.

**c** Meiner Meinung nach ist es nicht ‚verkehrt', Alkohol zu trinken, Zigaretten zu rauchen oder Drogen zu nehmen. Diesen Standpunkt finde ich altmodisch. Sogar Schokolade ist eine Droge und kann zur Sucht werden. Die Gesetze haben nicht immer recht. Gesetze werden schließlich von alten Leuten gemacht, und Erwachsene sind nur Jugendliche, die älter geworden sind. Sie können genauso leicht Fehler machen.

**d** Darin mag Dieter zum Teil recht haben, aber Schokolade finde ich nicht so gefährlich wie Drogen! Drogenkonsum hat nur einen Zweck – ‚high' zu werden. Einerseits wirken Alkohol, Tabak und Schokolade vielleicht auf ähnliche Weise, aber andererseits schmecken sie wenigstens auch gut! Ich glaube, daß Drogen viel gefährlicher sind als Alkohol und Tabak. Tabak und Alkohol können einen nicht töten ...

**b** Tabak und Alkohol finde ich genauso gefährlich wie andere Drogen! Es ist nicht zu vermeiden, daß man von Tabak Lungenkrebs bekommt – und wenn man unter dem Einfluß von Alkohol Auto fährt, kann man nicht nur selber sterben, sondern auch andere Leute töten. Außerdem sind unsere Krankenhäuser voll von Leuten, die Herzinfarkte gehabt haben, weil sie soviel Schokolade und andere fettige Lebensmittel zu sich genommen haben.

**e** Da ist etwas dran, aber alle müssen für sich selbst Erfahrungen sammeln und ihre eigenen Fehler machen. Nur auf diese Weise lernen wir. Das heißt noch lange nicht, daß ältere Leute immer alles besser wissen, und an Leuten, die Gesetze sklavisch befolgen, erkennt man nur das Schaf! Meine Eltern sind älter als ich, aber sie machen immer noch genauso viele Fehler wie früher – und viel mehr als ich! Viele Leute lernen nichts, wenn sie älter werden.

## 3 Wer meint das?

Sieh dir diese Meinungen an. Wer meint das?

**Beispiel**

1 Klaus

1 Drogenkonsum hat nur einen Zweck: ‚high' zu werden.
2 Gesetze werden von alten Leuten gemacht.
3 Es ist gut, wenn Sozialarbeiter, Polizisten usw. zur Schule kommen und über Drogen usw. informieren.
4 Eltern machen immer noch genauso viele Fehler wie früher!
5 Es ist altmodisch zu behaupten, daß Rauchen, Trinken und Drogen zu nehmen ‚verkehrt' ist.
6 Tabak und Alkohol finde ich genauso gefährlich wie andere Drogen!

## Lerntip
**Daß**

Man sagt, **daß** Drogenprobleme uns alle **angehen**.
Er meint, **daß** das vor allem ein Problem für junge Leute **ist**.
Man denkt, **daß** Drogenkonsum gesundheitsschädlich **ist**.
Sie findet, **daß** Tabak und Alkohol auch Drogen **sind**.

Siehe Grammatik, 4.5

## 4 Noch etwas!

Sieh dir die Antworten auf Übung 3 an und bilde Sätze dazu. Du kannst auch andere Sätze bilden, wenn du möchtest.

**Beispiel**

Klaus meint, daß ...

**... meint, daß ...** **... findet, daß ...** **... sagt, daß ...** **... denkt, daß ...** **... glaubt, daß ...**

## 5 Was meinst du?

Lies die Interviews in Übung 2 noch einmal. Womit bist du (nicht) einverstanden? Schreib zwei Listen ins Heft.

**Beispiel**

| EINVERSTANDEN | NICHT EINVERSTANDEN |
|---|---|
| Sogar Schokolade ist eine Droge und kann zur Sucht werden. | Tabak und Alkohol können einen nicht töten. |

## 6 Liebe Tante Meike

Jugendliche schreiben an Tante Meike. Sie beschreiben darin ihre Probleme. Lies die Briefe und wähl die beste Antwort auf jeden Brief aus. Wenn du eine bessere Antwort hast, schreib sie auf!

**1**

Liebe Tante Meike,
wieviel kann ich rauchen, bevor ich Lungenkrebs bekomme? Ab und zu rauche ich eine Zigarette, aber ich habe seit kurzem Angst vor Lungenkrebs. Auf dem Paket heißt es, daß Rauchen zu Lungenkrebs führen kann. Ich möchte jetzt wissen, wieviel ich rauchen kann, bevor das Risiko zu groß wird. Ich rauche nur fünf bis zehn Zigaretten pro Tag. Bin ich gefährdet?

**Tante Meikes Antwort**

a) Beim Rauchen gibt es gar kein Gesundheitsrisiko. Rauch soviel, wie du möchtest.
b) Es ist unmöglich zu sagen, wieviel man rauchen kann, bevor man Lungenkrebs bekommt. Wenn du kein Risiko eingehen willst, rauch gar nicht.
c) *Deine Antwort ...*

**2**

Liebe Tante Meike,
ist mein Vater Alkoholiker? Mein Vater trinkt sehr viel. Oder genauer gesagt, sehr oft. Er trinkt nur drei Flaschen Bier am Abend - aber das jeden Tag. Ist er Alkoholiker? Wenn nein, wieviel muß man trinken, bevor man Alkoholiker wird? Und wieviel Alkohol kann man trinken, bevor es gesundheitsschädlich wird? Ich selber trinke keinen Alkohol.

**Tante Meikes Antwort**

a) Viele behaupten, daß man nur kleine Mengen Alkohol trinken muß, um Alkoholiker zu sein. Am besten paßt du auf, daß sein Alkoholkonsum sich nicht steigert, weil er dann große Probleme haben könnte.
b) Ein Alkoholiker ist jemand, der mindestens zehn Flaschen Bier am Abend trinkt. Also ist dein Vater bestimmt kein Alkoholiker.
c) *Deine Antwort ...*

## 7 Dein Brief

Schreib einen Brief an Tante Meike. Das Problem muß mit Rauchen, Trinken oder Drogenkonsum zu tun haben.

**Beispiel**

Liebe Tante Meike,
meine Schwester hat neulich angefangen zu rauchen ...

# 1 Gesund oder schlaff?

Willst du gesund leben? Weißt du, ob du gesund lebst? Prof. Heidegger von der Universität Blomberg bietet acht Ratschläge für ein gesundes Leben, aber hier sind auch zwei unsinnige dabei.

Universität Blomberg – Fachbereich Medizin:
Bericht über Forschungen zu einer gesunden Lebensweise

**Prof. Heideggers Tips für ein langes Leben!**

1 Halt deinen Rücken gerade. Mit einem krummen Rücken bekommt man im späteren Leben schmerzhafte Rückenprobleme.

2 Putz dir unbedingt jeden Morgen und jeden Abend die Zähne, besonders die Backenzähne. Zuckerhaltige Nahrungsmittel wie Cornflakes usw. kleben an den Zähnen und verursachen Karies, wenn sie nicht entfernt werden. Wenn du dir nur einmal am Tag die Zähne putzt, machst du das am besten am Abend, weil deine Zähne dann während der Nacht sauber sind.

3 Achte auf deinen Streß und versuch bei unvermeidlich stressigen Situationen (z.B. Umzügen, Prüfungen), deinen übrigen Streß soweit wie möglich zu vermeiden.

4 Wenn du mit dem Bus fährst, trag einen Hut. Auf diese Weise kannst du Haarausfall im Alter vermeiden und neue Leute kennenlernen.

5 Rauch keinesfalls. Nicht nur Zigaretten, sondern auch Zigarren und Pfeifen verursachen Krebs und Herzinfarkte und sind unbedingt zu vermeiden.

6 Verbring soviel Zeit wie möglich im Freien. Sonnenschein aktiviert Vitamin D und auch Seratonin, das gegen Depressionen hilft. Aber paß auf, daß du im Sommer nicht zuviel Sonnenschein abbekommst, weil Sonnenschein auch UV-Strahlen enthält, die Krebs verursachen können.

7 Es ist besonders gesund, in einem Bungalow zu wohnen. Wenn man zuviel Zeit in der Höhe verbringt, kann die dünne Luft dort die Gesundheit schädigen.

8 Trink viel kaltes Wasser und andere kalte Flüßigkeiten wie Milch und Fruchtsaft. Vermeide aber zuckerhaltige Getränke wie Cola und Limonade.

9 Du solltest vor allem pflanzliches Fett verwenden und tierische und gesättigte Fette meiden. Tierische und gesättigte Fette enthalten viel Cholesterin, das das Risiko von Herzinfarkten und Thrombosen erhöht.

10 Iß mindestens fünfmal frisches Obst und Gemüse pro Tag. Obst und Gemüse enthalten Vitamin C. Das Gemüse sollte nicht zu lange gekocht werden, sonst tritt das Vitamin C ins Wasser aus und geht verloren.

# 2 Gute Ratschläge?

Lies die Tips noch einmal und mach zwei Listen: gute Ratschläge und totaler Quatsch.

**Beispiel**

| Gute Ratschläge | Totaler Quatsch |
|---|---|
| 1 | |

## 3 Noch etwas!

Welche fünf der acht guten Ratschläge findest du am besten? Ordne sie in der Reihenfolge der Wichtigkeit.

**Beispiel**

5, ...

## 4 Das Geheimnis eines langen Lebens!

Prof. Heidegger ordnet jetzt die fünf besten Ratschläge in der Reihenfolge der Wichtigkeit. Hör gut zu. Hast du dieselbe Reihenfolge wie er? Wenn ja, ‚gewinnst' du ein langes und gesundes Leben!

**Beispiel**

5, ...

## 5 Gisela/Gerold Gesund oder Steffi/Stefan Schlaff?

Stell dir vor, du bist Gisela/Gerold Gesund oder Steffi/Stefan Schlaff. Was ißt und trinkst du? Was für ein Leben führst du? Und was machst du (nicht!), um dich fit zu halten? Gib eine kurze Beschreibung davon und illustriere sie, wenn du möchtest.

**Beispiel**

Steffi Schlaff: Ich stehe jeden Morgen um halb elf auf.

## 6 Präsentation

Was machst du, um dich fit zu halten? Du hast zehn Minuten, um dir Notizen zu machen. Dann mußt du mindestens zwei Minuten darüber sprechen, was du machst, um dich fit zu halten und gesund zu leben.

**Beispiel**

Für mich ist gesundes Leben sehr wichtig.

# Prüfungstraining

## 1 Hören

Friedhelm und Herbert kaufen im Supermarkt ein. Hör gut zu. Welche Sachen erwähnen sie?

**Beispiel**

f, ...

a
b
c
d
e
f
g
h
PLUTON
Chipper

## 2 Sprechen

*Give a short presentation about food and drink. Use the following ideas to help you.*

**Beispiel**

Ich esse unheimlich gern Gemüse.

- Sag, was du gern und am liebsten ißt.
- Sag, was du nicht gern ißt und am wenigsten magst.
- Sag, ob du besondere Eßgewohnheiten hast (z.B. ob du vegetarisch lebst oder allergisch gegen etwas bist).
- Sag, ob das, was du gern ißt, auch gesund ist.
- Beschreib dein Lieblingsfrühstück oder Mittagessen.
- Beschreib dein ‚Alptraumfrühstück' oder ‚Alptraummittagessen'.

## 3 Lesen

Lies die Texte und ergänze die Sätze unten mit Wörtern aus dem Kästchen.

### Lebensmittelzusätze

**Aromastoffe**

In Laborversuchen hat man herausgefunden, daß Aromastoffe im allgemeinen harmlos sind. Man ist bei Aromastoffen nicht so streng wie bei den meisten anderen Lebensmittelzusätzen.

**Farbstoffe**

Einige Leute behaupten, daß alle Ersatzfarbstoffe gefährlich sind. Von einer ursprünglichen Liste von 1957 mit 30 erlaubten Farbstoffen sind 13 eventuell krebserregend und deshalb jetzt in der EU verboten. Diejenigen, die als besonders gefährlich betrachtet werden, sind: E123 (rot), E151 (schwarz), E122 (violett), E132 (grün), E131 (blau), E124 (rot), E104 (gelb), braun FK, blau FCF und braun HT.

**Antioxidationsmittel**

Antioxidationsmittel hindern Fette und Öle daran, mit dem Sauerstoff in der Luft zu reagieren und Lebensmittel ranzig zu machen. Die umstrittensten sind E320 und E321 (Hydroxytoluene). Diese werden in manchen Ländern verboten, weil sie in großen Mengen Nieren- und Leberschäden sowie Haarausfall verursachen können.

**Konservierungsmittel**

Das meistgebrauchte Konservierungsmittel ist Schwefeldioxid, das diesen ganzen Nahrungsmitteln hinzugefügt wird. Es tötet das Vitamin B1 und man vermutet, daß es großen Mengen genetischer Mutationen verursacht.

**Beispiel**

1 Im großen und ganzen sind Aromastoffe nicht gesundheitsschädlich.
2 Man ist bei Aromastoffen nicht so ____ wie bei den meisten anderen Lebensmittelzusätzen.
3 1957 hat man eine Liste mit 30 ____ Farbstoffen aufgestellt.
4 Jetzt weiß man, daß 13 davon ____ krebserregend sind.
5 ____ hindern Fette daran, Lebensmittel ranzig zu machen.
6 Einige Antioxidationsmittel können ____ verursachen.
7 Das ____ Schwefeldioxid tötet das Vitamin B1.
8 In großen Mengen kann Schwefeldioxid ____ ____ verursachen.

Haarausfall — erlaubten — eventuell — streng — Farbstoffe — Konservierungsmittel — Antioxidationsmittel — gesundheitsschädlich — genetische Mutationen

## 4 Schreiben

Schreib einen Brief an einen/eine Briefpartner/in. Schreib 100 Wörter zum Thema ‚Essen'.

- Beschreib das, was du zu Hause ißt und wie du es findest.
- Beschreib das, was du gern und nicht gern ißt. Warum?
- Sag, ob du und deine Familie gesunde Sachen essen.
- Sag, ob du deine Eßgewohnheiten verbessern könntest, und wie.
- Frag ihn/sie, was er/sie zu Hause ißt und ob das Essen anders ist als hier.
- Frag ihn/sie, was er/sie gern und nicht gern ißt, und warum.

**Beispiel**

Hier in Yorkshire essen viele Leute Blutwurst. Das finde ich ekelhaft.

# Selbstlernkassetten

## 1 Aussprache

Hör gut zu und wiederhole.

*Summm, summ, summ, Bienchen summ herum.*

*Summ, summ, summ, Bienchen summ herum.*

*Ei, wir tun dir nichts zuleide, flieg' nur aus in Wald und Heide.*

*Summ, summ, summ, Bienchen summ herum.*

*Summ, summ, summ, Bienchen summ herum.*

*Such in Blumen, such in Blümchen, dir ein Tröpfchen, dir ein Krümmchen.*

*Summ, summ, summ, Bienchen summ herum.*

## 2 Seifenoper

Hör dir die fünfte Episode der Serie an.

# Zusammenfassung

## Themen

| | | Seite | Vokabeln |
|---|---|---|---|
| 1 | Essen und Hygiene | 64-65 | AB 80 |
| 2 | Im Geschäft | 66-67 | AB 81-84 |
| 3 | Mahlzeit! | 70-71 | – |
| 4 | Drogen, Alkohol und Rauchen | 72-73 | AB 93 |
| 5 | Gesundheit | 74-75 | AB 94 |

## Grammatik

| | Seite | Arbeitsblatt | Grammatik |
|---|---|---|---|
| *gern, nicht gern, lieber, am liebsten* | 64 | 76 | 12 |
| *sollen* im Konditional | 65 | 77-78 | 2.15 |
| *daß* | 73 | 92 | 4.5 |

## Besonderes

| | Seite | Arbeitsblatt |
|---|---|---|
| Lesepause | 68-69 | 87 |
| Prüfungstraining | 76-77 | – |
| Extra | 152 | – |

# 6 Unterwegs

**LERNPUNKTE**

- **Thema 1: Im Verkehrsamt**
  Ich möchte eine Broschüre
- **Thema 2: Geld wechseln**
  Wie steht der Kurs heute?
- **Thema 3: Auto fahren**
  Da war ein Brummen
- **Thema 4: Verlorene Sachen**
  Wie sieht es aus?
- **Thema 5: Urlaubserfahrungen**
  Toll oder katastrophal?

## 1 Die Pauschalreise

Hör gut zu und lies die Geschichte. Achtung: auf der Kassette bekommst du mehr Informationen als hier!

**Petra:** Hi, hier ist Petra. Nächste Woche bringe ich eine Reisegruppe mit dem Bus nach Hohenberg.
**Karl:** Kann ich dir helfen, einige Infos über die Gegend zu besorgen?
**Petra:** Das ist sehr nett von dir.
**Karl:** Wann kommt ihr dort an? Ich möchte mich mit dir am Busbahnhof treffen.
**Petra:** Samstag um 17 Uhr.
**Karl:** Bis dann. Tschüß!

MUSEUM

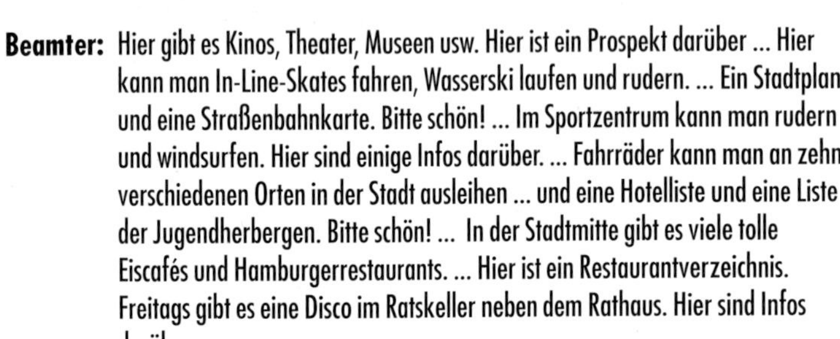

**Beamter:** Hier gibt es Kinos, Theater, Museen usw. Hier ist ein Prospekt darüber ... Hier kann man In-Line-Skates fahren, Wasserski laufen und rudern. ... Ein Stadtplan und eine Straßenbahnkarte. Bitte schön! ... Im Sportzentrum kann man rudern und windsurfen. Hier sind einige Infos darüber. ... Fahrräder kann man an zehn verschiedenen Orten in der Stadt ausleihen ... und eine Hotelliste und eine Liste der Jugendherbergen. Bitte schön! ... In der Stadtmitte gibt es viele tolle Eiscafés und Hamburgerrestaurants. ... Hier ist ein Restaurantverzeichnis. Freitags gibt es eine Disco im Ratskeller neben dem Rathaus. Hier sind Infos darüber.
**Karl:** Vielen Dank für Ihre Hilfe.

**Karl:** Hey, Petra, ich muß dir unbedingt erzählen, was es hier alles für Jugendliche gibt!
**Petra:** Jugendliche?! Die Mitglieder dieser Gruppe sind aber alle zwischen 60 und 80 Jahre alt!

## 2 Was hat man gefragt?

Hör noch einmal zu. Welche dieser Fragen und Sätze sind in der Geschichte?

**Beispiel**
1, ...

1 Gibt es hier etwas Interessantes für Jugendliche?
2 Was für Sportmöglichkeiten gibt es?
3 Ich möchte Infos über das In-Line-Skates-Fahren und Rudern.
4 Ich hätte gern eine Karte von der Gegend.
5 Haben Sie auch einen Stadtplan und eine Straßenbahnkarte?
6 Wo kann man hier Fahrräder ausleihen?
7 Ich hätte gern eine Hotelliste.
8 Haben Sie eine Liste der Restaurants?
9 Ich möchte einen Busfahrplan.

**1** Nietmann
**2** Schablitz
**3** Hirschhausen
**4** Köhler

## 3 Ein Zimmer mit Dusche, bitte

Dirk arbeitet im Verkehrsamt. Vier Besucher brauchen ein Zimmer. Hör gut zu und füll die Tabelle aus.

**Beispiel**

| Name | braucht |
|---|---|
| 1 Nietmann | *Hotel in ruhiger Lage* |

## 4 Das beste Hotel

Sieh dir diese Hotel-Infos an. Was ist das beste Hotel für jeden Besucher?

**Beispiel**

*Nietmann: Hotel zur Glocke*

**Hotel zur Glocke**
Am Stadtrand gelegen, 25 Einzelzimmer u. 50 Doppelzimmer, Zimmer mit Dusche/Bad/WC, Balkon, Seniorenermäßigung, Blick auf die Heide, Frühstück bis 12 Uhr, Hunde willkommen.

**Hotel Alte Mühle**
100 Betten, Zimmer mit fl. warm. u. kalt. Wasser, Mini-Bar, Klimaanlage, Zimmersafe u. Selbstwähltelefon, Terrasse, Hallenbad, Kegelbahn, Balkon, Bierstube mit 60 Plätzen, Blick auf den Flughafen.

**Hotel Kreuz**
100 Einzelzimmer u. 50 Doppelzimmer, Zimmer mit Dusche/Bad/WC, Sauna und Solarium, Tiefgarage, Kinderbetten, SAT-TV, Fitneßraum, kinder- u. hundefreundlich, Frühstücksbuffet.

### Lerntip

**(möchten)/(hätten gern)**

| | |
|---|---|
| ich möchte | ich hätte gern |
| er/sie/es/(*usw.*) möchte | er/sie/es/(usw.) hätte gern |
| wir möchten | wir hätten gern |
| sie möchten | sie hätten gern |

Siehe Grammatik, 2.6

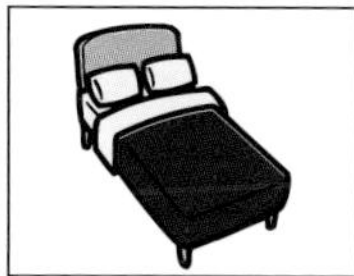

Schablitz: 13.–15. September

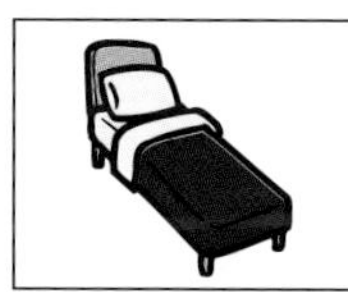

Hirschhausen: 8.–11. August

## 5 Dirks Reservierung

Jetzt reserviert Dirk ein Zimmer für Herrn Nietmann. Hör zu und schreib die fehlenden Wörter auf.

**Beispiel**

(a) – *ein Doppelzimmer;* (b) – ...

- Hallo. Haben Sie noch Zimmer frei?
- Ja. Möchten Sie ein Einzelzimmer oder ein Doppelzimmer?
- **(a)** ____, bitte.
- Mit Bad oder Dusche?
- **(b)** ____, bitte.
- Für wie viele Nächte?
- Für **(c)** ____ Nächte, vom **(d)** ____ bis zum **(e)** ____ **(f)** ____.
- Das Zimmer kostet **(g)** ____ Mark die Nacht.
- Ist das mit Frühstück?
- **(h)** ____.
- Ich nehme es.
- Wie ist der Name?
- **(i)** ____.

## 6 Reservieren

Sieh dir diese Infos an und macht Dialoge zu zweit.

**Beispiel**

(Schablitz)
**A:** Hallo. Haben Sie noch Zimmer frei?
**B:** Ja ...

## 1 Jetzt ist das Spiel aus!

Langfinger hat eine Bank geraubt und will das ‚heiße' Geld schnell loswerden. Hör zu und lies die Bildgeschichte.

1
Guten Tag. Ich möchte etwas Geld wechseln. Wie steht der Kurs heute?
Welche Währung?
Das ist mir egal.
BEUTE
BANK
2
Was?
Ähm … das heißt … Dollar. Amerikanische Dollar.
3
Für eine Mark bekommen Sie 50 Cents. Also bekommen Sie für zwei Mark einen Dollar.
Ja, gut.
BEUTE
4
Ähm … wieviel Geld möchten Sie wechseln?
Dreihunderttausend Mark.
5
Das ist aber eine ganze Menge. Ich glaube, wir haben nur 100.000 Dollar hier.
OK. Die nehme ich.
Alles? Ähm … bitte schön. Unterschreiben Sie hier.
6
WECHSELSTUBE
Guten Tag. Ich möchte Geld wechseln.
Welche Währung?
BEUTE
7
Ähm … Franc, ich möchte deutsche Mark in französische Franc wechseln.
Für eine Mark bekommen Sie heute drei Franc. Wieviel Geld möchten Sie wechseln?
Hunderttausend Mark.
8
Warten Sie mal. Ich muß meinen Chef holen … Hallo! Hallo! Kommen Sie bitte zurück …
BEUTE
9
Das nächste Mal stehle ich nur die Hälfte.

## 2 Fragen

Hör noch einmal zu und beantworte folgende Fragen.

**Beispiel**

1 Dreihunderttausend Mark.

1 Wieviel Geld will Langfinger auf der Bank wechseln?
2 Warum kann die Bank das nicht machen?
3 Wieviel Geld will Langfinger in der Wechselstube wechseln?
4 Warum läuft er aus der Wechselstube raus?
5 Was für ein Problem hat Langfinger?

## 3 In der Wechselstube

Macht Dialoge zu zweit.

**A:** Ich möchte etwas Geld wechseln. Wie steht der Kurs heute?
**B:** Welche Währung?
**A:** **Dollar/Franc/Lire/Pfund**.
**B:** Für eine Mark bekommen Sie **XX Dollar/Franc/Lire/Pfund**. Wieviel Geld möchten Sie wechseln?
**A:** **XX** Mark.
**B:** So, … insgesamt **XX Dollar/Franc/Lire/Pfund**. Bitte schön.
**A:** Danke schön.

## 4 Jetzt ist das Spiel wirklich aus!

Die Polizei hat Langfinger auf der Kassette ertappt. Hör zu und lies das Gespräch im Postamt.

**Langfinger:** Was kostet eine Postkarte nach Italien, bitte?
**Beamtin:** Achtzig Pfennig.
**Langfinger:** OK. Und eine Postkarte nach Polen?
**Beamtin:** Nach Polen? Auch 80 Pfennig.
**Langfinger:** Und was kostet ein Brief nach England?
**Beamtin:** Eine Mark.
**Langfinger:** Das ist nicht genug.
**Beamtin:** Was? Nicht genug?
**Langfinger:** Ähm … ich meine … was kostet eine Postkarte nach Australien?
**Beamtin:** Ääh … zwei Mark.
**Langfinger:** So … 50.000 Briefmarken zu zwei Mark, bitte.
**Beamtin:** Was?
**Langfinger:** Hier sind die 100.000 Mark.
**Beamtin:** In Zehnmarkscheinen??
**Langfinger:** Ja.
**Beamtin:** Und Ihre Briefmarken. Bitte schön.

**Inspektor:** Hallo, Polizei! Langfinger! So sieht man sich wieder!
**Langfinger:** Ah, Inspektor Schulze. Wie haben Sie mich gefunden?
**Inspektor:** Wir haben unsere Methoden … und ein Kassettenrecorder am Postamt hat uns geholfen.
**Langfinger:** OK. Jetzt ist das Spiel wirklich aus!

## 5 Richtig oder falsch?

1 Auf der Post sind die Briefmarken heute ausverkauft.
2 Die Beamtin ist erstaunt, daß Langfinger so viele Briefmarken möchte.
3 Eine Postkarte nach Australien kostet weniger als eine Postkarte nach Italien.
4 Auf der Post kauft Langfinger einige Briefmarken für seine Sammlung.
5 Die Polizei findet Langfinger, nachdem er die Briefmarken gekauft hat.
6 Die Spur der Zehnmarkscheine führt die Polizei direkt zu Langfingers Haus.

## 6 Auf der Post

Mach Dialoge mit einem Partner/einer Partnerin auf der Post. Wähl passende Wörter, um den Dialog zu ergänzen. Die Tabelle unten hilft dir dabei.

**A:** Was kostet **eine Postkarte/ein Brief** nach **England/Spanien/Indien**/…, bitte?
**B:** Nach **England/Spanien/Indien**/…? **XX Mark/Pfennig**, bitte.
**A:** So. **XX Briefmarke(n)** zu **XX Mark/Pfennig**, bitte.
**B:** Bitte schön. Das macht insgesamt **XX Mark/Pfennig**.
**A:** Danke schön.

| | Europa | außereuropäische Länder |
|---|---|---|
| Postkarte | 0,80 | 2,00 |
| Brief | 1,00 | 3,00 |

## 7 Liebe Mutti

Lies die Postkarte von Langfinger an seine Mutter und beantworte die Fragen.

**Beispiel**

1 Er ist im Gefängnis.

Liebe Mutti,
ich bin im Gefängnis. Hier ist das Essen entsetzlich und die Gesellschaft furchtbar. Die Landschaft ist sehr häßlich, und das Wetter ist auch nicht gut. Ich finde es hier sehr langweilig. Diese Woche habe ich ferngesehen und in meiner Zelle gelesen. Morgen werde ich einen Spaziergang im Hof machen. Ich werde in drei Jahren nach Hause kommen.
Dein Langfinger

1 Wo ist Langfinger?
2 Wie ist das Essen dort?
3 Wie ist die Landschaft?
4 Wie findet er es im Gefängnis?
5 Was wird Langfinger morgen machen?
6 Wann kommt er nach Hause?

Jetzt schreib deine eigene Postkarte.

# Lesepause

## · EXPEDITION *Titanic* ·

**Eine Ausstellung über:**

- die Fahrt zu den Überresten einer Havarie zwischen dem vermeintlichen Fortschritt und einem tatsächlichen Eisberg
- die Rätsel einer Katastrophe im Atlantik
- die Spuren der Alltäglichkeit einer Vergangenheit, die noch heute nahe geht.

In Hamburg wird die Geschichte des legendären Ozeandampfers *Titanic* dokumentiert, der am 15. April 1912 während der Jungfernfahrt auf dem Weg von Europa nach Amerika im Atlantik versank.

Das Schiff, auf dem mehr Emigranten als Reisende waren, galt als unsinkbar. Mehr als 1.500 Menschen starben durch die unheilvolle Begegnung des Ozeanriesen mit einem Eisberg in einer sternklaren Nacht.

Mit dem Untergang der *Titanic* entstanden zahlreiche Geschichten und Legenden, aus denen der Mythos erwuchs. Dieser Mythos lebt weiter.

Mehr als 70 Jahre lang suchte man nach dem Wrack der Titanic. 1985 wurde es gefunden. Das Schiff, in zwei Teile zerbrochen, liegt in 3.800 Metern Tiefe auf dem Meeresboden, als sei es im Sand gestrandet. Durch einige Tauchfahrten zum Wrack sind inzwischen sehr viele Objekte vom Schiff entdeckt und gehoben worden.

# Hotels

**Das erste Hotel der Welt**
Die Amerikaner behaupten, daß das erste Hotel der Welt, das ‚Tremont', 1829 in Boston, Massachusetts, eröffnet wurde. Es war so viel besser als die bisherigen Übernachtungsmöglichkeiten, daß man zurecht sagen kann: Die Amerikaner haben das Hotel erfunden.

**Das größte Hotel der Welt**
Das größte Hotel der Welt, das ‚Waldorf Astoria', liegt in New York. Dort kocht man im Durchschnitt 5.000 Liter Kaffee pro Tag, und zum Personal gehören auch ein ansässiger Frauenarzt und ein Leichenbestatter. Das Hotel verfügt über 1.900 Schlafzimmer.

**Das erste ‚Motel' der Welt**
Die Amerikaner eröffneten auch das erste Hotel für Autofahrer (‚Motel') mit einem individuellen Parkplatz für jedes Zimmer. Es wurde 1924 eröffnet, und davor stand ein Schild, auf dem wechselweise ein ‚H' und ein ‚M' blinkten; die übrigen Buchstaben waren ‚OTEL': So enstand das Wort ‚Motel'.

HOTEL
COLLINS PARK
THE LANDMARK
RESTAURANT
HOTEL
COLLINS PARK

# Autobahnen

**L'Autostrada!**
Die erste Autobahn der Welt ließ der Diktator Benito Mussolini 1924 in Italien bauen. Für die alten Landstraßen baute man Brücken über die Autobahn, so daß die Autos auf der Autobahn immer freie Fahrt hatten. Aber es gab nur drei Fahrbahnen auf der Autobahn.

**Die Autobahn**
Der deutsche Diktator Adolf Hitler ließ in den 30er Jahren die ersten deutschen Autobahnen bauen. Diese hatten insgesamt vier Fahrbahnen (zwei Fahrbahnen in jede Richtung), und bis 1939 gab es fast 4.000 Kilometer davon. Sie wurden durch eine Benzinsteuer finanziert.

**Geraden**
Nach dem Zweiten Weltkrieg kamen Inspektoren aus vielen anderen Ländern nach Deutschland, um die Autobahnen zu kopieren. Sie fanden aber, daß die langen Geraden die Autofahrer müde machten und bauten deshalb sanfte Kurven in ihre eigenen Autobahnen!

**Natur**
Die Seitenstreifen von Autobahnen sind überraschend reich an Pflanzen und Tierleben! Das Vibrieren bringt Würmer nach oben, die Vögel anziehen. Außerdem erhöhen die Abgase das Stickstoffniveau in einigen Pflanzen, was sie schneller wachsen läßt und sie leckerer für Insekten macht.

# 1 Das umweltfreundliche Auto

Hör gut zu und lies die Bildgeschichte.

1
Können Sie bitte den Luftdruck prüfen?
Vorne und hinten … ist OK.
2
Danke. Können Sie bitte auch den Ölstand und das Kühlwasser prüfen?
Das Öl ist in Ordnung, aber Sie brauchen etwas Kühlwasser.
3
Und können Sie die Batterie prüfen?
Ist in Ordnung.
Zum Totlachen! Eine solche Wartung brauchen neue Autos nicht.
4
Zehn Liter Super, bitte.
Das macht 20 Mark.
Bleihaltiges Benzin? Entsetzlich! Mein neues Auto ist völlig recycelbar und umweltfreundlich. Fünfundneunzig Liter bleifrei, bitte.
5
Hallo. Abschleppdienst Hackenschmidt? Ich habe eine Panne. Mein Name ist Fichtel. Ulrich Fichtel.
Können Sie Ihr Auto bitte beschreiben?
Ja. Ein roter Lamborghini, Kennzeichen MR-FZ-1295.
6
Und wo sind Sie genau?
Auf der Autobahn A6, zwei Kilometer hinter der Raststätte *Am Stachelberg*.
MR-FZ-1295
7
Was ist los?
Ich weiß nicht. Der Motor hat einfach ausgesetzt.
8
Ich werde jemanden dort hinschicken.
Gut, und beeilen Sie sich, bitte.
9
Haben Sie den Ölstand geprüft?
Ähm … nein, aber …
Der Motor hat sich festgefressen. Jetzt ist es Zeit, das Auto zu recyceln, glaube ich!

## 2 Was ist die Antwort?

Hör noch einmal zu und wähl die richtige Antwort aus.

**Beispiel**

1a

1 Für das Mädchen prüft der Mechaniker ...
a) den Luftdruck, den Ölstand, das Kühlwasser und die Batterie.
b) nichts.
c) nur den Ölstand.

2 Für Herrn Fichtel prüft der Mechaniker ...
a) den Ölstand und die Batterie.
b) den Luftdruck.
c) nichts.

3 Das Mädchen kauft ...
a) zehn Liter Super und bezahlt 20 Mark.
b) 20 Liter Super und bezahlt zehn Mark.
c) zehn Liter bleifrei und bezahlt 20 Mark.

4 Auf der Autobahn hat Herr Fichtel ...
a) einen Unfall.
b) eine Panne.
c) keine Probleme.

5 Sein Auto ...
a) ist total kaputt und braucht einen neuen Motor.
b) hat keine Probleme mit dem Motor und ist bald wieder unterwegs.
c) kann bald repariert werden.

6 Im Motor gibt es ...
a) zuviel Motoröl. b) kein Motoröl. c) Wasser.

1
30 l
BLEIFREI
2
25 l
SUPER
3
4
40 l
BLEIFREI

## 3 In der Werkstatt

Sieh dir die Bilder an und macht Dialoge zu zweit.

**Beispiel**

1

**A:** Kann ich Ihnen helfen?
**B:** Ja. Können Sie bitte den Ölstand prüfen?
**A:** Sie brauchen etwas Öl. Ist das alles?
**B:** Nein. Ich brauche noch etwas Benzin.
**A:** Super oder bleifrei?
**B:** Dreißig Liter bleifrei, bitte.
**A:** Bitte schön. Das macht 40 Mark insgesamt.

## 4 Auf der Autobahn

Ordnet den Dialog und lest ihn zu zweit vor. Ändert die blauen Wörter, um neue Dialoge zu machen.

**Beispiel**

**A:** Abschleppdienst Goldfarb.

**A** *Und wo sind Sie genau?*

**B** Auf der **Autobahn A8, zwei Kilometer** hinter **Stuttgart**

**A** *Ich werde jemanden dort hinschicken.*

**A** *Können Sie Ihr Auto bitte beschreiben?*

**A** *Was ist los?*

**B** Ich habe eine Panne.

**B** Es ist ein **blauer Chrysler**, Kennzeichen **GH-HN 5467**

**B** Vielen Dank. Auf Wiederhören.

**A** *Abschleppdienst **Goldfarb***

**B** Ich weiß nicht.

## 1 Es ist bestimmt aus Gold

Langfingers Bruder, Otmar, hat seine alte Reisetasche verloren. Er meldet den Verlust der Polizei.
Hör gut zu und ordne die Sachen unten. (Achtung! Einige Sachen bleiben übrig!)

**Beispiel**
b, ...

a
b
c
ROALEV
d
e
f
OLYMPIC
g
SONJA
h
i

## 2 Noch etwas!

Sieh dir das Polizei-Formular an. Leider gibt es da einige Fehler. Trag das Formular in dein Heft ein und hör noch einmal zu. Füll das Formular richtig aus.

| Gegenstand | Marke | Farbe | Aus | Wert (DM) |
|---|---|---|---|---|
| Reisetasche | Carter | blau | Leder | – |
| Kassettenrecorder | Sonja | – | – | 600 |
| Fotoapparat | Olympic | – | – | 100 |
| Jacke | – | weiß | Leder | 600 |
| Paar Socken | – | grün | Nylon | } 85 |
| Krawatte | – | grau | Seide | |
| Armbanduhr | Roalev | – | Silber | 6.000 |

## 3 Was ist das?

Arbeitet zu zweit. Eine Person beschreibt einen Gegenstand im Klassenzimmer. Die andere Person versucht, den Gegenstand zu nennen. Tauscht die Rollen. Wer von euch nennt den Gegenstand schneller?

**Beispiel**

**A:** Es ist aus Kunststoff und es ist rosa. Die Marke ist Club Barato und es ist 40 Mark wert.
**B:** Deine Tasche?
**A:** Richtig. Jetzt bist du dran.

## 4 Tasche gefunden?

Am nächsten Tag geht Otmar zur Polizeiwache zurück, um das Formular abzuholen. Hör zu und füll die Lücken in den Sätzen unten aus.

**Beispiel**

1 billiger

1 Die Sachen in der Tasche sind alle viel ____ als Otmars Sachen.
2 Die Jacke in der Tasche ist ____ als Otmars Jacke.
3 Die Armbanduhr ist viel ____ als Otmars Armbanduhr.
4 Der Kassettenrecorder in Otmars Beschreibung ist viel ____ als der Kassettenrecorder in der Tasche.
5 Sein Fotoapparat ist auch ____ als derjenige in der Tasche.
6 Die Tasche selber ist viel ____, ____ und ____ als Otmars neue Tasche.

### Lerntip

**Komparative**

Otmars Fotoapparat ist viel **billiger** als der Fotoapparat in der Beschreibung.
Die Jacke in der Beschreibung ist viel **wertvoller** als die Jacke in der Tasche.
Die Kleider in der Tasche sind **älter** und **häßlicher** als Otmars Kleider.

Siehe Grammatik, 9.3

## 5 Noch etwas!

Wie viele andere Sätze kannst du bilden?

**Beispiel**

*Die Kleider in der Tasche sind viel billiger als die Kleider in der Beschreibung.*

| | | | | | |
|---|---|---|---|---|---|
| Der<br>Die<br>Das | Jacke<br>Tasche<br>Armbanduhr<br>Sachen<br>Kleider<br>Fotoapparat<br>Kassettenrecorder<br>Hemd | in der Tasche<br>in der Beschreibung | ist<br>sind | neuer<br>älter<br>billiger<br>teuerer<br>altmodischer<br>häßlicher<br>schöner<br>wertvoller | als ... |

## 6 Sehr geehrte Damen und Herren

Du hast etwas gekauft (z.B. einen Geschenkkorb), aber es entspricht keineswegs der Beschreibung im Prospekt. Schreib einen Brief an den Hersteller und beschwere dich darüber.

**Beispiel**

*Widmerpool, den 12. März*

*Sehr geehrte Damen und Herren,*
*neulich habe ich einen Geschenkkorb von Ihnen gekauft, aber die Sachen sind alle viel kleiner als die Sachen in der Beschreibung Ihres Prospektes. Zum Beispiel ist die Flasche Wein viel kleiner ...*

# 1 Rentner gehen windsurfen!

Petras Gruppe (siehe Thema 1) ist jetzt nach Hause gefahren.
Lies diesen Brief.

Stuttgart, den 23. August

Lieber Boris,

wie geht's Dir? Ich bin gerade aus meinem Urlaub zurückgekommen – und da habe ich etwas erlebt!

Ich habe eine Pauschalreise gemacht, und zwar bin ich mit einer Seniorengruppe mit dem Bus nach Hohenberg gefahren. Der Urlaub war aber für Jugendliche gedacht.

Die Unterkunft war in einer Jugendherberge, wo wir unsere Betten selbst machen und beim Abspülen helfen mußten. Bei der Ankunft wollte ich schon nach Hause fahren!

Am ersten Tag sollten wir windsurfen gehen. Ich war

1

entsetzt! Zum Glück hatte ich aber meinen Badeanzug dabei! Nach zehn Minuten hat der erste von uns es probiert, und innerhalb von einer halben Stunde waren wir alle auf dem Wasser (außer meiner Freundin Johanna und drei anderen Miesepetern!). Danach hat fast die ganze Gruppe den ganzen Tag lang mit Windsurfen verbracht.

Danach war der Rest der Woche einfach prima! Wir sind schwimmen, wandern und rudern gegangen. Am Freitagabend sind wir fast alle in die Disco gegangen, wo wir die ganze Nacht lang getanzt haben! Die Miesepeter sind aber in der Jugendherberge geblieben und haben Kakao getrunken!

Nächstes Jahr machen wir es bestimmt noch einmal!

Deine Karola

2

# 2 Zusammengefaßt!

Ordne diese Sätze, so daß du eine Zusammenfassung des Briefes bekommst.

**Beispiel**

6, ...

1 Die Miesepeter (einschließlich Johanna) sind stattdessen in der Jugendherberge geblieben und haben Kakao getrunken.
2 Karola möchte nächstes Jahr wiederkommen.
3 Am Freitagabend ist Karola in die Disco gegangen, und sie hat bis spät in die Nacht getanzt.
4 Der Rest der Woche ist für Karola gut gegangen, und der Urlaub hat ihr unheimlich Spaß gemacht.
5 Man hatte ein Programm für Jugendliche organisiert, und am ersten Tag ist Karola windsurfen gegangen.
6 Karola ist mit dem Bus nach Hohenberg gefahren, aber der Urlaub war nicht gerade so, wie sie es erwartet hatte.
7 Die Gruppe mußte in einer Jugendherberge übernachten. Am Anfang war Karola gar nicht zufrieden.

## Lerntip

**Perfekt mit *sein***

| | |
|---|---|
| ich bin | |
| du bist | zurückgekommen. |
| er/sie/es/(*usw.*) ist | gegangen. |
| wir sind | gefahren. |
| ihr seid | geblieben. |
| Sie sind | |
| sie sind | |

Siehe Grammatik, 2.9

# 3 Der Miesepeter

Wieder zu Hause, und Johanna bespricht den Urlaub mit ihrer Tochter. Hör zu und lies die Sätze. Wer hat das im Urlaub gemacht: Karola, Johanna oder beide?

**Beispiel**

1 beide

1 ... mußte/mußten ihr Bett selbst machen.
2 ... mußte/mußten beim Abspülen helfen.
3 ... ist/sind windsurfen gegangen.
4 ... ist/sind schwimmen gegangen.
5 ... ist/sind wandern gegangen.
6 ... ist/sind rudern gegangen.
7 ... hat/haben sich ständig beklagt.
8 ... ist/sind in die Disco gegangen.
9 ... hat/haben Kakao getrunken.
10 ... hat/haben den Urlaub lustig gefunden.

## 4 Was bedauerst du?

Lies den Artikel aus KLARO-Magazin.

*Hast du schlechte Urlaubserfahrungen gemacht? Was hat dir nicht gefallen?*

Dieses Jahr habe ich den schlimmsten Urlaub meines Lebens gehabt - und alles, wegen des doofen Trottels im Verkehrsamt! Im Hotel gab es weder Fernseher noch Kinderbetten, und vom Frühstück gab es keine Spur! Es war ein Alptraum! Das ist das letzte Mal, daß ich das Verkehrsamt ein Hotelzimmer für mich buchen lasse!
**Wolfgang Schablitz**

Dieses Jahr hat das Verkehrsamt das falsche Hotel für mich gebucht. Ich wollte ein Hotel mit Blick auf die Berge, aber mein Hotel war doch neben dem Flughafen! Außerdem mußte mein lieber Mitzi im Auto schlafen und sie hat einen furchtbaren Schnupfen bekommen! Das nächste Mal mache ich es selber!
**Herbert Köhler**

Meine schlimmste Urlaubserfahrung war eine Panne mit meinem neuen Auto auf dem Weg zum Flughafen. Ich sollte mit einer Kollegin nach Italien fliegen, aber schließlich mußte ich meine Pläne ändern und einen neuen Motor fürs Auto kaufen. Zehntausend Mark ausgegeben und keinen Urlaub! Was für ein Pech!
**Ulrich Fichtel**

Letztes Jahr, als ich im Urlaub war, hat mir jemand meine Tasche geklaut. Ich habe den Verlust der Polizei gemeldet, aber wegen der Versicherung war ich ein bißchen ... großzügig in Bezug auf den Wert der Gegenstände darin. Das mache ich aber nie wieder – unglücklicherweise hatte man die Tasche gefunden, und ich mußte die nächsten sechs Monate im Gefängnis verbringen.
**Otmar Huber**

Ich weiß nicht, ob ich es ‚Urlaub' nennen kann, aber im Moment verbringe ich drei Jahre außer Haus! Ehrlich gesagt ist es der schlimmste ‚Urlaub' meines Lebens – und alles, weil ich ein kleines ‚Ding' in einer Bank gedreht habe. Ich bedaure es sehr und werde es nie wieder machen! Ich freue mich auf meine Rückkehr.
**Langfinger Huber**

## 5 Fragen

Lies den Artikel noch einmal und beantworte folgende Fragen.

**Beispiel**

1 (In Wolfgangs Hotel gab es keine) Kinderbetten, Fernseher oder Frühstück.

1 Was gab es in Wolfgangs Hotel nicht?
2 Wo war Herbert Köhlers Hotel?
3 Wo mußte Mitzi übernachten?
4 Welches Problem hatte Ulrich auf den Weg zum Flughafen?
5 Was mußte Ulrich kaufen?
6 Was hat man Otmar geklaut, als er im Urlaub war?
7 Wo hat Otmar die nächsten sechs Monate verbracht?
8 Wie lange ist Langfinger außer Haus?
9 Was bedauert Langfinger?

## 6 Quiz

Mach ein Quiz mit einem Partner/einer Partnerin. Wähl einen Satz aus einem Text oben und stell die Frage: Wer ist das? Wer von euch errät die meisten Personen?

**Beispiel**

**A** Er verbringt seinen Urlaub im Gefängnis.

**B** Das ist Langfinger.

## 7 Wenn ich das gewußt hätte!

Hast du schlechte Urlaubserfahrungen gemacht? Schreib einen kurzen Aufsatz darüber. Wenn du keine schlechten Erfahrungen gemacht hast, erfinde eine furchtbare Geschichte!

**Beispiel**

Meine schlimmste Urlaubserfahrung war ...

# Prüfungstraining

## 1 Hören

Im Fundbüro. Hör gut zu und füll die Tabelle mit den fehlenden Infos aus.

| Name | Gegenstand | Ort | Farbe | Material | Marke |
|---|---|---|---|---|---|
| 1 Kinkel | *Reisetasche* | Eiscafé Roma | | Nylon | Kopf |
| 2 Vogel | Fotoapparat | | schwarz | | Sonko |
| 3 Kohl | Mantel | | | | Holzland |
| 4 Strauß | | | | Kunststoff | Delilamite |

## 2 Sprechen

*You have just come back from holiday, and had a terrible time. Describe it to your partner.*

- Sag, wohin du gefahren bist.
- Beschreib den Ferienort, die Unterkunft, die Gesellschaft, das Wetter, die Landschaft und das Essen.
- Sag, daß dein Urlaub schlecht war.
- Frag deinen Partner/deine Partnerin, wie seine/ihre Ferien waren.

**Beispiel**

**A:** In unserem Hotel war das Essen furchtbar.
**B:** Und wie war das Wetter?

## 3 Lesen

Lies die Briefe an ein Reisebüro.

... am dritten Tag ist das Klo total kaputtgegangen. Wir mußten sechs Stockwerker tiefer die Treppe hinuntergehen, um die Toiletten dort zu benutzen und um uns zu waschen. Außerdem war das Wasser aus den Wasserhähnen meistens schmutzig und manchmal grau ...

Uli Klein, Köln. Geld zurück

... das Personal im Hotel war unglaublich unhöflich. Man hat mich wie einen Idioten behandelt. Außerdem hat man mir nichts ausgerichtet, obwohl mich zehn Freunde angerufen haben, und man hat mich gezwungen, meine vier kleinen Hunde die ganze Zeit im Auto zu lassen ...

Jakob Schläucher, München. Kein Geld zurück

... ich meine eigentlich, die meisten Hunde bekommen besseres Essen. Unser Hund auch. Die Mahlzeiten wurden mit bis zu zwei Stunden Verspätung serviert, und als das Essen endlich kam, war es kalt und meistens undefinierbar, und die Teller waren schmutzig und hatten oft einen Sprung. Im Eßzimmer gab es überall Fliegen und Insekten ...

Walter Müller, Dresden. Geld zurück

... das Hotel war nur zum Teil fertiggestellt! Draußen vor unserer Tür war ein Brett über einem Loch in der Wand angebracht, und hinter dem Brett war... nichts! Und das im sechsten Stock! Außerdem funktionierte das Licht nur bei Tag, man konnte die Tür kaum zumachen, und man konnte die Fenster gar nicht aufmachen ...

Sonja Bloemerz, Friedrichshafen. Geld zurück

Jetzt beantworte die Fragen in ganzen Sätzen.

**Beispiel**

1 Sie mußte sechs Treppen hinuntergehen.

1 Was mußte Uli Klein machen, um die Toilette zu benutzen?
2 Wie war das Wasser, das aus den Wasserhähnen in Ulis Hotel floß?
3 Wie hat ihn das Personal in Jakobs Hotel behandelt?
4 Wo mußten Jakobs Hunde übernachten?
5 Nenne zwei Probleme, die Walter mit dem Essen in seinem Hotel gehabt hat.
6 Was gab es überall im Eßzimmer von Walters Hotel?
7 In welchem Stock war Sonjas Zimmer?
8 Warum konnte Sonja nachts nichts sehen?
9 Nenne zwei andere Probleme, die Sonja in ihrem Zimmer gehabt hat.

## 4 Schreiben

Schreib an ein Verkehrsamt in Deutschland. Du fährst bald nach Deutschland und möchtest Informationen über Unterkunft und Unterhaltungsprogramme.

- Nenne das Datum und deinen Wohnort und gib Informationen über deine Reise.
- Bitte um eine Reservierung und Informationsmaterial über die Stadt/Gegend und Unterhaltungsmöglichkeiten.

# Selbstlernkassetten

## 1 Aussprache

Hör gut zu und wiederhole.

*Der Koch roch auch nachts noch nach Knoblauch!*

## 2 Seifenoper

Hör dir die sechste Episode der Serie an.

# Zusammenfassung

## Themen

| | | Seite | Vokabeln |
|---|---|---|---|
| 1 | Im Verkehrsamt | 78-79 | AB 102 |
| 2 | Geld wechseln | 80-81 | AB 104 |
| 3 | Auto fahren | 84-85 | AB 107 |
| 4 | Verlorene Sachen | 86-87 | AB 111 |
| 5 | Urlaubserfahrungen | 88-89 | AB 113 |

## Grammatik

| | Seite | Arbeitsblatt | Grammatik |
|---|---|---|---|
| *möchten/hätten gern* | 79 | 97 | 2.6 |
| Komparative | 87 | 109 | 9.3 |
| Perfekt mit *sein* | 88 | 112 | 2.9 |

## Besonderes

| | Seite | Arbeitsblatt |
|---|---|---|
| Lesepause | 82-83 | 105 |
| Prüfungstraining | 90-91 | – |
| Extra | 153 | – |

# 7 Dieses Jahr, nächstes Jahr

**LERNPUNKTE**
- **Thema 1: Die Qual der Wahl**
  Wo mache ich mein Berufspraktikum?
- **Thema 2: Praktikum zu Ende**
  Hast du gute Erfahrungen gemacht?
- **Thema 3: Berufswünsche**
  Was will ich denn werden?
- **Thema 4: Und nächstes Jahr?**
  Der erste Schritt

## 1 Die Qual der Wahl

Lies diese Ausschnitte.

### *Wo machst du dein Berufspraktikum?*

◀ Ich bin nicht sicher. Ich interessiere mich für Autos und möchte, wenn es geht, ein Praktikum in der Autoindustrie machen. In der Produktion vielleicht oder im Designteam. Diese Praktikumsplätze sind aber sehr gefragt, und man hat nicht immer Glück. Wenn das nicht klappt, würde ich gern in einer Kfz-Werkstatt arbeiten.
**Norman (16 Jahre)**

▶ Zur Zeit habe ich noch keinen festen Praktikumsplatz. Ich interessiere mich für die Medien und würde mein Berufspraktikum ganz gern in einem Theater oder in der Filmindustrie machen. Oder möglicherweise bei einer Zeitung. Ich weiß aber nicht, ob ich ein interessantes Praktikum finden kann.
**Anna-Lena (16 Jahre)**

▲ Das steht noch nicht fest. Ich bin Naturfreund und möchte vor allen Dingen mein Berufspraktikum im Freien machen. Auf einem Bauernhof will ich aber nicht arbeiten. Also entweder in der Forstwirtschaft oder im Umweltschutz irgendwie. Hoffentlich finde ich etwas Passendes.
**Miriam (17 Jahre)**

◀ Ich weiß mehr oder weniger, was ich machen will. Ich möchte entweder mit Behinderten oder mit Kindern arbeiten. Vielleicht auch mit älteren Leuten. In einem Kinderheim oder in einem Krankenhaus wahrscheinlich. Die Arbeit selbst ist bestimmt sehr anstrengend. Mal sehen, ob es mir gefällt.
**Sönke (15 Jahre)**

## 2 Wofür interessieren sie sich?

Sieh dir die Berufsbranchen unten an und mach dir Notizen über die Jugendlichen oben. (Du brauchst nicht alle Wörter im Kasten.)

**Beispiel**
Norman interessiert sich für die Autoproduktion und ...

das Autodesign
Kinder
den Journalismus
die Autoproduktion
die Landwirtschaft
die Freizeit- und Fitneßbranche
die Fernsehindustrie
ältere Menschen
die Servicebranche
die Natur
das Theater
die Umwelt

**Achtung!**
**Dativplural**

| | | |
|---|---|---|
| **Nom.** | (die) Kinder | (die) Behinderte |
| **Dat.** | (mit) Kinder**n** | (mit) Behinderte**n** |

Siehe Grammatik, 10.2

a
Städtisches
Klinikum

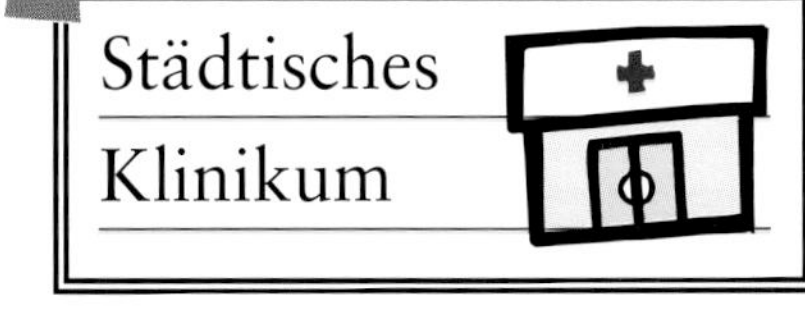

# 3 Was paßt am besten?

Sechs Schüler/innen sprechen über mögliche Praktikumsplätze. Hör gut zu und wähl zwei passende Praktikumsplätze für jede Person aus.

**Beispiel**

1 – e, p

b
Hildesheimer
Stadttheater
c
Ulkstoff
Fernsehproduktion

d
HORIZONT
REISEBÜRO

e
Schuhgeschäft
PORTA

f
Der
frühe
Kindergarten

g
Hildesheimer
Tageszeitung

h
KATHOLISCHES
ALTERSHEIM

i
KFZ-WERKSTATT MANTA

m
AUTOFABRIK
WOLFSBURG

n
PANTERA
Sportartikelfabrik

Fitneßzentrum
j
VIVA

k
Apotheke
am
Marktplatz

o
Freibad
Harzberg

p
Buchladen
Eule

l

Verkehrsamt Holle

# 4 Bist du sicher?

In welcher Branche würdest du gern ein Praktikum machen? Was würdest du bestimmt nicht machen? Was wäre auch eine Möglichkeit? Mach dir Notizen.

**Beispiel**

| Das interessiert mich | Das interessiert mich nicht | Vielleicht |
|---|---|---|
| mit Behinderten | in der Sport- und Fitneßbranche | in den Medien |

# 5 Partnerarbeit

Übt den Dialog unten zu zweit. Dann ändert die blauen Wörter und spielt den neuen Dialog vor.

**A:** Möchtest du ein Berufspraktikum **in der Forstwirtschaft** machen?
**B:** Nein, bestimmt nicht **in der Forstwirtschaft**. Ich möchte entweder einen Praktikumsplatz **in einem Büro** oder in der **Service**branche.
**A:** Würdest du gern mit **Tieren** arbeiten?
**B:** Das interesssiert mich sehr, aber ich habe mein erstes Praktikum **im Zoo** gemacht. Diesmal suche ich also einen Praktikumsplatz **in einem Reisebüro** oder vielleicht **in einer Bank**. Und du? Was machst du denn?
**A:** Ich will bestimmt nicht wieder in der **Wurst**produktion arbeiten. Es steht noch nicht fest, aber diesmal will ich mein Berufspraktikum in der **Computer**industrie machen. Wenn das nicht klappt, will ich etwas in der **Freizeit- und Fitneß**branche machen.

# 6 Und du?

Schreib einen Artikel zum Thema ‚Berufspraktikum'.

- Wo würdest du am liebsten ein Berufspraktikum machen? Warum?
- Wo möchtest du bestimmt nicht arbeiten? Warum nicht?

**Beispiel**

*Ich weiß mehr oder weniger, was ich machen will. Ich ...*

## 1 Das JUFO-Interview

Lies das Interview.

Thomas (16)

Jennifer (16)
Marusja (15)

Michael (16)

**JUFO**
Thomas, du warst mit deinem Praktikum sehr zufrieden. Was hast du denn gemacht?
**Thomas**
Ich habe in der Theaterwerkstatt gearbeitet. Dort habe ich Kulissen bemalt und Kostüme repariert. Ich habe mit diesem Praktikumsplatz viel Glück gehabt. Ich war völlig begeistert, weil ich ganz in meinem Element war. Jetzt weiß ich, daß ich einen kreativen Beruf ergreifen will.
**JUFO**
Haben deine Klassenkameraden auch Glück gehabt?
**Thomas**
Die meisten schon. Doch zwei Freundinnen von mir haben richtig Pech gehabt. Sie mußten Akten sortieren oder sogar einkaufen gehen. Das ist ja nicht der Sinn des Praktikums.

**JUFO**
Jennifer und Marusja, habt ihr denn gute Erfahrungen mit dem Berufspraktikum gemacht?
**Jennifer**
Ich nicht. Ich habe mein Praktikum in einer Apotheke gemacht. Am ersten Tag war es noch ganz interessant. Ich habe Medikamente ausgepackt und einsortiert. Doch mußte ich jeden Tag das gleiche tun. Das Schlimmste war, wenn ich stundenlang nichts zu tun hatte. Jetzt weiß ich, was mir ein Beruf bieten muß: Verantwortung übernehmen, Entscheidungen treffen und etwas leisten.

**Marusja**
Drei Wochen lang habe ich mit einer Freundin in einem Kindergarten gearbeitet. Furchtbar! Für 40 Kinder gab es außer uns nur drei Betreuerinnen, und die Kinder haben die ganze Zeit geschrien. Wir haben stundenlang mit den Kindern Spiele gemacht und Lieder gesungen. Da war ich mittags immer total kaputt. Doch weiß ich jetzt: Ich will keine Kindergärtnerin werden!

**JUFO**
Und du, Michael?
**Michael**
Ich habe in einer Kfz-Werkstatt gearbeitet. Ich war mit dem Praktikum sehr zufrieden, weil ich etwas mit den Händen machen wollte, nicht nur schreiben, sitzen, reden. Schon am Anfang durfte ich an einem Auto etwas reparieren. Ein Freund von mir hat einen Praktikumsplatz in einer Autofabrik gefunden. Das hat ihm auch ganz gut gefallen, weil er mit computergesteuerten Maschinen arbeiten durfte.

## 2 Alles verstanden?

Lies das Interview noch einmal. Verbinde die Satzteile unten.

**Beispiel**

1 Thomas konnte etwas Kreatives machen.

| | |
|---|---|
| 1 Thomas | haben positive Erfahrungen gemacht. |
| 2 Thomas und Michael | haben schlechte Erfahrungen gemacht. |
| 3 Thomas, Jennifer und Marusja | fand ihr Praktikum anstrengend. |
| 4 Michael | haben sich Gedanken über die Zukunft gemacht. |
| 5 Jennifer | konnte etwas Kreatives machen. |
| 6 Marusja | wollte etwas Praktisches machen. |
| 7 Marusja und Jennifer | hat sich oft gelangweilt. |

## 3 Gute Erfahrungen gemacht?

Katja, Stefan, Annette und Dominik reden über das Berufspraktikum.
Hör gut zu und beantworte folgende Fragen für jede Person.

**Beispiel**
Katja: 1a – Ja

a Hat er/sie gute Erfahrungen gemacht? (Ja/Nein.)
b Hat er/sie etwas Verantwortung gehabt? (Ja/Nein.)
c Hat er/sie jetzt feste Zukunftspläne? (Ja/Nein.)

**Lerntip**

**Perfekt mit *haben***

| | | **Partizip am Ende** |
|---|---|---|
| ich habe | | |
| du hast | ... | gemacht. |
| er/sie/es (*usw.*) hat | ... | gesungen. |
| wir haben | ... | ausgepackt. |
| ihr habt | ... | bemalt. |
| Sie haben | | |
| sie haben | | |

Siehe Grammatik, 2.9

**Modalverben im Imperfekt (‚ich'-Form)**

| | | | **Infinitiv am Ende** |
|---|---|---|---|
| | wollte | ... | machen. |
| ich | konnte | ... | reparieren. |
| | mußte | ... | tun. |
| | durfte | | |

Siehe Grammatik, 2.13

## 4 Rollenspiel

Zwei Tierfreunde sprechen über das Berufspraktikum.
Arbeitet zu zweit und rekonstruiert den Dialog. Spielt ihn dann vor.

**Beispiel**

**A** Wo hast du dein Praktikum gemacht? **B** Ich habe im Zoo gearbeitet.

Astrein! Wie war's?
Du, ich habe mit diesem Praktikumsplatz echt Glück gehabt.
Ich hatte die Verantwortung für einige Kleintiere. Ich habe unheimlich viel gelernt. Und du?
Aber du interessierst dich doch für Tiere, oder?
Ich habe mein Praktikum beim Tierarzt gemacht. Doch habe ich wirklich Pech gehabt.
Ja, eben, aber mit den Tieren habe ich überhaupt nicht gearbeitet. Ich habe jeden Tag das gleiche gemacht: Medikamente und Akten einsortiert.
Was mußtest du da machen?
Ich habe im Zoo gearbeitet.
Wo hast du dein Praktikum gemacht?

## 5 Mein Berufspraktikum

Schreib jetzt einen Text über dein Berufspraktikum. Lern deinen Artikel auswendig und spiel ihn dann vor.

**Beispiel**

Ich habe mit dem Praktikum viel Glück gehabt. Ich ...

# Lesepause 1

## Typisch Junge? Typisch Mädchen?

Jan-Hendrik Frommann machte sein Berufspraktikum als Entbindungspfleger im Städtischen Klinikum. Was meinte seine Freundin Christiane dazu?

‚Ich finde es gut, wenn auch ein Junge ein Praktikum als Entbindungspfleger machen möchte. Ich bin nicht der Meinung, daß es festgelegte Frauen- oder Männerberufe gibt. Eigentlich bewundere ich ihn. Er ist bestimmt mutiger als viele Jungen, die das Berufspraktikum in sogenannten ‚Männerberufen' wie zum Beispiel Kfz-Mechaniker oder Bauarbeiter machen und die sich über ihn lustig machen.'

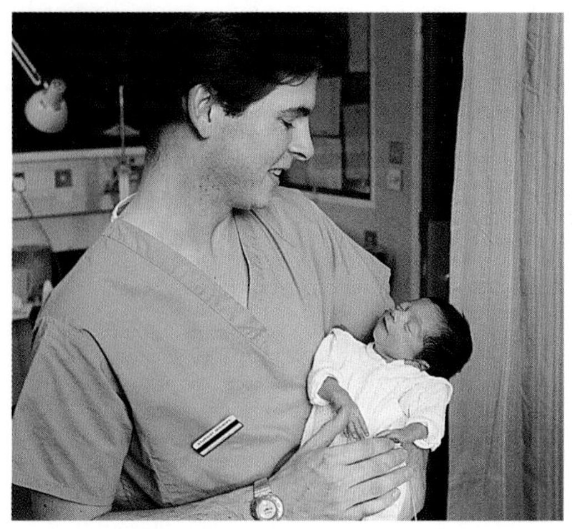

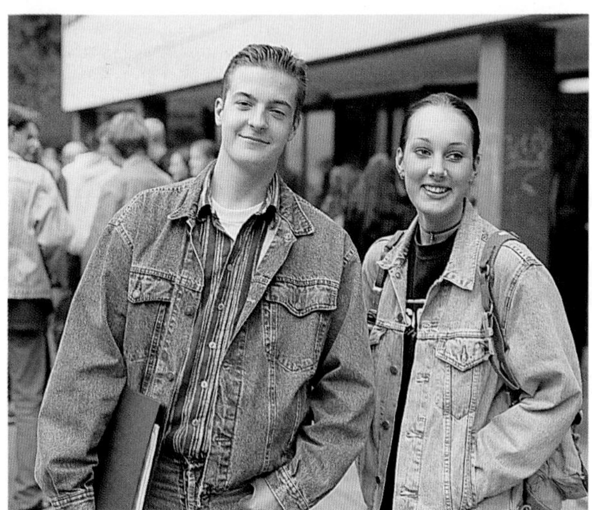

Regina Swakowski machte ihr Berufspraktikum auf einer Werft in Hamburg. Dort hat sie Schweißen gelernt. Ihr Freund Thorsten meinte:

‚Ich finde das ganz in Ordnung, daß ein Mädchen Schweißen lernt. Das Schwierigste dabei ist wohl, als Mädchen von den Männern anerkannt zu werden. Frauenberufe, Männerberufe: das ist alles totaler Quatsch. Reine Vorurteile sind das. Das Wichtigste ist, den Beruf zu ergreifen, in dem man sich wohlfühlt.'

| Schule .......... | Praktikum .......... | Beruf |
|---|---|---|
| Leute | Leute | Leute |
| lesen | lesen | lesen |
| Erfolge | Erfolge | Erfolge |
| Mißerfolge | Mißerfolge | Mißerfolge |
| Launen | Launen | Launen |
| Lärm | Lärm | Lärm |
| lachen | lachen | lachen |
| lernen | lernen | lernen |
| | | Geld |

Thomas Eßmann

## DIE ARBEIT

**die Arbeit**
sie muß nicht zu hart sein
ich will mich in ihr entfalten
können
ich will von ihr leben
doch nicht für sie leben
ich möchte morgens aufstehen
und mich auf sie freuen

Detlef Liebknecht

# Kurioses aus dem Berufspraktikum

## Ich mußte Teddybären im Ofen verbrennen!

Ich habe drei Wochen in einem Testlabor in Berlin gearbeitet, wo ich dem Testingenieur helfen mußte, Spielzeug zu prüfen. Man prüft dort, ob neue Produkte für Kinder gefährlich sind. Ich habe daher viel Zeit damit verbracht, Teddybären im Ofen zu verbrennen, Stofftiere mit der Schere zu zerschneiden, und mit eigenen Händen die Augen von Stoffaffen abzureißen. Nur Produkte, die diese Tests bestehen, dürfen in Deutschland in die Geschäfte.

**Maren Struth, Bielefeld**

## Die Feuerwehr und der Schäferhund

Ich habe mein Praktikum bei der Feuerwehr in Frankfurt gemacht. Am zweiten Tag hat eine ältere Frau die Feuerwehr angerufen, weil Wasser durch die Zimmerdecke ihrer Wohnung tropfte. Wir haben die Tür der Wohnung direkt über ihr geöffnet. Da stand ein Schäferhund. Aus Langeweile hatte das Tier den Wasserhahn des Waschbeckens geöffnet. Das Wasser war übergelaufen und hatte den Schaden verursacht. Offenbar konnte der Hund den Wasserhahn nicht wieder zudrehen.

**Stefan Buntebarth, Frankfurt**

FEUERWEHR

## Kühe fressen Gummibärchen!

Mein Praktikum habe ich auf einem Bauernhof in der Nähe von Ulm gemacht. Ich habe in der Zeit unheimlich viel gelernt. Doch komisch war, daß ich die Kühe jeden Tag mit Gummibärchen füttern mußte. Echt! Der Bauer kauft die Bärchen billig von der Gummibärchenfabrik, die bei der Produktion zu groß oder zu klein geraten. Es hört sich zwar unglaublich an, doch jede Kuh hat täglich ungefähr ein Kilo davon gefressen. Die Milch von den Kühen habe ich nicht probiert.

**Miriam Jachiewicz**, Ulm

## 1 Was willst du werden?

Sechs Jugendliche reden über ihre Berufswünsche. Hör gut zu und wähl für jede Person zwei Berufswünsche aus.

**Beispiel**

1 – a, o

**a** Künstler/in

**b** Schauspieler/in

**c** Ingenieur/in

**d** Kfz-Mechaniker/in

**e** Arzt/Ärztin

**f** LKW-Fahrer/in

**g** Archäologe/Archäologin

**h** Sozialarbeiter/in

**i** Fernsehmoderator/in

**J** Bankkaufmann/Bankkauffrau

**k** Naturwissenschaftler/in

**l** Friseur/Friseuse

**m** Polizist/in

**n** Sportler/in

**o** Handwerker/in

**p** Krankenpfleger/Krankenschwester

## 2 Was könnten sie werden?

Vier Jugendliche beschreiben hier ihre Berufswünsche. Schlag für jede Person drei oder vier mögliche Berufe vor. Welche Berufe würden gar nicht passen? Benutz die Tabelle unten.

**Beispiel**

**1 Claudia:** Sie sollte bestimmt nicht LKW-Fahrerin werden. Sie könnte vielleicht ...

| Er<br>Sie | könnte<br>sollte | vielleicht (nicht)<br>möglicherweise<br>bestimmt (nicht) | ... (oder ...) | werden. |
|---|---|---|---|---|

**1** Ich wünsche mir einen gut bezahlten Job, Spaß an der Arbeit und ein gutes Arbeitsklima. Ich habe keine Angst vor Streß. Ich bin kreativ, diskutiere gern, übernehme gern Verantwortung und kann schnell Entscheidungen treffen. Nach dem Abitur studiere ich bestimmt.
**Claudia, 17 Jahre**

**2** Ehrlich gesagt bin ich nicht sehr leistungsorientiert. Ich will natürlich arbeiten und möglichst viel Geld verdienen. Doch will ich nichts Anstrengendes machen. Ich arbeite lieber mit den Händen als mit dem Kopf und möchte irgendwie etwas Praktisches machen.
**Susana, 16 Jahre**

**3** Vor allen Dingen will ich nicht tagelang in einer Werkstatt Motoren ausbauen, reparieren und wieder zusammenbauen. Ich will anderen Menschen helfen. Ich will etwas leisten. In der Schule interessiere ich mich besonders für Informatik, Naturwissenschaften und Mathe. Mein Berufspraktikum habe ich in einem Altersheim gemacht.
**Christian, 16 Jahre**

**4** Nach dem Studium möchte ich auf jeden Fall einen Beruf in einer interessanten Branche ergreifen. Ich bin kommunikativ und arbeite gern in einem Team. Im Freien könnte ich nie arbeiten. Ich interessiere mich für Fremdsprachen, Musik und Mathe und habe mein zweites Berufspraktikum bei einer Werbeagentur gemacht. Das hat mir gut gefallen.
**Thomas, 17 Jahre**

## 3 Ich auch!

Was hast du mit Claudia, Susana, Christian und Thomas gemeinsam? Lies ihre Berufswünsche noch einmal und schreib die Gemeinsamkeiten auf.

**Beispiel**

*Ich wünsche mir einen gut bezahlten Job. (Claudia auch)*

## 4 Ich will Manager/in werden

Benutz die Satzteile unten, um acht logische Sätze zu bilden.

**Beispiel**

**1: *d*, k** – *Ich will Manager/in werden, weil ich sehr leistungsorientiert bin und weil ich gern Verantwortung übernehme.*

**Ich will/möchte ...**

1 Manager/in werden,
2 Polizist/in werden,
3 Apotheker/in werden,
4 Journalist/in werden,
5 Tierarzt/-ärztin werden,
6 LKW-Fahrer/in werden,
7 Krankenschwester/-pfleger werden,
8 Handwerker/in werden,

**a** weil ich etwas Praktisches machen will
**b** weil ich Biologie faszinierend finde
**c** weil ich anderen helfen möchte
**d** weil ich sehr leistungsorientiert bin
**e** weil ich einen ruhigen Job suche
**f** weil ich gern am Computer arbeite
**g** weil ich einen kreativen Beruf ergreifen will
**h** weil ich ein positives Arbeitsklima suche

**... und ...**

**i** weil ich kommunikativ bin.
**j** weil ich mit Kindern arbeiten will.
**k** weil ich gern Verantwortung übernehme.
**l** weil ich mit Tieren arbeiten will.
**m** weil ich in einem Team arbeiten will.
**n** weil ich viel reisen will.
**o** weil ich viel Geld verdienen will.
**p** weil ich gern alleine arbeite.

## 5 Talk-Show

Schreib zehn Interviewfragen auf. Interviewe deinen/deine Partner/in über Berufswünsche und notiere dir die Antworten.

**Beispiel**

Möchtest du in einem Team arbeiten?

In welcher Branche möchtest du arbeiten?

Was würdest du nie machen? Warum nicht?

Möchtest du (vielleicht) ... werden? Warum (nicht)?

## 6 Was möchtest du denn werden?

In welcher Branche möchtest du arbeiten? Was willst du vielleicht werden? Warum? Was würdest du bestimmt nicht machen? Warum nicht? Schreib einen Artikel für die Zeitschrift JUFO.

**Beispiel**

*Ich interessiere mich besonders für kreative Berufe, wie zum Beispiel Designer. Ich könnte nie Lehrer werden, weil ...*

# 1 Die Zukunft

Hör gut zu und lies die Bildgeschichte.

*Die Berufswahl fällt dir schwer? In der Zukunft werden Schulen Roboter haben, die die Persönlichkeit der Schüler analysieren können und die die Zukunft bis ins kleinste Detail vorhersagen können. Dies wird die Berufswahl viel leichter machen.*

1
Tarek Schmidt. Du bist intelligent. Du bist leistungsorientiert. Du wirst in Paris arbeiten. Du wirst die Verantwortung für eine internationale Firma übernehmen.
Habt ihr das gehört? Ich werde in Paris arbeiten!
2
Du wirst Überstunden machen. Du wirst viel Geld verdienen. Du wirst reich sein. Doch wirst du keine Freunde haben.
3
Aber Martin, der Junge neben dir, ist sehr kreativ. Er wird glücklich sein ... Aber er wird kein Geld verdienen.
4
Claudia und Tim. Ihr seid sportlich und talentiert. Ihr werdet Raumfahrer bei der NASA sein.
Raumfahrer bei der NASA! Wir werden Raumfahrer bei der NASA sein!
5
Habe ich gerade ‚Raumfahrer' gesagt? Es tut mir leid. Ich meinte ‚Raumpfleger' bei der NASA.
6
Semra und Jessica. Ihr reist gern. Ihr werdet nach Amerika fahren. Ihr werdet beide in Hollywood Karriere machen.
Astrein!
7
Es ist super, nicht wahr? Ihr werdet in verschiedenen Hamburger-Restaurants arbeiten, und die großen Filmstars werden manchmal bei euch im Restaurant Hamburger bestellen.
8
Was ist denn hier passiert? Wer war das?
Keine Ahnung, Frau Schröder.

# 2 Stimmt das?

**Beispiel**

1 Das stimmt nicht.

1 Der Roboter ist sehr diplomatisch.
2 Tarek wird Chef einer großen Firma sein.
3 Martin wird auch sehr reich sein.
4 Claudia und Tim werden als Raumfahrer arbeiten.
5 Semra und Jessica werden in der Filmproduktion arbeiten.
6 Am Ende ist der Roboter leider außer Betrieb.

## Lerntip

**Die Zukunft**

| | **werden (an 2. Stelle)** | | **Infinitiv (am Ende)** |
|---|---|---|---|
| ich | werde | | |
| du | wirst | | |
| er/sie/es (*usw.*) | wird | in Paris | arbeiten. |
| wir | werden | glücklich | sein. |
| ihr | werdet | nach Amerika | fahren. |
| Sie | werden | | |
| sie | werden | | |

Siehe Grammatik, 2.8

## 3 ‚Werde' oder ‚will'?

Acht Jugendliche reden über die Zukunft. Wer will etwas machen, und wer wird etwas machen? Hör zu. Sagen sie ‚werde' oder ‚will'?

**Beispiel**

1 will

## 4 Der erste Schritt

Lies die Briefe und schreib einige Sätze über die Personen. Die Tabelle unten hilft dir dabei.

**Beispiel**

Nicole wird schon dieses Jahr die Schule verlassen.
Benjamin und Max werden mit den Eltern darüber reden.

| | | | |
|---|---|---|---|
| Er<br>Sie<br>X und Y | wird<br><br>werden | wahrscheinlich (nicht)<br>bestimmt<br>vielleicht<br>im Augenblick<br>bald<br>später<br>schon dieses Jahr<br>erst mal | Abitur machen.<br>die Prüfungen machen.<br>die Schule verlassen.<br>(k)eine Entscheidung treffen.<br>studieren.<br>eine Ausbildung machen.<br>einen Arbeitsplatz suchen.<br>mit den Eltern darüber reden. |

Ich werde eine Karriere als Fernsehmoderatorin anstreben. Daher ist mir das Abitur nicht so wichtig. Am Ende des Schuljahres werde ich die Schule verlassen und mir einen Arbeitsplatz in der Fernsehproduktion suchen. Und du? Was willst du machen?

Nicole

Ich werde möglicherweise Architektur studieren. Ich interessiere mich auch für Journalismus, obwohl das vielleicht weniger realistisch ist. Aber erst nach den Prüfungen werde ich eine Entscheidung treffen. Ich muß auch mit meinen Eltern darüber reden.

Benjamin

Ich werde mich wahrscheinlich um einen Ausbildungsplatz als Koch bewerben und werde also nicht in die Oberstufe gehen. Aber ich muß noch mit meinen Eltern darüber diskutieren, weil sie der Meinung sind, ich sollte erst mal das Abi machen. Willst du in die Oberstufe gehen?

Max

Ich werde mir wahrscheinlich einen Beruf in der Verkehrs- und Tourismusbranche suchen. Ich interessiere mich auch für Visagistin. Doch im Moment werde ich keine großen Entscheidungen treffen. Ich werde mir Zeit lassen.

Monika

## 5 Ausbildung oder Abi?

Was wirst du nach diesem Schuljahr machen? Schreib einen kurzen Artikel darüber.

**Beispiel**

Am Ende des Schuljahres werde ich ...

# Null Bock ist out

*Die Jugend blickt wieder positiv in die Zukunft.* Das hat eine Untersuchung für die Bundesregierung gezeigt. Vor zehn Jahren beurteilten 58% der Jugendlichen ihre Zukunftschancen negativ. Man redete von der ‚Null Bock-Generation': Sie fand alles schlecht. Heute dagegen blicken 80% der Jungen und Mädchen zwischen 13 und 24 Jahren hoffnungsvoll in die Zukunft. Die aktuellsten Probleme sind Alkoholmißbrauch, Rauchen und Drogen. Zur Zeit sinken die Zahlen von jugendlichen Trinkern und Rauchern. Doch der Drogenkonsum steigt.

## Du fragst mich

*So viele Möglichkeiten.
Ich will alles richtig machen,
weiß nicht so recht,
wo ich anfangen soll.
So viele wissen schon.
So viele.
Der blöde Thomas,
der weiß, was er werden wird.
Sein Vater ist Arzt.
Sein Opa war Arzt.
Na und, was meinst du?
Arzt.
Mein Vater ist kein Arzt.
Und mein Opa?
Der war auch keiner.
Er ist im Krieg gefallen.
Damals.
Also denn. Polizistin?
Zu gefährlich.
Bankbeamtin?
Viel zu ehrlich.
Lok-Führerin?
Oder
Raumfahrerin?
Spion?
Oder?
Oder?
Oder?
Du fragst mich,
was ich denn werden will?
Ich sag's dir.
Wie soll ich das denn wissen?*

*Kerstin Vogeler*

## Postboten bekommen Schutz vor bissigen Hunden

Wer möchte denn Postbote werden? Genau 3.402-mal wurden Postboten im letzten Jahr Opfer von bissigen Hunden. Zum Schutz bekommen die Briefträger jetzt Sprühdosen. Der große Nachteil: der Hund muß ganz nah sein, bevor man die Sprühdose benutzen kann. Arbeitsschützer der Post geben Unterricht zu dem Thema: ‚Wie schütze ich mich vor bissigen Hunden?' Dort gibt es gute Tips, sagt die Post. Doch einige Postboten sind nicht so sicher. ‚Wann bekomme ich meinen Panzer?', fragte einer.

Leider bekommen unsere Postboten nur eine Sprühdose zum Schutz vor bissigen Hunden.

# Ich habe einen Traumberuf ergriffen

*Inge trägt ein buntes Sweatshirt und enge Jeans. Sie könnte Abiturientin oder Studentin sein. Nichts deutet darauf hin, daß sie einen ‚Traumberuf' hat: Sie ist seit zwei Jahren Stewardeß.*

**Inge:** ‚Der Andrang ist groß. Rund tausend Bewerbungen gehen im Monat bei der Lufthansa ein, und die Einstellungstests sind sehr, sehr schwer.'

*Es ist von Vorteil, wenn man eine abgeschlossene Berufsausbildung als Kellnerin oder Verkäuferin hat. Die Ausbildung für Stewards und Stewardessen dauert sieben Wochen. Während dieser Zeit lernen sie, die Fluggäste zu bedienen und zu betreuen und nehmen an einem Sicherheitstraining teil.*

**Inge:** ‚Die Flüge dauern oft viele Stunden, die körperliche Belastung in diesem Beruf ist groß, und die meisten Stewards und Stewardessen leiden unter Schlafstörungen. Von der anstrengenden Arbeit können wir uns nur erholen, wenn wir zwei oder drei Tage zusammenhängend in Europa frei haben und nach Hause fahren.'

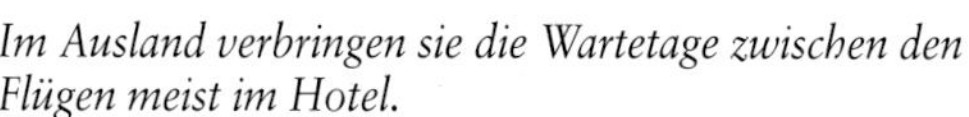

*Im Ausland verbringen sie die Wartetage zwischen den Flügen meist im Hotel.*

Lufthansa

**Inge:** ‚*Das hört sich vielleicht optimal an, aber es kann oft recht langweilig sein. Im Laufe der Zeit sehen fast alle Hotelzimmer mehr oder weniger gleich aus. In einigen Ländern der Welt ist es für die Stewardeß oft nicht möglich, als Frau allein etwas zu unternehmen.*'

*Während Männer schon einmal ein Auto mieten und eine Fahrt durch das Land machen, sind die Frauen darauf angewiesen, daß ein Mann von der Besatzung sie bei einem Ausflug, einem Einkaufsbummel oder einem Discobesuch begleitet.*

**Inge:** ‚Wenn niemand mitkommt oder wenn die Stewardeß mit den Jungs nicht ausgehen will, können die Wartetage im Hotel einsam sein.'

## Ich will nicht wissen

Ich will wirklich nicht wissen,
was du wirklich werden willst,
weil ich wirklich schon weiß,
was ich wirklich werden will,
und wenn ich wirklich wüßte,
was du wirklich werden willst,
würde ich wirklich nicht mehr werden wollen,
was ich wirklich werden will.
Wahrscheinlich.

Harald Schmidt

# Prüfungstraining

## 1 Hören

Fünf Schüler/innen sprechen über das Berufspraktikum. Hör gut zu und notiere dir, wo sie ihr Praktikum gemacht haben.

| Schüler/in | Wo haben sie das Praktikum gemacht? |
|---|---|
| 1 Nils | im Zoo |
| 2 Sezen | |
| 3 Heike | |
| 4 Dirk | |
| 5 Alex | |

## 2 Sprechen

*You are in Germany staying with a German family. You ask your penfriend's father/mother about his/her job. Say you would like to do that kind of job and explain why. Try to persuade him/her to let you spend a few days at work with him/her.*
*Your teacher will play the part of the father/mother.*

- Frag ihn/sie nach seinem/ihrem Beruf.
- Sag ihm/ihr, wie du diesen Beruf findest und warum.
- Versuch ihn/sie zu überreden, daß du ein Betriebspraktikum bei ihm/ihr machen darfst.

## 3 Lesen

Lies den Artikel. Was paßt zusammen?

**Beispiel**
1c

| | | | |
|---|---|---|---|
| 1 | Nur Jan | a | haben feste Berufsziele. |
| 2 | Michaela | b | hat schon einen Ausbildungsplatz. |
| 3 | Jan und Jasmin | c | besucht zur Zeit ein Gymnasium. |
| 4 | Nur Jasmin und Michaela | d | wollen nicht mehr in die Schule gehen. |
| 5 | Michaela und Peter | e | wird nächstes Jahr eine neue Schule besuchen. |
| 6 | Jasmin | f | werden Abitur machen. |
| 7 | Peter | g | hofft auf einen guten Ausbildungsplatz. |

Ich habe vor, in die Oberstufe zu gehen und Abitur zu machen. Danach werde ich an der Uni studieren und später vielleicht Anwalt werden. Wenn das nicht klappt, werde ich Meeresbiologe werden. Oder Flugzeugdesigner.
*Jan, 16 Jahre, Gymnasium*

Am Ende des Schuljahres verlasse ich die Realschule, aber ich werde bestimmt aufs Gymnasium gehen und dort Abitur machen. Später will ich an der Uni studieren, weil ich Lehrerin werden will.
*Jasmin, 16 Jahre, Realschule*

Ich will Informationselektroniker werden und werde Ende Juni die Schule verlassen. Hoffentlich werde ich bei einer guten Firma einen Ausbildungsplatz im EDV-Bereich finden. Dann werde ich nach der Ausbildung vielleicht einen festen Arbeitsplatz bekommen.
*Michaela, 16 Jahre, Gesamtschule*

Ich habe von der Schule die Nase voll und will nicht mehr in die Schule gehen. Ich habe einen Ausbildungsplatz als Koch bekommen. Wenn es mir nicht gefällt, werde ich in einer Bäckerei arbeiten.
*Peter, 16 Jahre, Realschule*

## 4 Schreiben

Schreib einen Brief an einen deutschen Freund zum Thema ‚Berufswahl'. Schreib 100 Wörter auf deutsch.

- In welcher Branche möchtest du arbeiten? Warum?
- In welcher Branche möchtest du nicht arbeiten? Warum nicht?
- Hast du ein Berufspraktikum gemacht?
- Was wirst du nächstes Jahr machen?

# Selbstlernkassetten

## 1 Aussprache

Hör gut zu und wiederhole.

*Fernsehindustrie, Praktikumsplätze, Sportartikelfabrik, computergesteuert, Kindergärtnerin, Naturwissenschaftlerin, leistungsorientiert, beurteilten, Arbeitsschützer, Entbindungspfleger.*

## 2 Seifenoper

Hör dir die siebte Episode der Serie an.

# Zusammenfassung

## Themen

| | | Seite | Vokabeln |
|---|---|---|---|
| 1 | Die Qual der Wahl | 92-93 | AB 116 |
| 2 | Praktikum zu Ende | 94-95 | AB 119 |
| 3 | Berufswünsche | 98-99 | AB 123 |
| 4 | Und nächstes Jahr? | 100-101 | AB 127 |

## Grammatik

| | Seite | Arbeitsblatt | Grammatik |
|---|---|---|---|
| Dativplural | 92 | – | 10.2 |
| Perfekt mit *haben* | 95 | 118 | 2.9 |
| Modalverben im Imperfekt (‚ich'-Form) | 95 | 118 | 2.13 |
| Die Zukunft | 100 | 124 | 2.8 |

## Besonderes

| | Seite | Arbeitsblatt |
|---|---|---|
| Lesepause 1 | 96-97 | 120 |
| Lesepause 2 | 102-103 | 128 |
| Prüfungstraining | 104-105 | – |
| Extra | 155 | – |

# 8 Zu Hause und außer Haus

**LERNPUNKTE**

- **Thema 1: Wegbeschreibungen**
  Ich bin hier fremd
- **Thema 2: Um die Welt in 80 Tagen!**
  Wie fährt man?
- **Thema 3: Es war prima!**
  Wie waren die Ferien?
- **Thema 4: Hier ist nichts los!**
  Wie ist deine Gegend?

## 1 Das Einkaufszentrum Venezia

Sieh dir den Wegweiser an und hör zu. Sind Rolfs sechs Wegbeschreibungen richtig oder falsch? (Der Weg geht jeweils von seiner Kabine am Eingang aus.)

**Beispiel**
1 Richtig

**Zeichenerklärung**

**1** die Telefonzelle
**2** der Schnellimbiß
**3** die Buchhandlung
**4** das Zeitungsgeschäft
**5** das Spielwarengeschäft
**6** das Damenmodegeschäft (*Polly*)
**7** das Restaurant
**8** die Bibliothek
**9** die Toiletten
**10** das Fundbüro
**11** der Musikladen
**12** das Informationsbüro
**13** das Süßwarengeschäft
**14** das Reisebüro
**15** das Eiscafé
**16** die Bank
**17** das Kleidungsgeschäft (*Nebettom*)
**18** das Cyber-Café (*The Web*)
**19** die Wurstbude
**20** die Post
**21** das Warenhaus (*Giudecca*)
**22** die Polizeiwache
**23** das Schuhgeschäft
**24** das Sportgeschäft
**25** die Galerie

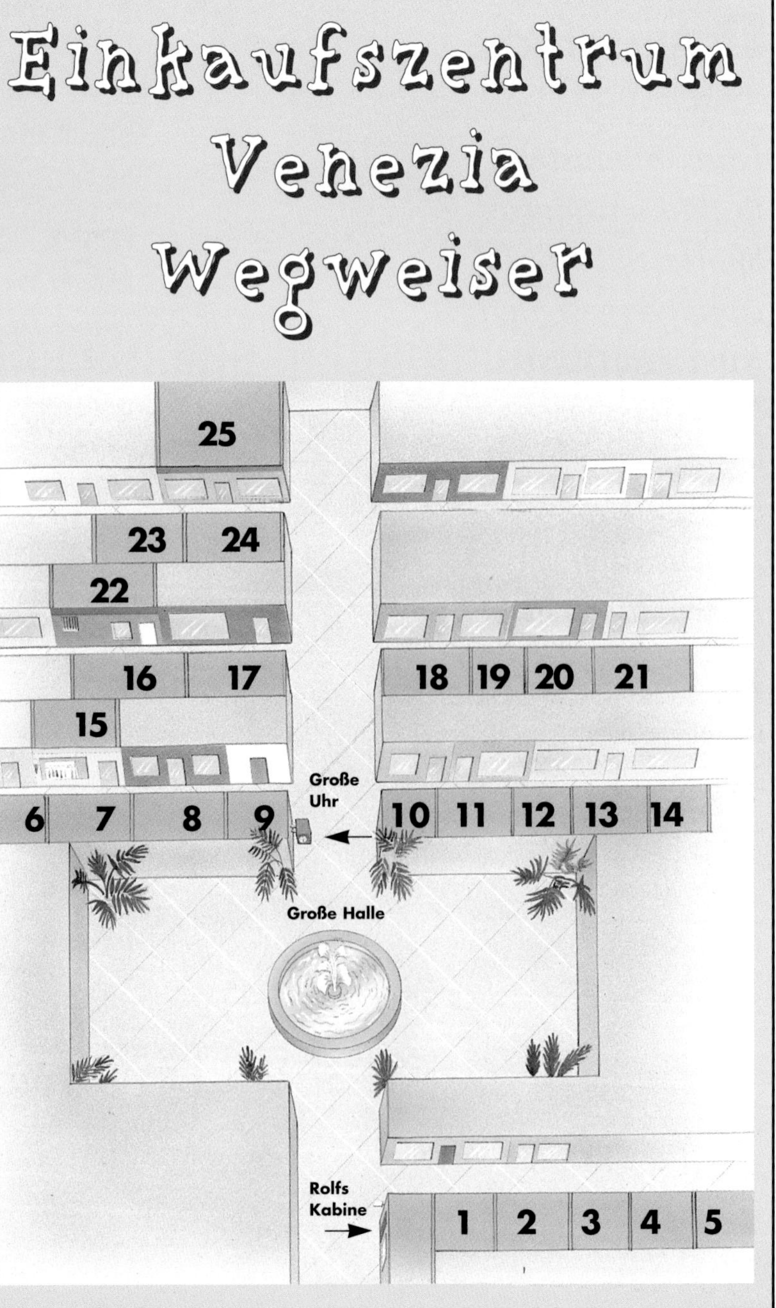
Einkaufszentrum
Venezia
Wegweiser
25
23 24
22
16 17
15
18 19 20 21
Große Uhr
6 7 8 9
10 11 12 13 14
Große Halle
Rolfs Kabine
1 2 3 4 5

## Lerntip

**Präpositionen mit dem Dativ allein**

| | |
|---|---|
| an ... entlang | an ... vorbei |
| aus | bei |
| gegenüber (von) | mit |
| nach | seit |
| von | zu |

**Präpositionen mit dem Akkusativ oder Dativ**

| | | |
|---|---|---|
| an | auf | hinter |
| in | neben | über |
| unter | vor | zwischen |

Siehe Grammatik, 8

## 2 Nützliche Ausdrücke

Sieh dir die Ausdrücke unten an und hör noch einmal zu.
Welche Ausdrücke hörst du?

**Beispiel**

a, ...

- a Gibt es hier eine Buchhandlung?
- b Mal sehen ... ja, es ist hier auf der Karte.
- c Es tut mir leid, aber ich bin hier fremd.
- d Wie komme ich zum Süßwarengeschäft?
- e Sie können sie nicht verfehlen.
- f Wenn Sie die Buchhandlung sehen, sind Sie zu weit gegangen.
- g Es tut mir leid, aber ich weiß es nicht.
- h Können Sie mir bitte helfen, das Kleidungsgeschäft *Nebettom* zu finden?

## 3 Notizen für den Paketdienst

Rolf hat für den Paketdienst aufgeschrieben, wie man zu jedem Geschäft kommt. Aber die Namen der Geschäfte fehlen! Welches Geschäft ist das jeweils?

**Beispiel**

1 das Schuhgeschäft

**1** Gehen Sie geradeaus und durch die Große Halle. Dann gehen Sie an der Großen Uhr vorbei und über zwei Kreuzungen. Sie nehmen also die dritte Straße links nach der Großen Halle, und es liegt auf der linken Seite, neben dem Sportgeschäft und gegenüber der Galerie.

**2** Gehen Sie geradeaus, nehmen Sie die erste Straße rechts und gehen Sie wieder geradeaus. Gehen Sie an der Telefonzelle und am Schnellimbiß vorbei, und es liegt auf der rechten Seite, zwischen der Buchhandlung und dem Spielwarengeschäft.

**3** Gehen Sie durch die Große Halle und nehmen Sie die erste Straße rechts. Gehen Sie am Fundbüro und am Musikladen vorbei, und nach ein paar Metern liegt es auf der rechten Seite, zwischen dem Informationsbüro und dem Reisebüro.

**4** Gehen Sie geradeaus und durch die Große Halle. Danach gehen Sie an der Großen Uhr vorbei, nehmen Sie die zweite Straße rechts und gehen Sie am Cyber-Café The Web vorbei. Es liegt dann auf der rechten Seite neben der Post. Wenn Sie das Warenhaus sehen, sind Sie zu weit gegangen.

**5** Gehen Sie geradeaus und durch die Große Halle. Dann gehen Sie an der Großen Uhr vorbei und nehmen Sie die erste Straße links. Gehen Sie an den Toiletten vorbei, und es liegt dann auf der linken Seite, gegenüber vom Eiscafé und zwischen dem Damenmodegeschäft und der Bibliothek.

## 4 Der beste Weg

Der Paketdienst hat auch Pakete für einige andere Geschäfte. Sieh dir die Liste links an und schreib den kürzesten Weg auf.

das Damenmodegeschäft Polly
das Reisebüro
die Galerie
der Musikladen

**Beispiel**

Gehen Sie geradeaus und durch die Große Halle. Danach gehen Sie ...

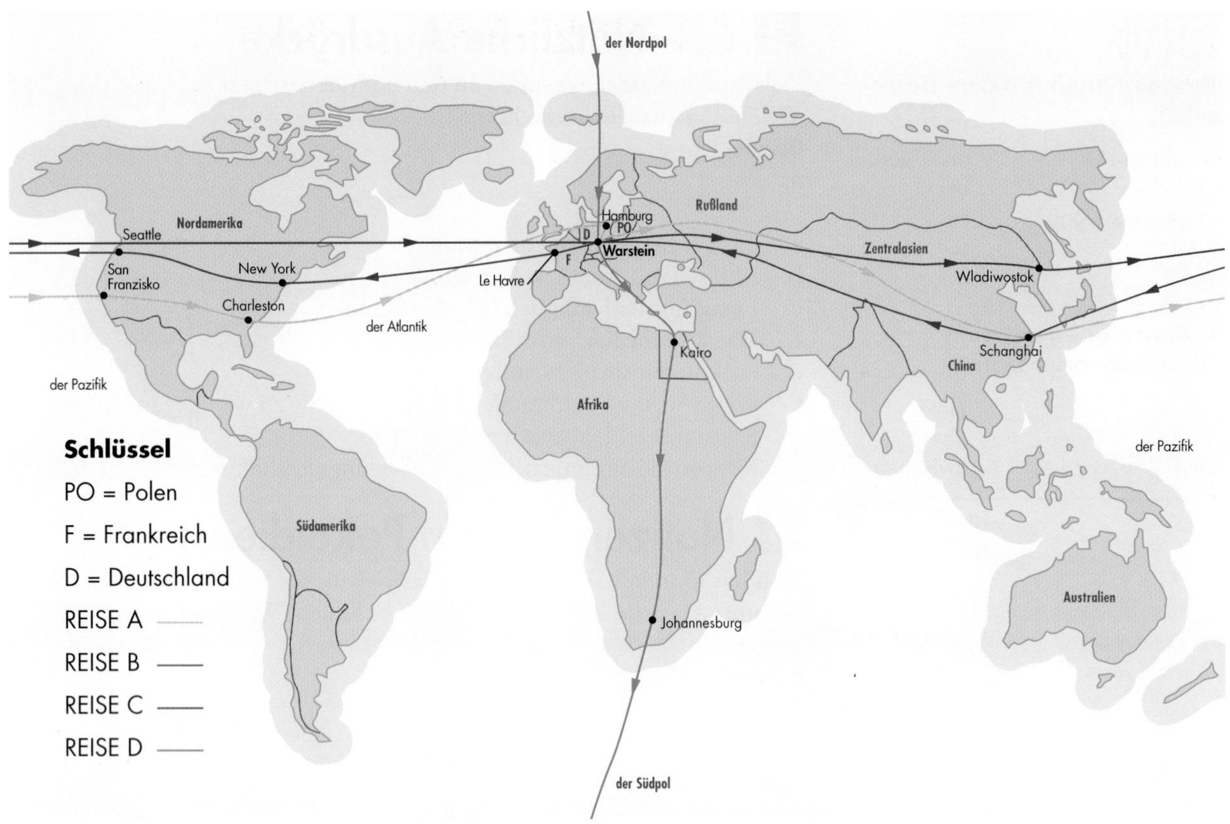
der Nordpol
Nordamerika
Seattle
San Franzisko
New York
Charleston
der Atlantik
der Pazifik
Le Havre
Hamburg
PO
D
F
Warstein
Rußland
Zentralasien
Wladiwostok
Schanghai
China
Kairo
Afrika
Südamerika
Johannesburg
der Pazifik
Australien
der Südpol
Schlüssel
PO = Polen
F = Frankreich
D = Deutschland
REISE A
REISE B
REISE C
REISE D

## 1 Der Wettbewerb

### Warsteiner Tagesanzeiger – Wettbewerb

*Schon im 19. Jahrhundert ist Phileas Fogg in 80 Tagen um die Welt gereist, und heute kann man es problemlos in 80 Stunden machen! Der Mannschaft, die die Reise aber in GENAU 80 Tagen machen kann, bieten wir DM 100.000!*

Sieh dir die Anzeige an und hör zu. Diese vier jungen Leute nehmen am Wettbewerb teil. Welche Transportmittel benutzten sie?

**Beispiel**

**1** Wolfgang: f, ...

**1** Wolfgang Schmidt

**2** Claudia Wagler

**3** Max Braun

**4** Petra Jürgens

a b c d e f g h i

**Achtung!**
**Verben im Präsens mit Zukunftsbedeutung**

Wir **fahren** mit dem Auto.
Wir **fliegen** dorthin.
Zuerst **fahren** wir mit dem Zug.

Siehe Grammatik, 2.8

## 2 Die Reisen

Hör noch einmal zu und sieh dir die Weltkarte an. Welche Reise beschreiben sie?

**Beispiel**
Wolfgang – Reise C

## 3 Wie fahren sie?

Lies diese Texte und sieh dir die Lösungen zu Übungen 1 und 2 an. Wie fährt jede Mannschaft?

**Beispiel**
Wolfgangs Mannschaft fährt **mit dem Zug** und **dem Heißluftballon**.

**Wolfgangs Mannschaft**
Sie fahren in östlicher Richtung nach Wladiwostok und dann über die Vereinigten Staaten und den Atlantik.

**Claudias Mannschaft**
Sie fahren in westlicher Richtung nach Le Havre. Von dort aus fahren sie nach New York, durch die Vereinigten Staaten, und dann von Seattle nach Schanghai. Zum Schluß fahren sie durch China usw. nach Deutschland zurück.

**Max' Mannschaft**
Sie fahren in südlicher Richtung und besuchen unterwegs Kairo und Johannesburg. Dann fahren sie über den Süd- und Nordpol nach Deutschland zurück.

**Petras Mannschaft**
Sie fahren durch Polen, Rußland, Zentralasien und China. Dann fahren sie nach San Franzisko, durch die Vereinigten Staaten und von dort aus nach Hamburg. Ab Hamburg fahren sie direkt wieder nach Warstein.

## 4 Deine Reise

Beschreib eine lange Reise oder eine Weltreise. Wenn du willst, kannst du Tom und Jerry sein und eine Reise durch den Garten beschreiben! Versuch, so viele Transportmittel wie möglich zu erwähnen.

**Beispiel**
Meine Reise beginnt am Haus.

# Lesepause 1

## *Das Autorennen von Peking nach Paris*

1907 beschrieb eine französische Zeitung ein Autorennen von Peking nach Paris. Anfangs hörte sich das sicher nicht so schlecht an – aber damals gab es für den größeren Teil der Reise keine Straßen (!) oder Brücken, und die Autos mußten auch durch Sümpfe und über Berge fahren. Damals hielt man das für verrückt!

Es gab fünf Teilnehmer, alle mit Autos längst vergessener Marken – vier Franzosen, mit *De Dion* (zwei), *Spyker* und *Pons*, und ein Italiener, Prinz Scipione Borghese, mit einem *Itala*.

Das Rennen begann am 10. Juni 1907, und der erste Teil des Rennens führte 800 Meilen durch Kalgan, eine gebirgige Gegend fast ohne Straßen. Man mußte die Autos mit Seilen auf die Berge ziehen, und die Mannschaften mußten auch häufig mit Macheten einen Weg durch das Gebüsch hacken!

Hinter den Gebirgen kam das endlose mongolische Flachland, und hier schied der erste Teilnehmer (der *Pons*) aus. Die anderen kamen relativ problemlos voran, und nach zwei Wochen erreichten sie am 25. Juni die russische Grenze. Von hier aus waren die Gleise der transsibirischen Bahn die einzige verfügbare ‚Straße'!

Der *Itala* von Prinz Borghese lag zu dieser Zeit in Führung, aber in den Steppen hatte er eine Panne – ein Rad brach. Zum Glück waren die Räder aus Holz, und ein sibirischer Schmied baute ein neues Rad für das Auto, das dem Prinzen Borghese den Sieg ermöglichte.

Als der Prinz am 10. August nach genau 60 Tagen in Paris ankam, waren die anderen immer noch in Rußland! Die drei übrigen Autos kamen 21 Tage später zusammen an.

# Das Erbe des Trabis

Dieses Bild ist in den neuen Bundesländern keine Seltenheit. Von Rostock bis Zwickau, ob in einem seltsamen Waldstück oder auf einer belebten Kreuzung in Ostberlin: Überall stehen alte Trabis. Die Besitzer haben sie einfach stehenlassen.

Geld ist den Trabifahrern wichtiger als die Natur in der Ex-DDR. Schrotthändler verlangen nämlich 200 Mark für die Entsorgung eines Trabants.

Die meisten Besitzer des Trabis verdienen kaum mehr als 1.000 Mark im Monat – darum überlegen sie sich diese Geldausgabe zweimal.

Das qualmende und stinkende Symbol des Sozialismus belastet die Umwelt. Auch dann noch, wenn es gar nicht mehr fährt.

Jetzt haben ostdeutsche Wissenschaftler eine umweltfreundliche Entsorgung des Trabis entwickelt: Bazillen, die das Kunststoff-Auto fressen, kurz ‚Trabizillen'.

Ein Test war schon erfolgreich. Die Bakterien haben einen zerkleinerten Trabi in knapp zwei Wochen ‚verspeist'. Schwer zu schlucken, aber wahr.

## • Pack die Sonne in den Tank! •

Bald ist's wieder soweit: Große Tour de Sol in der Schweiz! Die Sonnenautos aus aller Welt, einst noch belächelt, befinden sich auf Erfolgskurs.

Die Solarmobile haben Elektroantrieb und sehen wie komische, fahrende Eier aus! Über 60 fast lautlose Minimobile überqueren den steilsten Paß der Schweiz, und die Insassen schauen vergnügt hinaus, obwohl sie manchmal mit nur 50 km/h dahinrollen!

‚Solarmobile und Leicht-Elektromobile sind sonnige Vorboten einer neuen umweltfreundlicheren Gesellschaft!', sagt stolz Urs Muntwyler, Geschäftsführer der ‚Tour de Sol'.

Die Autos rollen sanft und leise. Kein Motor brüllt, die Luft riecht nicht nach Öl und heißen Reifen. ‚Sonnenenergie und Solarmobile – das sind Beispiele dafür, wie die Technik mit der Natur versöhnt werden kann!', sagt Urs Muntwyler.

Eine für uns lebenswichtige Versöhnung! Denn in etwa 100 bis 250 Jahren, so schätzen die Wissenschaftler, sind die Vorräte der Erde und damit die herkömmlichen Energiequellen aufgebraucht ...

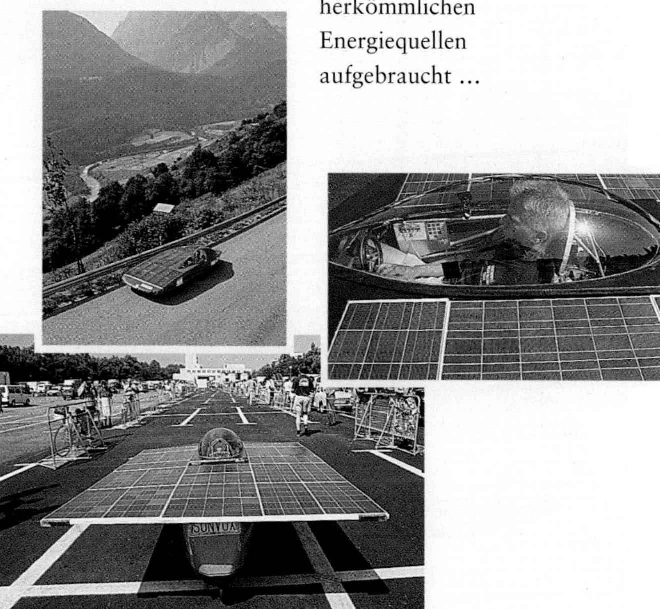

# 1 Onkel Wilfrieds Dias

Hör gut zu und sieh dir die Bilder an. Wie ist die richtige Reihenfolge?

**Beispiel**

E, ...

A

Nachdem wir Flensburg besichtigt hatten, sind wir nach Kiel gefahren. Dort haben wir Tischtennis gespielt. Und bevor wir Tischtennis gespielt haben, hatten wir den Hafen besucht. Auch dort war das Wetter nicht schlecht.

B

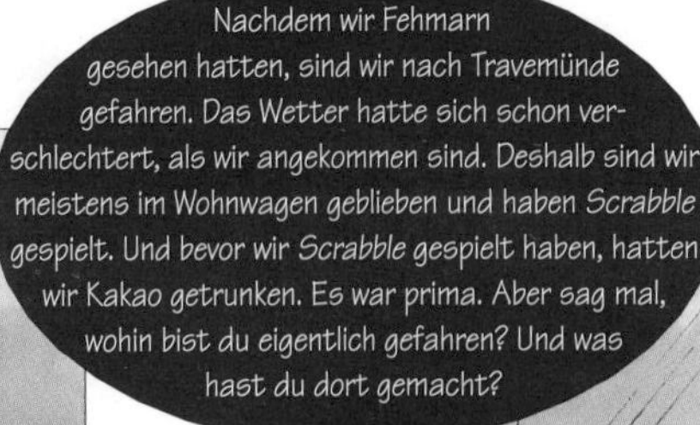
Nachdem wir Fehmarn gesehen hatten, sind wir nach Travemünde gefahren. Das Wetter hatte sich schon verschlechtert, als wir angekommen sind. Deshalb sind wir meistens im Wohnwagen geblieben und haben Scrabble gespielt. Und bevor wir Scrabble gespielt haben, hatten wir Kakao getrunken. Es war prima. Aber sag mal, wohin bist du eigentlich gefahren? Und was hast du dort gemacht?

C

Nur EINEN??? Langweilig!! Guck mal. Wir sind mit unserem Wohnwagen überall hingefahren. Zuerst sind wir nach Flensburg gefahren. Dort war das Wetter nicht schlecht. Wir haben auf dem Campingplatz gelesen. Und bevor wir gelesen haben, hatten wir gegrillt.

D

Ich bin nach Peru gefahren und bin auf eine Höhlenexpedition in den Anden gegangen.

E

Onkel Wilfried ist gerade aus dem Urlaub zurückgekommen. Er hat einige Dias mitgebracht ...

Möchtest du die Dias von meinen Ferien sehen? Ich habe vier unterschiedliche Ferienorte besucht. Toll, oder? Wie viele Ferienorte hast du besucht?
Ähm ... nur einen.

F

Nachdem wir nach Kiel gefahren waren, sind wir nach Fehmarn gefahren. Dort gab es tolle Strände. In Fehmarn sind wir geschwommen, und nachdem wir geschwommen waren, haben wir uns gesonnt. Es war sehr entspannend.

## Lerntip

**Das Plusquamperfekt**

Nachdem wir nach Flensburg **gefahren waren**, sind wir nach Kiel gefahren.
Bevor wir Tischtennis gespielt haben, **hatten** wir **gegrillt.**
Das Wetter **hatte** sich schon **verschlechtert**, als wir dort angekommen sind.

Siehe Grammatik, 2.14

## 2 Was paßt zusammen?

Stell diese Satzteile zusammen. Alle Sätze findest du in der Geschichte.

**Beispiel**

1c

1 Nachdem Onkel Wilfried nach Flensburg gefahren war,
2 Bevor er Tischtennis gespielt hat,
3 Bevor er gelesen hat,
4 Nachdem er geschwommen war,
5 Das Wetter hatte sich schon verschlechtert,
6 Bevor er *Scrabble* gespielt hat,

a hatte er Kakao getrunken.
b als Onkel Wilfried in Travemünde angekommen ist.
c ist er nach Kiel gefahren.
d hatte er den Hafen besucht.
e hatte er gegrillt.
f hat er sich gesonnt.

## 3 Ferientage zu Hause

Dieses Jahr ist Onkel Wilfried zu Hause geblieben. Er beschreibt einen Ferientag. Hör gut zu und wähl die richtige Antwort aus.

**Beispiel**

1c

1 Bevor er aufgestanden ist,
a) war er zum Einkaufszentrum gegangen.
b) hatte er vor dem Fernseher gesessen.
c) hatte er im Bett Radio gehört.

2 Bevor er zu Mittag gegessen hat,
a) war er einkaufen gegangen.
b) war er ins Bett gegangen.
c) hatte er einen Spaziergang im Garten gemacht.

3 Nachdem er zu Mittag gegessen hatte,
a) hat er im Garten gearbeitet.
b) ist er nach Hause gegangen.
c) hat er einen Spaziergang im Garten gemacht.

4 Nachdem er zu Abend gegessen hatte,
a) hat er ferngesehen.
b) hat er einen Spaziergang im Garten gemacht.
c) hat er ein Buch gelesen.

5 Er war schon sehr müde geworden,
a) als er aufgestanden ist.
b) als er ins Bett gegangen ist.
c) als er im Garten gearbeitet hat.

## 4 Noch etwas!

Sieh dir die Antworten zu Übung 3 an und beschreib Onkel Wilfrieds Tag schriftlich.

**Beispiel**

Er ist um halb zehn aufgewacht. Nachdem er im Bett Radio gehört hatte, ist er ...

## 5 Der Folgenkreis

Erfinde einen Folgenkreis. Die letzte Idee in jedem Satz ist jeweils die erste im nächsten Satz.
Wie viele Sätze kannst du im Plusquamperfekt bilden?

**Beispiel**

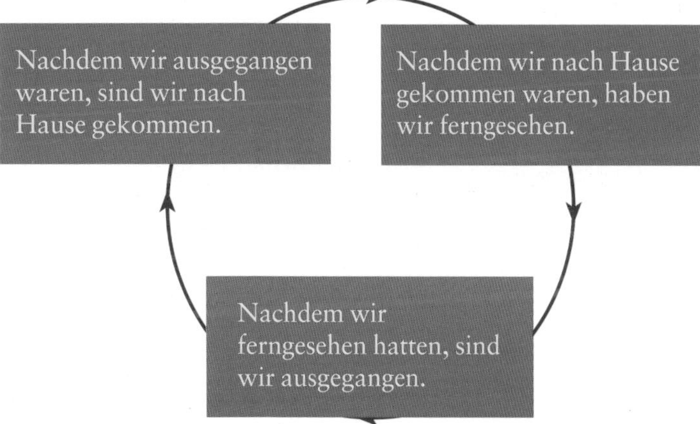
Nachdem wir ausgegangen waren, sind wir nach Hause gekommen.
Nachdem wir nach Hause gekommen waren, haben wir ferngesehen.
Nachdem wir ferngesehen hatten, sind wir ausgegangen.

# 1 Die Zukunftskiste

Die Schüler(innen) auf dem Theodor-Reuß-Gymnasium in Warstein machen eine Zukunftskiste, die man erst im Jahre 2200 öffnen darf. Sie füllen die Kiste mit Briefen usw. und vergraben sie dann im Schulhof. Lies diesen Brief aus der Kiste.

Warstein, den 5.März 1998

Liebe Leser/Leserinnen!

Ich wohne in einem großen Einfamilienhaus auf dem Land, am Rande eines kleinen Dorfes in der Nähe von Warstein. Das Haus ist alt, aber gemütlich und hat einen großen Garten. Das Dorf ist schön, und in der Dorfmitte gibt es viele Fachwerkhäuser und eine alte Kirche. Die Landschaft in dieser Gegend ist etwas flach, aber dafür ziemlich schön, und das Klima ist warm, aber auch sehr feucht. Es gibt nicht viel für Jugendliche (d.h. keine Jugendzentren, keine Kinos, keine Schwimmbäder usw.). Eigentlich werden abends hier die Bürgersteige hochgeklappt! Im Dorf gibt es fast keine gesellschaftlichen Probleme, und es gibt eigentlich nur einen Polizisten! Dafür gibt es aber auch keine Jobs, und wenn ich erwachsen bin, werde ich deshalb in die Stadt ziehen müssen, wo es zwar nicht schön ist, aber zumindest was los ist.

Viele Grüße aus der Vergangenheit,

Maria Theiding (15)

**Lerntip**

**Es gibt/gibt es**

**Es gibt** viele Kinos und Geschäfte in Mainz.
In Mainz **gibt es** einen Hauptbahnhof.

Siehe Grammatik, 7

# 2 Groß, klein, alt, neu

Wie viele unterschiedliche Adjektive kannst du in Marias Brief finden? Mach eine Liste.

**Beispiel**

groß(en)

# 3 Marias Dorf

Bilde so viele Sätze wie möglich über Marias Dorf. Die Wörter im Kästchen helfen dir dabei.

**Beispiel**

Maria wohnt in einem Einfamilienhaus am Rande eines kleinen Dorfes.

*Maria wohnt in ...* | Ich wohne in ... | Dort gibt es ... | **Hier ist ...** | Das Klima ist ... | **Es gibt ...** | Die Landschaft ist ... | ***Das Dorf ist ...***

# 4 Noch etwas!

Schreib Sätze über deine Gegend. Benutz die Wörter im Kästchen noch einmal.

**Beispiel**

Es gibt viel Arbeitslosigkeit und viele Probleme.

## 5 Turguts Kassettenbrief

In der Kiste gibt es einen Kassettenbrief von Turgut. Hör zu und mach dir Notizen über ihn.

**Beispiel**

- wohnt in einer Wohnung in Warstein

## 6 Ein Vergleich

Wie viele Unterschiede kannst du zwischen Turguts und Marias Leben finden? Schreib sie auf.

**Beispiel**

| Maria | Turgut |
|---|---|
| wohnt in einem Dorf | wohnt in der Stadtmitte |

## 7 Brief aus der Zukunft

Im Jahre 2200 findet jemand die Zukunftskiste. Lies diesen Brief.

4. JANUAR 2200

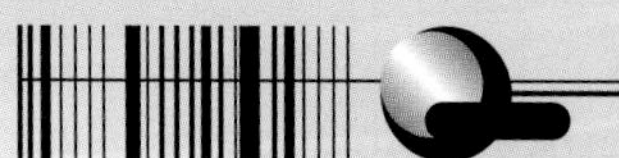

Liebe Vorfahren!

Hallo aus der Zukunft! Hier in Warstein wohnen wir jetzt meistens unter der Erde. Oben gibt es kein Gras mehr und nur wenige Pflanzen. Nach dem fünften Weltkrieg ist der Himmel meistens grau und orange, und es gibt fast ununterbrochen sauren Regen und orangenfarbigen Nebel.

Hier unter der Erde ist das Leben aber nicht so schlecht. Wir wohnen in einer kleinen Wohnung, und ich teile ein großes Zimmer mit meiner Schwester. Unsere Wohnung liegt in einem Vorort der Stadt, ungefähr 40 Kilometer von der Stadtmitte entfernt.

Hier gibt es unheimlich viel für Jugendliche. Fast jeden Abend gibt es ein großes Virtual-Reality-Konzert in der Stadt, und in unserer Straße gibt es auch viele Jugendclubs und Sportzentren.

Es gibt keine Kriminalität (wir werden überall von Polizeivideokameras bewacht), und jede Person bekommt einen Job für das ganze Leben.

Alles in allem ist das Leben im 23. Jahrhundert nicht schlecht.

Kai Hartmann, 180 Mondmonate alt

## 8 Im 23. Jahrhundert

Lies Kais Brief und beantworte folgende Fragen.

**Beispiel**

1 (Sie wohnen) unter der Erde.

1 Wo wohnen die Leute im 23. Jahrhundert?
2 Warum?
3 Wie findet Kai das Leben dort?
4 Wo liegt Kais Wohnung genau?
5 Hat Kai ein eigenes Zimmer, oder muß er es mit jemandem teilen?
6 Beschreib zwei Freizeitbeschäftigungen, an denen Kai teilnehmen kann.
7 Warum gibt es wenige gesellschaftliche Probleme im 23. Jahrhundert?
8 Warum gibt es keine Arbeitslosigkeit?

## 9 Dein Kassettenbrief

Nimm einen Brief an eine zukünftige Generation auf Kassette auf. Mit Hilfe den Texten oben mach dir Notizen im voraus.

**Beispiel**

Ich wohne in einem Einfamilienhaus am Stadtrand von ...

# Lesepause 2

## o AUFSTIEG GEN HIMMEL! o

*Vor mehr als 250 Jahren wurde er geboren: Jean-Étienne, einer der beiden berühmten Brüder Montgolfier. Als Erfinder des Heißluftballons gingen die beiden französischen Papierfabrikanten in die Geschichte der Luftfahrt ein.*

Winter 1782: Jean-Étienne Montgolfier starrte verblüfft auf den Unterrock seiner Frau. Die sogenannte ‚Krinoline' hing zum Trocknen über dem Ofen und bauschte sich dabei immer mehr auf. Dann, ganz langsam, hob sich der rundliche Rock, begann zu schweben, stieg immer höher und höher, bis er endlich oben an der Zimmerdecke angelangt war.

Vor kurzem erst hatte Montgolfier etwas über die Erforschung von Gasen gelesen. Und vielleicht bewirkten auch hier Gase den Antrieb? Heute wissen wir freilich, daß es keine Gase waren, sondern die erwärmte Luft, die aufstieg und den Unterrock in die Höhe hob.

Mit seiner falschen Theorie kam Montgolfier dennoch zum richtigen Ergebnis! Zunächst einmal begeisterte er seinen Bruder Joseph-Michel für seine Idee, eine mit Gasen gefüllte ‚Halbkugel' herzustellen. Beide gingen in ihrer Papierfabrik sofort ans Werk: So entstanden die ersten Heißluftballons.

Aus den ersten Versuchsmodellen wurden schon bald bis zu 20 und 30 Meter hohe Ballons, die aus Leinen und manchmal sogar aus Seide waren. Auf dem Äußeren der Ballonhülle prangten die phantastischsten Bilder.

Tausende von Zuschauern jubelten im September 1783 der ersten ‚bemannten' Ballonfahrt zu: Ein Hammel, ein Hahn und eine Ente waren die Passagiere.

Diesem Experiment folgte noch im gleichen Jahr der erste Aufstieg einer ‚Montgolfière' mit Menschen an Bord. Zunächst wollte der König nur Gefängnisinsassen die Mitfahrt erlauben. Doch setzten sich schließlich zwei adlige Herren durch, die als erste menschliche Passagiere in die Geschichte der Ballonfahrt eingingen.

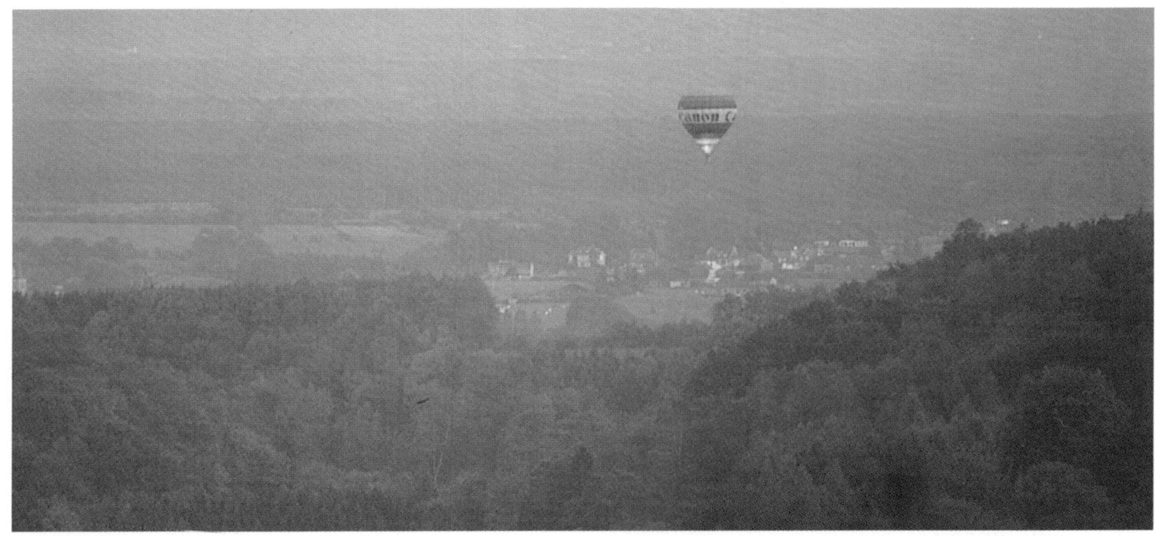

# Ohne Lenker fing alles an!

**Die ersten Fahrräder**
Die ersten Fahrräder tauchten um 1817 auf und hatten weder Kettenantrieb noch Pedale. Ihre Räder waren aus Holz oder Eisen, und sie ließen sich außerdem kaum lenken.

**Hochräder**
Um 1870 begann die Zeit der Hochräder. Bei manchen Modellen befand sich der Fahrer fast drei Meter über dem Boden! Doch wurde diese gefährliche Situation schließlich durch Räder mit niedrigeren Rahmen wieder abgelöst.

**Moderne Fahrräder**
Mit der Zeit gab es immer mehr Verbesserungen: luftgefüllte Gummireifen, stabile Rahmen, zuverlässige Bremsen usw. Heute ist es aufgrund seiner Umweltfreundlichkeit sehr gefragt!

**1**
Die ‚Draisine', das hölzerne Laufrad des Freiherrn von Drais. Man mußte laufen, um damit voranzukommen. Schon 1817 rollte der Freiherr so von Karlsruhe nach Kehl. Für 70 Kilometer brauchte er vier Stunden.

**2**
Was hier ein bißchen wie eine Tretmühle aussieht, ist ebenfalls ein Fahrrad: Der Fahrer sitzt in der Mitte eines großen Eisenrades und muß mit Hilfe von Fußhebeln Tempo erzeugen.

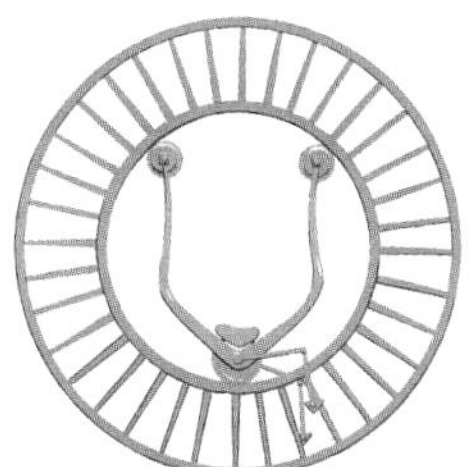

**3**
Von 1884 bis 1886 fuhr der Engländer Thomas Stevens mit einem Hochrad um die Welt. Zur gleichen Zeit wurden bereits die bequemeren Niedrigräder entwickelt, die sich schließlich durchsetzen sollten.

**4**
Ende des 19. Jahrhunderts wurden die ersten Niederräder gebaut, die bereits heutigen Rädern ähnelten. Um 1880 waren Fahrräder besonders gefragt, da sich mit ihnen viel transportieren ließ.

**5**
Das berühmte Rennen ‚Tour de France' fand 1903 das erste Mal statt. Der Radsport wurde bald zu einer der beliebtesten Sportarten. Wenn ein Rad wirklich schnell sein soll, muß es leicht sein und schmale Reifen haben.

**6**
Das Mountain-Bike ist in Sachen Federung der Spitzenreiter. Weil es speziell für unebenes Gelände gebaut ist, hat es eine besonders gute Bodenhaftung. An Vorder- und Hinterrad sitzen richtige Stoßdämpfer.

# Prüfungstraining

## 1 Hören

Wo liegt die Polizeiwache? Hör gut zu und wähl den richtigen Plan aus (A, B oder C).

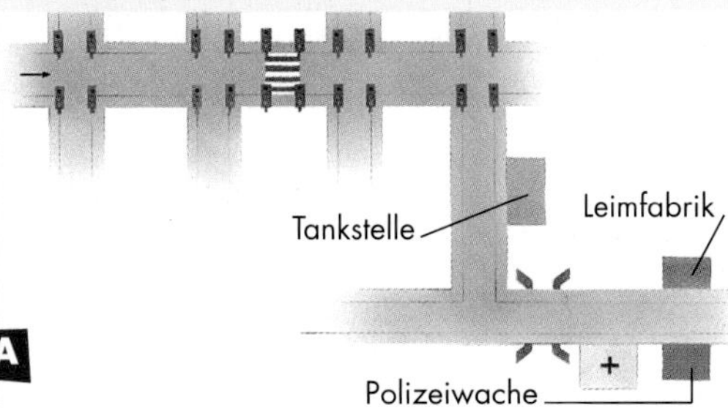
Tankstelle
Leimfabrik
A
Polizeiwache

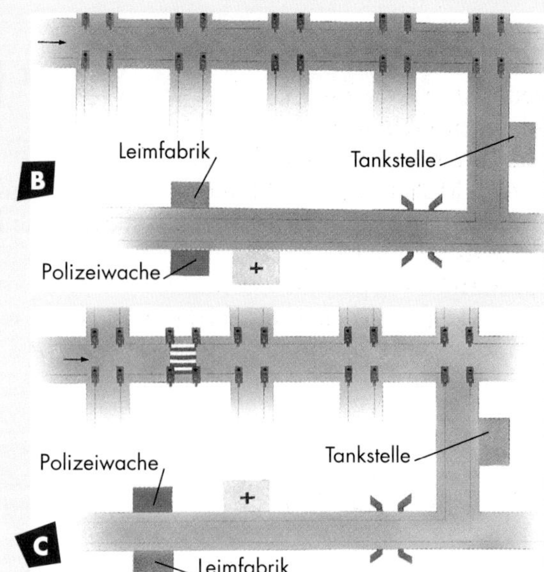
B
Leimfabrik
Tankstelle
Polizeiwache
Polizeiwache
Tankstelle
C
Leimfabrik

**Zeichenerklärung**
- = Ampel
- + = Krankenhaus
- )( = Brücke
- ≡ = Zebrastreifen

## 2 Sprechen

*Describe a recent holiday (real or imaginary). Where did you go? What did you do? Describe the journey and one or more days of the holiday.*

**Beispiel**

Dieses Jahr bin ich nach Paris gefahren, und dort habe ich den Eiffelturm besichtigt. Nachdem ich den Eiffelturm besichtigt hatte, bin ich….

## 3 Lesen

Lies den Dialog und beantworte die Fragen auf Seite 119.

**Beispiel**

1 Er war hinter Karl auf der Autobahn.

*Karl und Petra ziehen um. Karl kommt mit einigen Möbeln im PKW am neuen Haus an. Petra ist schon mit einem kleinen Lastwagen dort angekommen und will auspacken.*

**Petra:** Hi, Karl. Wo ist der Möbelwagen?

**Karl:** Ich weiß nicht. Auf der Autobahn war er hinter mir, aber als ich von der Autobahn abgefahren bin, habe ich ihn verloren. Seit einer halben Stunde habe ich ihn nicht mehr im Rückspiegel gesehen.

**Petra:** Das macht nichts. Er hat die Nummer deines Handys. Guck mal, ich habe diese Möbel schon in den Garten gebracht. Wir können sie ins Haus bringen, während wir warten. Hast du den Schlüssel?

**Karl:** Er ist unter einem Stein, neben der Tür … nein, nicht dort – zwischen dem Gartenzwerg und der Blume. Ach, Mist, er ist nicht da. Wo ist der andere Schlüssel?

**Petra:** Im Möbelwagen.

**Karl:** Was? Aber hör mal, der Telefon klingelt. Hier ist Karl Voß … ja. Was? Mist. Na ja, OK, tschüß.

**Petra:** Was ist los?

**Karl:** Er war in Kaltenbrunn. Vor dem Rathaus.

**Petra:** Kaltenbrunn? Das ist fast 100 Kilometer weg!

**Karl:** Der rechte Blinker unseres Autos war kaputt, und er hat die Ausfahrt verpaßt. Er hat erst bei Kaltenbrunn abfahren können.

**Petra:** Er ist aber schon wieder unterwegs, oder?

**Karl:** Nein. Er kommt nicht unter einer zu niedrigen Brücke durch. Er wird erst in frühestens drei Stunden ankommen.

**Petra:** Ach, was soll's? Wir können diese Möbel abdecken und zu meiner Großmutter gehen. Wir können bei ihr warten. Wo ist die Plastikplane?

**Karl:** Im Möbelwagen. Und guck mal. Es fängt an zu regnen.

**Fragen zum Dialog**

1 Wo war der Möbelwagen, als Karl ihn zum letzten Mal gesehen hat?
2 Was hat Petra schon gemacht?
3 Wo sind die zwei Haustürschlüssel?
4 Wo ist der Möbelwagen im Moment?
5 Warum hatte der Fahrer die Ausfahrt verpaßt?
6 Wann wird er da sein?
7 Wo können Petra und Karl vielleicht warten?
8 Warum ist der Regen ein Problem für die beiden?

# Selbstlernkassetten

## 1 Aussprache

Hör gut zu und wiederhole.

1 ***Wenn der Pott aber nu en Loch hat,***
*lieber Heinrich, lieber Heinrich?*
*Stopp's zu, liebe, liebe Liese, liebe Liese, stopp's zu!*

2 *Womit soll ich's denn aber zustoppen ...?*
*Mit Stroh ...*

3 *Wenn's Stroh aber nu zu lang ist ...?*
*Hau's ab ...*

4 *Womit soll ich's aber abhaue' ...?*
*Mit'm Beil ...*

5 *Wenn's Beil aber nu zu stumpf ist ...?*
*Mach's scharf ...*

6 *Womit soll ich's denn aber scharf machen ...?*
*Mit'm Stein ...*

7 *Wenn der Stein aber nu zu trocken ist ...?*
*Mach'n naß ...*

8 *Womit soll ich'n aber naß mach'n ...?*
*Mit Wasser ...*

9 *Womit soll ich denn aber's Wasser schöpfe' ...?*
*Mit'm Pott ...*

10 *Wenn der Pott aber nu en Loch hat ...?*
*Laß es sein, dumme, dumme Liese, dumme Liese, laß es sein!*

## 2 Seifenoper

Hör dir die achte Episode der Serie an.

## 4 Schreiben

Schreib einen Bericht über deinen Wohnort.
Du darfst **entweder:**

- den Ort so reizend wie möglich darstellen (z.B. für einen Prospekt);

**oder:**

- den Ort als langweilig und häßlich darstellen (z.B. für eine Firma, die eine riesige Fabrik am Ende deiner Straße bauen möchte!).

**Beispiel**

Ich wohne in Schrotthaufendorf. Das ist aber wirklich der häßlichste Ort der Welt ...

# Zusammenfassung

## Themen

| | | Seite | Vokabeln |
|---|---|---|---|
| 1 | Wegbeschreibungen | 106-107 | AB 133 |
| 2 | Um die Welt in 80 Tagen! | 108-109 | AB 137 |
| 3 | Es war prima! | 112-113 | – |
| 4 | Hier ist nichts los! | 114-115 | AB 143 |

## Grammatik

| | Seite | Arbeitsblatt | Grammatik |
|---|---|---|---|
| Präpositionen mit dem Akk./Dat. | 107 | 131 | 8 |
| Verben im Präsens mit Zukunftsbedeutung | 109 | – | 2.8 |
| Das Plusquamperfekt | 112 | 139, 140 | 2.14 |
| *Es gibt/gibt es* | 114 | 142 | 7 |

## Besonderes

| | Seite | Arbeitsblatt |
|---|---|---|
| Lesepause 1 | 110-111 | 138 |
| Lesepause 2 | 116-117 | 146 |
| Prüfungstraining | 118-119 | – |
| Extra | 158 | – |

# 9 Die Arbeitswelt

**LERNPUNKTE**

- **Thema 1: Stellenanzeigen**
  Das kann ich!
- **Thema 2: Bewerbungen**
  Wie mache ich das richtig?
- **Thema 3: Im Büro**
  Kannst du Verantwortung übernehmen?
- **Thema 4: Realistische Berufsziele?**
  Sollten wir nicht mehr träumen?

## 1 Der neue Job

Hör gut zu und sieh dir die Bildgeschichte an.

1
Ähm, ich?
Danny, das Kind wird bald da sein. Du mußt unbedingt eine Stelle finden.
2
MOTOR-RAD-MAGAZIN
Wir suchen eine/n Fotojournalist/in. Wir erwarten von Ihnen einen guten Schulabschluß, eine fundierte Ausbildung und praktische Erfahrung im Medienbereich. Sie haben gute Textverarbeitungskenntnisse und viel Organisationstalent. Sie haben Spaß an Motorrädern und verfügen über gute Fremdsprachenkenntnisse.
MOTORRAD
Motorrädern
3
Diese Stelle sieht gut aus!
Aber du brauchst einen Schulabschluß!
Kein Problem. Ich rufe morgen an.
4
Wie ist die Arbeitszeit? Das Gehalt ist auch natürlich eine wichtige Frage. Wie hoch ist es? ... Gut. Gut.
5
Meine Frau bekommt bald ein Kind. Kann ich Vaterschaftsurlaub bekommen? ... Ja?
6
Wann könnte ich anfangen? ... Alles klar. Ich möchte mich bewerben. Würden Sie mir bitte ein Bewerbungsformular schicken?
7
Sie haben also keinen Schulabschluß, keine Ausbildung, keine Erfahrung, und keine Textverarbeitungskenntnisse. Wie sind Ihre Englischkenntnisse?
8
Ähm ... I DIDN'T KNOW I LOVED YOU TILL I SAW YOU ROCK'N'ROLL. Reicht das?
9
Na, und? Hast du die Stelle bekommen?
Na ja. Die Stelle beim Magazin habe ich nicht bekommen. Aber der Chef der Firma spielt in einer Rockband, und sie suchen seit sechs Wochen einen talentierten Sänger. Ich fange Freitagabend an.

## 2 Was paßt zusammen?

Schreib eine Zusammenfassung der Bildgeschichte.

**Beispiel**

1 Danny muß einen Job suchen, weil seine Frau schwanger ist.

| | | |
|---|---|---|
| 1 | Danny muß einen Job suchen, | ob man Vaterschaftsurlaub bekommt. |
| 2 | Es ist ihm egal, | weil das Geld eine wichtige Rolle spielt. |
| 3 | Er fragt nach dem Gehalt, | weil seine Frau schwanger ist. |
| 4 | Er will auch wissen, | daß er eine neue Stelle hat. |
| 5 | Der Chef der Firma will wissen, | obwohl er die Stelle beim Magazin nicht bekommt. |
| 6 | Danny ist zufrieden, | wie gut er Englisch kann. |
| 7 | Er kann seiner Frau erzählen, | daß er keine Ausbildung hat. |

## 3 Was hat man gefragt?

Lies die Fragen unten. Hör dann zu und wähl jeweils die richtige Frage.

**Beispiel**

1C

**A** Wie ist die Arbeitszeit?

**B** Wie hoch ist das Gehalt?

**C** Muß man eine Ausbildung haben?

**D** Muß man Erfahrung haben?

**E** Welchen Schulabschluß braucht man?

**F** Wieviel Urlaub bekommt man?

**G** Wann könnte ich anfangen?

**H** Würden Sie mir bitte ein Bewerbungsformular schicken?

## 4 Ich habe einige Fragen

Macht einen Dialog zu zweit. Person A benutzt die Fragen oben. Person B benutzt die Antworten unten.

**Beispiel**

**A:** Wie ist die Arbeitszeit?

**B:** Von acht Uhr abends bis vier Uhr morgens.

Das ist flexibel. Wann möchten Sie anfangen?

Ja. Geben Sie mir bitte Ihre Adresse.

Man braucht Abitur.

Zweitausend Mark im Monat.

Nein. Erfahrung ist nicht nötig.

Nein. Wir bilden Sie aus.

Sechs Wochen im Jahr.

Von acht Uhr abends bis vier Uhr morgens.

## 5 Deine Fassung

Schreib eine neue Fassung der Bildgeschichte auf Seite 120. Ändere möglichst viele Informationen. Füg auch neue Informationen hinzu.

**Beispiel**

**Barbara:** Danny, das Baby wird in drei Wochen da sein. Wir werden mehr Geld brauchen. Du mußt unbedingt eine Stelle bekommen.

**(ein/e) Journalist/in**
**(ein/e) Steward/Stewardeß**
**(ein/e) Raumfahrer/in bei der NASA**
**Fußballspieler bei FC Bayern München**
***(dein Traumberuf)***

**bei Ihrer Personalabteilung**
**bei der Berufsberatung**

**die Martin-Luther-Hauptschule**
**die Sophie-Scholl-Gesamtschule**
**das Käthe-Kollwitz-Gymnasium**

**dem Abitur**
**dem Hauptschulabschluß**

**kreativen Beruf**
**Beruf im Dienstleistungsbereich**
**Beruf im Sport**
***usw.***

# 1 Bewerbung

Lies den Bewerbungsbrief und den Lebenslauf.

Stefanie Frommann
Bahnhofstr. 27
67305 Neustadt
Tel. 0978/659823
Neustadt, den 18. 1. 2001

Elektro GmbH
Personalabteilung
Postfach 4321
67305 Neustadt

**Bewerbung um einen Ausbildungsplatz als EDV-Technikerin**

Sehr geehrte Damen, sehr geehrte Herren,

beim Arbeitsamt hat man mir gesagt, daß Ihre Firma auch in diesem Jahr Auszubildende einstellt. Ich möchte mich deshalb bei Ihnen um einen Ausbildungsplatz als EDV-Technikerin bewerben.

Zur Zeit besuche ich die Thomas-Meyer-Realschule und werde sie im Juni dieses Jahres mit dem Realschulabschluß verlassen.

Ich interessiere mich besonders für einen elektrotechnischen Beruf. Ich habe mein Berufspraktikum bei der Nielsen GmbH gemacht und habe dort erfahren, welche Arbeiten eine EDV-Technikerin erledigt. Ich habe mich auch bei der Berufsberatung darüber informiert.

Ich würde mich darüber freuen, wenn Sie mich zu einem Vorstellungsgespräch einladen würden.

Anbei sende ich Ihnen meinen Lebenslauf, eine Kopie des letzten Schulzeugnisses und ein Paßfoto.

Mit freundlichen Grüßen

*Stefanie Frommann*

Stefanie Frommann

## Lebenslauf

| | |
|---|---|
| **Name:** | Stefanie Frommann |
| **Adresse:** | Bahnhofstr. 27, 67305 Neustadt |
| **Geburtsdatum:** | 16. November, 1984 |
| **Geburtsort:** | Neustadt |
| **Vater:** | Gotthard Frommann, Künstler |
| **Mutter:** | Inken Frommann, Industriekauffrau |
| **Geschwister:** | Eine jüngere Schwester |
| **Schulbildung:** | ab 1995 Thomas-Meyer-Realschule, Neustadt |
| **Berufspraktikum:** | bei Nielsen GmbH (Neustadt) |
| **Kurse:** | EDV-Kurs an der Volkshochschule |
| **Schwerpunktfächer:** | Englisch und Mathematik |
| **Hobbys:** | Lesen, Sport (Bogenschießen, Volleyball) |

## 2 Alles klar?

Lies den Brief noch einmal und beantworte folgende Fragen.

**Beispiel**

1 Sie hat das beim Arbeitsamt gelernt.

1 Woher weiß Stefanie, daß die Firma Auszubildende einstellt?
2 Worum bewirbt sich Stefanie?
3 Wann wird sie die Schule verlassen?
4 Mit welchem Schulabschluß wird sie die Schule verlassen?
5 Wofür interessiert sich Stefanie besonders?
6 Hat sie schon Erfahrungen im elektrotechnischen Bereich gemacht?
7 Wie hat sie weitere Informationen bekommen?
8 Worüber würde sie sich freuen?

**Achtung!**
**Reflexivverben mit Präpositionen + Pronomen**

Ich bewerbe mich **darum**.
Ich interessiere mich **dafür**.
Ich freue mich **darüber**.
Ich informiere mich **darüber**.

### Lerntip

**Reflexivverben mit Präpositionen (Akkusativ)**

| | | |
|---|---|---|
| sich bewerben | -> Ich bewerbe mich **um** | den/einen Ausbildungsplatz. |
| sich interessieren | -> Ich interessiere mich **für** | die/eine Firma. |
| sich freuen | -> Ich freue mich **über** | das/ein Vorstellungsgespräch. |
| sich informieren | -> Ich informiere mich **über** | die Möglichkeiten. |

Siehe Grammatik, 2.3

## 3 Das Vorstellungsgespräch

Katharina, Björg, Heidi, Stefan und Zehra haben sich um eine Stelle beworben. Hör gut zu und beantworte folgende Fragen für jede Person:

a) Hat er/sie den Schulabschluß? (Ja/Nein.)
b) Hat er/sie ein Berufspraktikum gemacht? (Ja/Nein.)
c) Hat er/sie einen guten Brief geschrieben? (Ja/Nein.)
d) Bekommt er/sie eine Einladung zum Vorstellungsgespräch? (Ja/Nein.)

**Beispiel**

**Katharina: a)** Ja, **b)** ...

## 4 Noch etwas!

Hör noch einmal zu. Mach dir Notizen zu den Themen ‚Schulabschluß' und ‚Berufspraktikum'.

**Beispiel**

| | Schulabschluß | Berufspraktikum |
|---|---|---|
| Katharina | Realschulabschluß | im elektrotechnischen Bereich |

## 5 Ein Traumberuf

Wähl einen Traumberuf aus und schreib einen Bewerbungsbrief dafür. Der Brief und die Kästchen auf Seite 122 helfen dir dabei. Erwähne:

- warum du dich bewirbst
- deinen Schulabschluß
- dein Berufspraktikum
- wie du dich über die Stelle informiert hast.

## Werbung in eigener Sache

LEHR
STELLE
BEI
LINTAG
GESUCHT

‚Was mache ich nach dem Abitur?' Diese Frage war für Christian von Freeden (22) klar: Der Hamburger hatte einen genauen Plan. Er wollte Werbekaufmann werden. Nicht irgendwo, sondern bei einer ganz bestimmten Agentur.

Doch welcher Weg führt zum Erfolg? Christian hatte eine Idee. Er mietete einen Platz auf einer Litfaßsäule. Die stand der Agentur genau gegenüber. Auf die Litfaßsäule klebte er ein großes buntes Bewerbungsplakat mit den Wörtern ‚LEHRSTELLE BEI LINTAG GESUCHT' und seiner Telefonnummer darauf.

Der Erfolg ließ nicht lange auf sich warten. Schon nach wenigen Stunden klingelte das Telefon. Der Personalchef bat den jungen Mann zum Gespräch. Auch darin bewies Christian, daß er Eigenwerbung beherrscht. Nach wenigen Tagen hatte er den Ausbildungsplatz.

# Wehrdienst in der Bundesrepublik Deutschland

Was wirst du mit 18 Jahren machen? Einen Ausbildungsplatz suchen? Auf die Uni gehen? In Deutschland geht das nicht so einfach ... zumindest nicht für die Jungs. In der Bundesrepublik müssen alle Männer ab 18 Jahren Wehrdienst leisten. (Frauen ist der Dienst mit der Waffe verboten.) Der Wehrdienst dauert 12 Monate. Man bekommt bei der Bundeswehr eine dreimonatige Grundausbildung und wird dann in eine bestimmte Einheit versetzt.

Alternativ zum Wehrdienst kann man sich für zehn Jahre bei der Feuerwehr oder beim Roten Kreuz verpflichten. Wenn man den Dienst in der Bundeswehr aus Gewissensgründen ablehnt, kann man auch Zivildienst leisten.

Immer mehr junge Männer wollen Zivildienst statt Militärdienst leisten. (Frauen müssen weder Militärdienst noch Zivildienst leisten.) Die Experten streiten sich über die Ursachen dieses Trends. Am Zivildienst selbst liegt es wahrscheinlich nicht. Er dauert drei Monate länger als der Militärdienst.

Auch die Arbeit gefällt nicht jedem: zum Beispiel kranke und alte Menschen versorgen, Behinderte betreuen oder Essen für Arme ausfahren. Die Zivildienstleistenden (‚Zivis' genannt) müssen sich ihre Zivildienststelle selbst suchen, und sie erhalten keine Ausbildung für ihre Arbeit. Doch in der Öffentlichkeit gelten die ‚Zivis' oft als Drückeberger.

Trotzdem steigt die Zahl der ‚Zivis'. Vielleicht sind es Bilder von Kriegen, die wir täglich im Fernsehen erleben. Die Jugendlichen stellen die Bundeswehr mehr und mehr in Frage und erachten karitative Arbeit als nützlicher als der Wehrdienst.

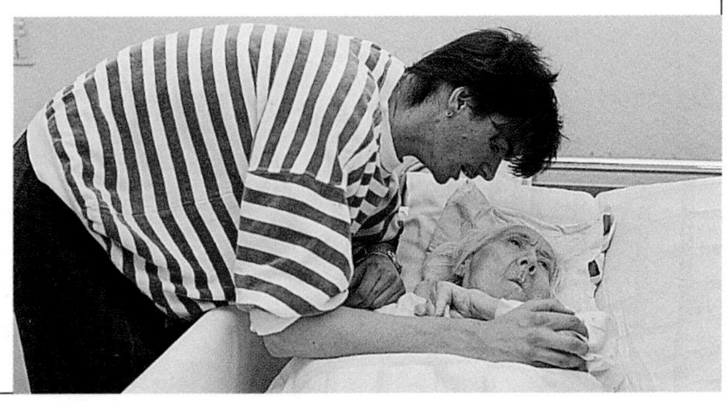

# Jung, dynamisch, erfolglos? –

## JUGENDLICHE UND ARBEITSLOSIGKEIT

Im Saarland sind 12,4 Prozent der unter 25jährigen arbeitslos. Warum? Im Prinzip gibt es auf dem Arbeitsmarkt immer noch genügend Ausbildungsplätze – nur gibt es häufig Plätze für Berufe, die keiner ergreifen will, wie beispielsweise Fleischer, Bäcker, Köche ... Dagegen wollen sehr viele Jugendliche ins Bankgewerbe. Aber gerade dort sollen in den nächsten zehn Jahren 100.000 Stellen abgebaut werden.
**Jochen Nußbaum, Berufsberater**

Viele Jugendliche haben noch nicht kapiert, wie schwierig es geworden ist, eine Stelle oder einen Ausbildungsplatz zu bekommen. Wenn mir einer seine Bewerbung zeigt und da ein Schreibfehler drin ist, fragt er: ‚Muß ich das wirklich korrigieren?‘. Und nicht nur Hauptschüler denken so – auch Abiturienten.
**Christa Kellmann, Berufsberaterin**

Langzeitarbeitslose verlieren an Motivation. Je länger es dauert, desto weniger kann man sich vorstellen, früh aufzustehen oder eine Ausbildung zu machen. Einige arbeitslose Jugendliche kommen schnell auf die schiefe Bahn: Alkohol, Drogen, Diebstahl. Damit sind ihre Chancen auf dem Arbeitsmarkt praktisch gleich null.
**Janine Borchert, Lehrerin am Ausbildungszentrum, Auerbach**

## Klodeckel = Kunstwerk

Der 33jährige Uwe aus München hat einen neuen Beruf erfunden: ‚Klodeckeldesigner‘. Seine Klodeckel sind Kunstwerke aus Acryl, die ganz unerwartete Sachen enthalten: Gummibärchen, kleine Stofftiere, alles Mögliche ... In einigen Hotels können sich jetzt frisch Verheiratete auf Rosen setzen. In einer Firma setzen sich jetzt Manager im Zeitstreß auf einen Klodeckel mit eingebauter Uhr.
*Was für Sachen würdest du in einen Klodeckel einsetzen?*



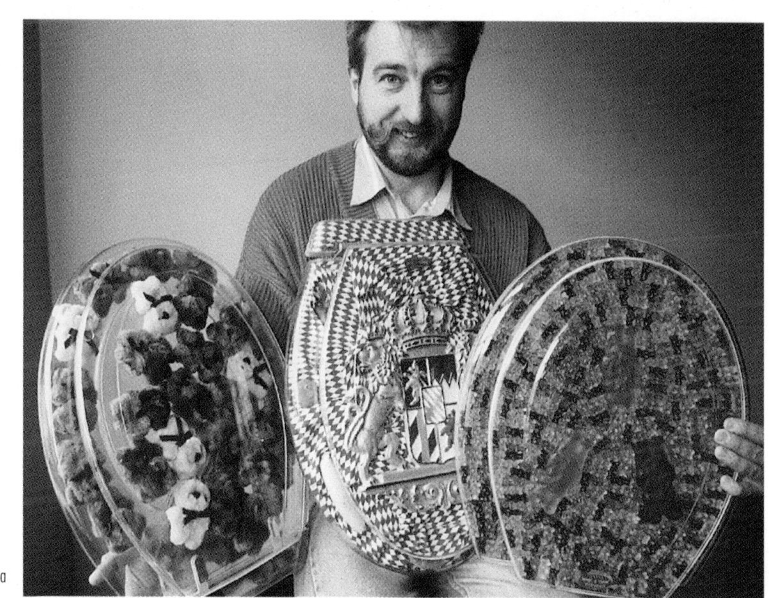

# 1 Streß bei der Arbeit

Manche Auszubildende übernehmen schnell viel Verantwortung. Das kann manchmal stressig sein. Hör gut zu und sieh dir die Fotogeschichte an.

1
Martina, ich habe jetzt eine Besprechung mit dem Direktor der Firma. Sie kommen bestimmt alleine klar!
Hilfe!
Piiiiiiip!
Piiiiiiip!
Drrrrrrr!

2
Hier Frau Lockweiler. Ich will mich beschweren! Sie sollten mir vor drei Tagen eine Preisliste zugeschickt haben. Wo ist sie?
Ich, äh ... Ich weiß es nicht. Meine Chefin ist ... äh ... Moment mal. Bitte nicht auflegen. Nicht auflegen.
Hilfe!
Piiiiiiip!
Drrrrrrr!

**TIP: Gerate nicht in Panik!**

3
Ich will mich beschweren! Wir haben gerade zehn Computerterminals von Ihnen erhalten, und keins funktioniert. Sie müssen die Terminals sofort kostenlos ersetzen. Sonst zahlen wir nicht.
Wie bitte? Haben Sie die Gebrauchsanweisung nicht gelesen? Lesen Sie zuerst die Gebrauchsanweisung und dann rufen Sie uns zurück und entschuldigen Sie sich! Wir sind bis sechs Uhr zu erreichen. Auf Wiederhören.
Piiiiiiip!
Drrrrrrr!

**TIP: Reagiere nicht arrogant!**

4
Ich will mich beschweren! Wir warten seit drei Wochen auf Ihre Bezahlung! Verbinden Sie mich sofort mit Ihrem Chef.
Leider ist meine Chefin in Südamerika. Aber machen Sie sich bitte keine Sorgen. Wir haben das Geld am achtzehnten abgeschickt. Es ist wahrscheinlich schon heute auf Ihrem Konto.
Piiiiiiip!
Drrrrrrr!

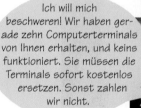

**TIP: Lüg nicht!**

5
Ich will mich beschweren! Sie haben vor sechs Monaten 20 Computerterminals bei uns installiert. Jetzt ist das ganze System außer Betrieb!
Das tut mir leid. Leider ist meine Chefin momentan nicht hier. Geben Sie mir bitte Ihren Namen, Ihre Telefonnummer und Ihre Kontonummer oder Ihre Bestellnummer und ich richte meine Chefin sofort aus, daß Sie ein Problem haben. Sie ruft Sie bestimmt sofort zurück.
Piiiiiiip!
Drrrrrrr!

**TIP: Hab Verständnis für den Kunden.**

6
Guten Tag. Hier ist unser Anrufbeantworter. Sprechen Sie bitte nach dem Ton.
Ich will mich beschweren!
Piiiiiiip!
Drrrrrrr!

**TIP: Wenn die ersten vier Tips dir nicht helfen, sei kreativ. Und dann hol deinen Chef oder deine Chefin.**

## Lerntip

**Formelle und informelle Sprache**

| **Sie** | **du** |
|---|---|
| **Sie** kommen alleine klar | **du** kommst alleine klar |
| er ruft **Sie** zurück | er ruft **dich** zurück |
| machen **Sie** sich keine Sorgen | mach **dir** keine Sorgen |
| **Ihre** Telefonnummer | **deine** Telefonnummer |

Siehe Grammatik, 1

*aggressiv*
**Bezahlung**
*diplomatische*
**Hardware**
helfen
unzufrieden
**Kontonummer**
lügt
Panik
**treffen**
*Verantwortung*

## 2 Analyse

Lies die Fotogeschichte und füll die Lücken unten aus. Benutz die Wörter im Kästchen. Paß auf! Zwei Wörter brauchst du nicht.

**Beispiel**

1 Verantwortung

In dieser Situation muß Martina die ...(1)... für das Büro übernehmen. Die erste Kundin ist sehr ...(2)..., weil sie keine Preisliste erhalten hat. Martinas Reaktion ist ...(3)... . Sie kann der Kundin überhaupt nicht ...(4)... .
Als ein zweiter Kunde sich über die ...(5)... beschwert, reagiert Martina ...(6)... .
Der dritte Kunde wartet immer noch auf seine ...(7)... . Leider ist Martinas Reaktion in dieser Situation sehr dumm – sie ...(8)... .
Als die vierte Kundin anruft, hat Martina ihre Panik unter Kontrolle und sie gibt eine ...(9)... Antwort. Hier macht sie es richtig.

## 3 Logisch?

Hör gut zu. Sind die Antworten logisch oder unlogisch?

**Beispiel**

1 unlogisch

## 4 Telefonieren

Übt den Dialog unten zu zweit. Dann wählt einen Umgangston (arrogant, sauer, hilflos oder diplomatisch) und macht neue Dialoge mit Hilfe der Wörter in den Kästchen.

**Beispiel**

A: Hier ist Frau/Herr Grasdorf von Infosystems. Wir möchten ...

**A:** Hier ist Frau/Herr Grasdorf von Infosystems. **Ich will mich beschweren.** Kann ich bitte mit Frau/Herrn Hesselbein sprechen?
**B:** Moment bitte. **Ich verbinde.** ... Es tut mir leid. Sie/Er ist **momentan nicht da.** Kann ich etwas ausrichten?
**A:** Richten Sie ihr/ihm bitte aus, daß alles außer Betrieb ist.
**B:** Das mache ich. Soll sie/er Sie zurückrufen?
**A:** Ja. Ich bin im Büro zu erreichen. Auf Wiederhören.
**B:** Auf Wiederhören.

Wir warten noch auf unsere Bezahlung.
Ich bin mit Ihrem Service sehr zufrieden.
Wir möchten 500 Computer bestellen.

Bleiben Sie dran.
Legen Sie nicht auf.
Ich weiß nicht, ob er/sie da ist.

bis Freitag in Japan
beim Direktor
im Augenblick nicht im Büro

Kann ich Ihnen helfen?
Möchten Sie es später noch einmal versuchen?

unter der Nummer 01325 74823
in Hannover
bis sieben Uhr

Ihre Produkte sehr gut funktionieren.
Ihre Gebrauchsanweisungen total blöd sind.
wir immer noch auf unser Geld warten.
ich sie/ihn treffen möchte.

## 1 Realistische Berufsziele?

Lies den Artikel aus KLARO-Magazin und schlag unbekannte Wörter im Wörterbuch nach.

*In Deutschland haben nur 11% der Männer und 2% der Frauen ihren Traumberuf ergriffen. Anscheinend ist es einfacher, realistiche Ziele zu erreichen, als Träume zu verwirklichen. Sollten wir also unsere Träume aufgeben? Das hat KLARO gefragt.*

Das Leben ist hart. Wenn man arbeiten will, muß man realistische Ziele haben. Der Arbeitsmarkt verlangt einen guten Schulabschluß und eine gute Ausbildung oder ein abgeschlossenes Studium. Es nervt mich, wenn meine Klassenkameraden sagen: ‚Ich will Schriftstellerin werden' oder ‚Ich will Modedesigner werden'. Sie haben absolut keine Chance. Und weil sie ständig von unrealistischen Berufen träumen, konzentrieren sie sich zu wenig auf die Schule. Und wenn sie dann den Schulabschluß nicht schaffen, können sie sich für nichts bewerben. Es gibt sowieso zu viele arbeitslose Träumer in der Welt.
Jochen, 16 Jahre, Berlin

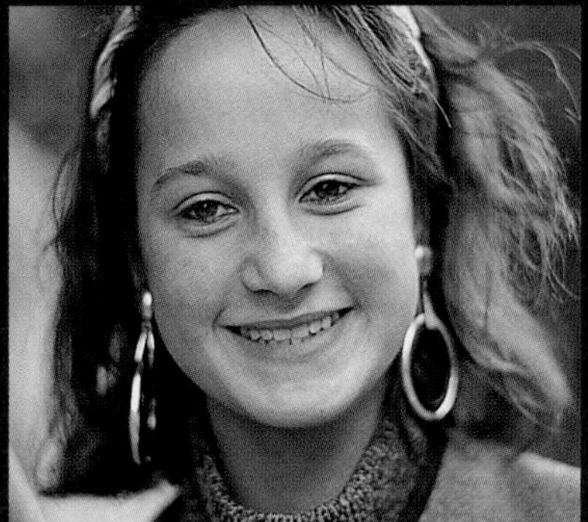

Wenn mir jemand sagt: ‚Ich will Künstlerin oder Naturwissenschaftlerin werden', finde ich das eigentlich ganz in Ordnung. Es ist wichtig zu träumen. Aber man muß auch eine Ahnung davon haben, was man machen könnte, wenn das alles nicht klappt. Vielleicht hört sich das ein bißchen langweilig an, aber wir können nicht alle Raumfahrer werden. Ich persönlich möchte gern Schauspielerin werden, aber wenn das nicht hinhaut, weiß ich, daß ich ein gutes Schulzeugnis habe und daß ich mich für ein Studium bewerben kann.
Fatma, 16 Jahre, Frankfurt an der Oder

Ich will bei einem internationalen Orchester spielen. Man darf nie aufhören, den großen Traum zu träumen. Vielleicht schafft man es nicht, den Traum zu verwirklichen, aber man kann nachher immer sagen: ‚Ich habe es versucht'. Es ist viel zu einfach zu sagen: ‚Wenn ich die Wahl hätte, würde ich Musiker bei der Berliner Philharmonie werden, aber ich weiß, daß es nur ein Traum ist. Also bewerbe ich mich um einen Ausbildungsplatz bei *Volkswagen*.' Wenn alle so denken würden, hätten wir bald überhaupt keine Musiker, keine Künstler, keine Fußballprofis, nichts. Nur Büro- und Fabrikarbeiter. Stellt euch das mal vor.
Hubert, 16 Jahre, Goisern

## 2 Wer meint das?

Lies den Artikel noch einmal. Wer meint das?

**Beispiel**

1 Jochen

1 Wenn man einen Beruf möchte, sollte man ein realistisches Ziel haben.
2 Wenn niemand seinen Traumberuf ergreifen würde, wäre die Welt sehr langweilig.
3 Wenn ich meinen Traum nicht verwirkliche, ist es nicht so schlimm.
4 Wenn man unrealistische Träume hat, leistet man weniger in der Schule.
5 Wenn man keine Qualifikationen hat, bekommt man wahrscheinlich keinen Job.
6 Wenn man Träume hat, muß man aber auch eine realistische Alternative haben.
7 Wenn es nicht klappt, hat man es wenigstens versucht.

## 3 Wie findest du sie?

Wie würdest du Jochen, Fatma und Hubert beschreiben? Schreib drei oder vier Sätze über jede Person.

**Beispiel**

Einerseits finde ich Jochen ein bißchen pessimistisch. Andererseits …

| | | | | |
|---|---|---|---|---|
| Einerseits<br>Andererseits<br>Dazu<br>Dagegen | finde ich | [Name]<br>ihn<br>sie | ziemlich<br>relativ<br>(nicht) sehr<br>unheimlich<br>(nicht) besonders<br>ein bißchen<br>wirklich (nicht)<br>(nicht) zu<br>echt | realistisch.<br>idealistisch.<br>vernünftig.<br>langweilig.<br>ehrgeizig.<br>zielbewußt.<br>ausgeglichen.<br>egoistisch.<br>pessimistisch. |
| | ist | [Name]<br>er<br>sie | | |

*ausgeglichener*
**egoistisch**
*ehrgeizig*
idealistischer
langweiliger
pessimistisch
realistischer
***vernünftig***
zielbewußter

## 4 Vergleiche

Jochen, Fatma und Hubert reden über einander. Lies die Sätze, hör gut zu und füll die Lücken mit Wörtern aus der Liste aus.

**Beispiel**

1 ausgeglichener

Ich bin ...(1)... als die zwei Jungs, aber ich bin bestimmt ...(2)... als Jochen.

**Fatma**

Ich bin viel ...(3)... als Jochen, aber ich bin nicht so ...(4)... wie Fatma.

**Hubert**

Ich bin nicht so ...(5)... wie Hubert, aber ich bin ....(6)... als die beiden.

**Jochen**

### Lerntip

**Wenn**

**Hauptsatz**
Man muß realistische Ziele haben,

**Nebensatz**
**wenn** man arbeiten will.

*ODER*

**Nebensatz**
**Wenn** man arbeiten will,

**Hauptsatz**
muß man realistische Ziele haben.

Siehe Grammatik, 4.1

## 5 Find' ich auch

Lies den Artikel auf Seite 128 noch einmal. Schreib die Meinungen auf, mit denen du übereinstimmst und mit denen du nicht übereinstimmst.

**Beispiel**

| Finde ich auch! | Quatsch! |
|---|---|
| Es ist wichtig zu träumen. | Das Leben ist hart. |

## 6 Was meinst du?

Schreib deine Meinung zu diesem Thema. Erwähne auch, was deine Eltern/deine Schulkameraden und deine Lehrer/innen meinen.

**Beispiel**

Man muß ziemlich realistisch sein …

## 7 Präsentation

Schreib ein paar Kernpunkte aus deinem Artikel auf und mach eine Präsentation.

# Prüfungstraining

## 1 Hören

Katjas Chef erklärt ihr, was sie heute machen muß. Hör zu, sieh dir die Bilder an und ordne sie.

**Beispiel**

d, ...

a
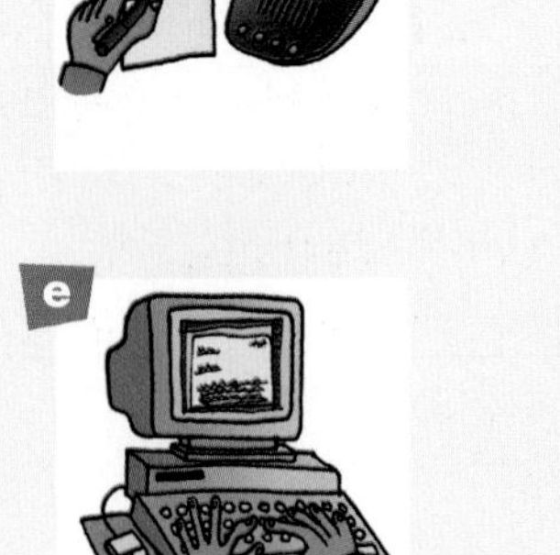

b

c

Telefax

d

e

f

## 2 Sprechen

*You work at Spendax Ltd. Your boss gives you this memo with the details on and asks you to phone Frau Reuth at Rotpunkt Computer Systems, Düsseldorf.*

- Sag, wer du bist und wo du arbeitest.
- Erklär das Problem.
- Erklär, wie wichtig die Computerterminals für dich sind.
- Bestehe darauf, daß Frau Reuth das Problem löst.
- Verlange, daß sie zurückruft.

· MEMO ·

We want to complain.

The computer terminals have arrived but they don't work.

We need them for our work.

Find out what they will do about it. Insist on action.

Ask them to call you back within thirty minutes.

## 3 Lesen

Unglaublich! 79% von allen, die einen Beruf haben, sind mit ihrer Arbeit zufrieden. Das ergab eine Umfrage der Zeitschrift ‚JUFO'. Lies die Statistik.

11% der Männer und 2% der Frauen haben ihren Traumberuf ergriffen. Als Traumberuf nannten junge Männer am häufigsten Naturwissenschaftler (15%), Ingenieur oder Manager (8%) und junge Frauen Künstlerin (17%) und Modedesignerin (7%). Einerseits ist es anscheinend für die Männer einfacher, ihre Berufsträume zu verwirklichen, andererseits sind ihre Träume vielleicht nicht so ausgefallen wie die der Frauen.

Und wo möchten sie arbeiten? Am liebsten beim Staat (29%). Das ist für viele der sicherste Arbeitgeber. Aber gleich danach kommt die Fluggesellschaft *Lufthansa* (18%), die Medien (16%) und (vor allem bei den Männern) der Elektrokonzern *Siemens* (10%) und die Autofirma *Daimler-Benz* (9%).

Konkrete Wünsche gibt es auch bei der Arbeitszeit. 75% wollen Teilzeitarbeit. Und 42% wünschen sich mehr Urlaub. Wieso denn nur 42%? *Das* finde ich wirklich unglaublich!

Füll die Lücken aus. Schreib jeweils eine Zahl auf.

1 __9__ % wollen eine Karriere in der Kfz-Produktion.

2 ____ % wollen bei der Presse, beim Rundfunk oder beim Fernsehen arbeiten.

3 ____ % wollen längere Ferien.

4 ____ % wollen einen Arbeitsplatz beim sichersten Arbeitgeber.

5 ____ % haben eine akzeptable Berufswahl getroffen.

6 ____ % wollen nicht Vollzeit arbeiten.

## 4 Schreiben

> Gesucht: Kellner/innen für August.
> Schüler/in od. Student/in 16+ Jahre.
> Bewerbung mit Foto an: Herrn Glocke,
> Hotel Maifelder, Maifelderplatz 27-29.
> Unzmarkt, Österreich.

Du hast diese Anzeige gelesen und möchtest dich um den Job bewerben. Schreib einen Brief an Herrn Glocke.

Gib Informationen über:
- deine Deutschkenntnisse
- die Dauer deiner Ferien
- deine Berufserfahrung
- dein Berufspraktikum.

Sag,:
- warum diese Stelle dich interessiert.
- welches Studium/welche Ausbildung dich interessiert.
- wann du anfangen kannst und wie viele Wochen du frei hast.

Frag,:
- wie viele Stunden du pro Tag arbeiten mußt.
- wieviel du verdienen wirst.
- ob du eine Unterkunft bekommst.

# Selbstlernkassetten

## 1 Aussprache

Hör gut zu und wiederhole.

*Arbeitstherapie,*
*EDV-Technikerin,*
*Vaterschaftsurlaub,*
*Verkaufserfahrung,*
*Vorstellungsgespräch,*
*Verdienstmöglichkeiten,*
*Textverarbeitungskenntnisse.*

## 2 Seifenoper

Hör dir die neunte Episode der Serie an.

# Zusammenfassung

## Themen

| | | Seite | Vokabeln |
|---|---|---|---|
| 1 | Stellenanzeigen | 120-121 | AB 151 |
| 2 | Bewerbungen | 122-123 | AB 155 |
| 3 | Im Büro | 126-127 | AB 160 |
| 4 | Realistische Berufsziele | 128-129 | AB 163 |

## Grammatik

| | Seite | Arbeitsblatt | Grammatik |
|---|---|---|---|
| Reflexivverben mit Präpositionen (Akkusativ) | 123 | 154 | 2.3 |
| Formelle und informelle Sprache (*Sie/du*) | 126 | 159 | 1 |
| *wenn* | 129 | 162 | 4.1 |

## Besonderes

| | Seite | Arbeitsblatt |
|---|---|---|
| Lesepause | 124-125 | 156 |
| Prüfungstraining | 130-131 | – |
| Extra | 159 | – |

# 10 Themen ohne Grenzen

**LERNPUNKTE**

- **Thema 1: Globale Probleme**
  Was ist das größte Problem?
- **Thema 2: Die Umwelt**
  Wie grün bist du?
- **Thema 3: Hoffnungen**
  Geld oder Leben?
- **Thema 4: Nachrichten**
  Kurioses aus aller Welt

## 1 Globale Probleme

Einige Jugendliche beantworten die Frage: ‚Was sind die größten globalen Probleme?' Lies ihre Briefe an JUFO-Magazin und schlag unbekannte Wörter nach.

Es gibt viele Sachen, die mich beunruhigen: Kriege, die Dritte Welt, AIDS ... In den Sommerferien bin ich zu meiner Tante nach Köln gefahren und dort habe ich freiwillig in ihrem Dritte-Welt-Laden gearbeitet. Das Geld geht nicht an Zwischenhändler, sondern an die Menschen, die diese Produkte herstellen. Ich versuche auch, die Umwelt zu respektieren. Meine Mitschüler haben den Bürgermeister in einem Brief gebeten, Container für Recycling im Pausenhof aufzustellen, und er hat dies gemacht.
**Jan, 15, Bad Salzdetfurth**

Unsere Schule hat einen Austausch mit einer Schule in Kenia. Letztes Jahr sind wir dort hingefahren und haben mitgeholfen, Projekte zum Schutz von Tierarten zu entwickeln. Es ist unglaublich, wie viele Tierarten man schon ausgerottet hat. In den letzten 24 Stunden ist eine Tierart irgendwo auf der Welt ausgestorben. Ich habe auch in Kenia erfahren, wie wenig die Industrieländer den Entwicklungsländern helfen. Das muß sich ändern.
**Elzbieta, 17, Himmelsthür**

Das AIDS-Risiko ist in den letzten Jahren auch gestiegen. Ich habe mir vorgenommen, nie eine HIV-Infektion zu riskieren und habe mich gut darüber informiert. Niemand weiß, wo dieser Virus hergekommen ist. Meine Mutter ist der Meinung, daß Wissenschaftler den Virus als Bio-Waffe entwickelt haben und daß er irgendwie aus dem Labor entkommen ist. Theorien hin oder her: niemand ist jetzt sicher vor diesem Virus.
**Marcel, 16, Sarstedt**

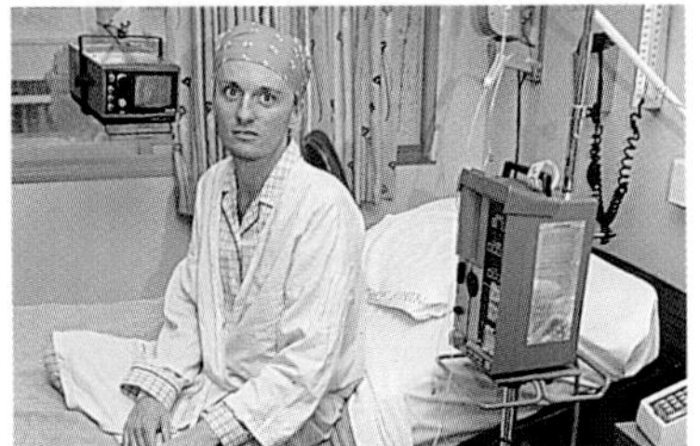

Es gibt so viele globale Probleme: die Arbeitslosigkeit, AIDS, die Dritte Welt, die Umwelt ... Letztes Jahr hat man in Deutschland vier Milliarden Getränkedosen weggeworfen. Das ist ja verrückt. In der Schule habe ich das Recyceln von Papier und Aludosen organisiert. Ich habe mich auch entschieden, Getränke nur in Mehrwegflaschen zu kaufen. Im Mai sind viele von uns nach Berlin gefahren, und wir haben gegen das Abholzen des Regenwaldes demonstriert.
**Ramona, 15, Holle**

## 2 Alles klar?

Lies die Briefe noch einmal und beantworte folgende Fragen.

**Beispiel**

1 Er ist zu seiner Tante nach Köln gefahren.

1. Wohin ist Jan in den Sommerferien gefahren?
2. Was hat er dort für die Entwicklungsländer gemacht?
3. Was hat der Bürgermeister für Jans Schule gemacht?
4. An welcher Aktion hat Elzbieta in Kenia teilgenommen?
5. Was hat sie in Kenia über die reichen Länder der Welt gelernt?
6. Was hat Marcel beschlossen?
7. Was hat er gemacht, um sich zu schützen?
8. Warum hat Ramona in der Schule eine Umweltaktion organisiert?
9. Was wird sie nicht mehr machen?
10. An welcher Protestaktion haben sie und ihre Freunde teilgenommen?

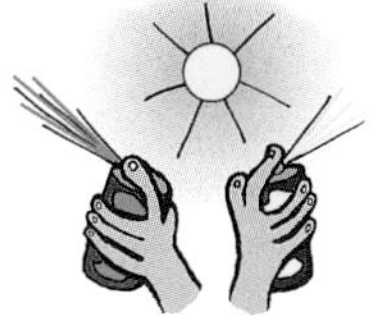
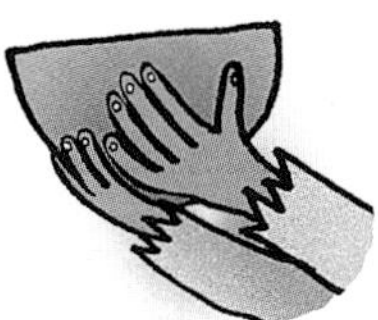

## 3 Interessierst du dich dafür?

Hör den sechs Teenagern gut zu und faß ihre Antworten zusammen. Benutz die Tabelle unten. Notiere dir jeweils die Buchstaben und schreib dann einen Satz.

**Beispiel**

1 *d, k:* Ich habe in der Schule viel über globale Probleme gelernt.

| | | |
|---|---|---|
| Ich habe | **a)** mir keine Gedanken darüber<br>**b)** in Büchern darüber<br>**c)** mit anderen Jugendlichen viel darüber<br>**d)** in der Schule viel über globale Probleme<br>**e)** an Protestaktionen gegen Waffen<br>**f)** Geld für karitative Zwecke | **g)** diskutiert.<br>**h)** teilgenommen.<br>**i)** gemacht.<br>**j)** gesammelt.<br>**k)** gelernt.<br>**l)** gelesen. |

### Lerntip

**Das Perfekt**

| **Hilfsverb (*haben*) an 2. Stelle** | **Partizip am Ende** | **Hilfsverb (*sein*) an 2. Stelle** | **Partizip am Ende** |
|---|---|---|---|
| ich habe | gemacht. | ich bin | |
| du hast | entwickelt. | du bist | |
| er/sie/es/(*usw.*) hat | organisiert. | er/sie/es/(*usw.*) ist | gefahren.* |
| wir haben | gebeten.* | wir sind | hergekommen.* |
| ihr habt | erfahren.* | ihr seid | ausgestorben.* |
| Sie haben | weggeworfen.* | Sie sind | |
| sie haben | | sie sind | |

* *unregelmäßige Verben*

Siehe Grammatik, 2.9, 2.10

## 4 Deine Meinung

Was meinst du zum Thema ‚globale Probleme'? Was für Erfahrungen hast du in diesem Bereich? Nimm die Briefe auf Seite 132 zu Hilfe und schreib einen Artikel.

**Beispiel**

Es gibt so viele globale Probleme, zum Beispiel die Dritte Welt. Ich habe in Erdkunde gelernt, wie wenig die Industrieländer den Entwicklungsländern helfen.

## 5 Präsentation

Schreib ein paar Schlüsselwörter aus deinem Artikel auf und mach eine Präsentation anhand deiner Notizen.

**Beispiel**

viele globale Probleme:

- Industrieländer/Dritte Welt
- Umwelt/Recycling
- AIDS-Risiko
- gefährdete Tiere

## 1 JUFO-Umfrage: Wie grün ist dein Zuhause?

Mit unserem Fragebogen kannst du feststellen, wie grün dein Zuhause ist.
Lies den Text und notiere jeweils deine Punktzahl. Dann lies die Auswertung unten.

soft
3-LAGIG
3-LAGIG
2-LAGIG

**1** *Benutzt deine Familie Klopapier, ...?*

**a)** das aus 100% Altpapier ist *[4 Punkte]*
**b)** das teilweise aus Altpapier ist *[2 Punkte]*
**c)** das kein Altpapier enthält *[0 Punkte]*

WEISSGLAS
WEISSGLAS

**2** *Sammelt ihr diese Sachen, um sie zu recyceln, oder kauft ihr sie überhaupt nicht?*

**a)** Gläser/Glasflaschen *[2 Punkte]*
**b)** Plastikabfälle/Plastiktüten *[2 Punkte]*
**c)** Zeitungen/Zeitschriften/Papier *[2 Punkte]*
**d)** Aluminium/Aludosen *[2 Punkte]*

**3** *Wie viele Küchengeräte habt ihr?*

**a)** 12 und mehr *[0 Punkte]*
**b)** fünf bis 11 *[2 Punkte]*
**c)** weniger als fünf *[6 Punkte]*

**4** *Wenn du als letzte Person das Zimmer verläßt, schaltest du das Licht aus?*

**a)** immer *[6 Punkte]*
**b)** oft *[2 Punkte]*
**c)** nie *[0 Punkte]*

**5** *Was für Deodorants benutzt ihr?*

**a)** Spray *[0 Punkte]*
**b)** Roll-on oder Stift *[2 Punkte]*
**c)** Deodorant mit Pumpmechanismus *[4 Punkte]*

**6** *Tankt ihr ...?*

**a)** bleifrei *[2 Punkte]*
**b)** bleihaltiges Benzin oder Diesel *[0 Punkte]*
**c)** überhaupt nicht, da ihr kein Auto habt *[6 Punkte]*

**7** *Ein Freund wohnt zwei Kilometer von euch entfernt. Wie kommst du dahin?*

**a)** Du machst das zu Fuß oder mit dem Fahrrad. *[6 Punkte]*
**b)** Du fragst jemanden, ob er/sie dich mit dem Auto hinbringen kann. *[0 Punkte]*
**c)** Du fährst mit dem Bus, der Straßenbahn oder der U-Bahn. *[2 Punkte]*

**AUSWERTUNG**

| | |
|---|---|
| 0–6 Punkte | O je! Deine Familie hat noch viel zu tun. |
| 8–14 Punkte | Nicht schlecht, aber ihr könntet bestimmt mehr tun. |
| 16–26 Punkte | Gut. Deine Familie ist schon ziemlich grün. |
| 28–40 Punkte | Ihr seid eine vorbildliche Familie! |

## 2 Jan-Hendrik und Martin

Jan-Hendrik macht die JUFO-Umfrage auf Seite 134 mit Martin. Hör zu. Wie sind Martins Antworten?

**Beispiel**

1a

## 3 Was paßt zusammen?

Schreib sieben vernünftige Sätze.

**Beispiel**

1 *Ich fahre oft mit dem Rad und halte mich dabei auch in Form.*

| | | |
|---|---|---|
| 1 | Ich fahre oft mit dem Rad | weil sie oft FCKW enthalten. |
| 2 | Meine Eltern tanken bleifrei, | obwohl es ein bißchen grau aussieht. |
| 3 | Wir recyceln Plastikflaschen, | und halte mich dabei auch in Form. |
| 4 | Wir benutzen keine Spraydeodorants, | obwohl wir mit dem Auto da hinfahren müssen. |
| 5 | Wir lassen das Licht nie an, | aber wir fahren immer noch zuviel Auto. |
| 6 | Ich kaufe recyceltes Papier zum Schreiben, | aber es wäre besser, nur Mehrwegflaschen zu benutzen. |
| 7 | Wir bringen Altpapier zum Container, | weil man damit sowohl Geld als auch Strom spart. |

## 4 Wir müssen alle grüner sein!

Wie könnte deine Familie grüner sein? Schreib fünf bis zehn Vorschläge auf. Die Tabelle hilft dir dabei.

**Beispiel**

*Wir sollten öfter bleifrei tanken.*

| | | | | |
|---|---|---|---|---|
| Wir | könnten<br>sollten<br>müssen | nie<br>mehr<br>weniger<br>immer<br>keine<br>öfter | recyceltes Papier zum Schreiben<br>Neupapier<br>mit dem Auto<br>Einwegflaschen<br>Mehrwegflaschen<br>Glas<br>Plastiktüten mehrmals<br>umweltfreundliche Produkte<br>Aludosen<br>bleifrei | recyceln.<br>kaufen.<br>fahren.<br>tanken.<br>wegwerfen.<br>benutzen. |

## 5 Partnerarbeit

Stell deinem/deiner Partner/in folgende Fragen.

**Beispiel**

**A** Was für Benzin tanken deine Eltern?

**B** Sie tanken immer bleifrei.

1 Was für Benzin tanken deine Eltern?
2 Was für Deodorants benutzt du?
3 Was für Klopapier benutzt deine Familie?
4 Was für Papier kaufst du, wenn du einen Brief schreiben willst?
5 Was sammelt deine Familie fürs Recycling?
6 Wie oft fährst du mit dem Rad zur Schule?
7 Wie oft fährst du kleine Strecken (weniger als zwei Kilometer) mit dem Auto?
8 Wie oft läßt du das Licht an, wenn du als letzte/r aus dem Zimmer gehst?
9 Wie könntest du grüner sein?
10 Wie könnte deine Familie grüner sein?

# Lesepause 1

## HAST DU DAS GEWUSST?

Jeden Tag werfen die Japaner 32 Millionen Eßstäbchen weg. Die Eßstäbchen sind alle aus wertvollem Holz aus den Regenwäldern von Malaysia.

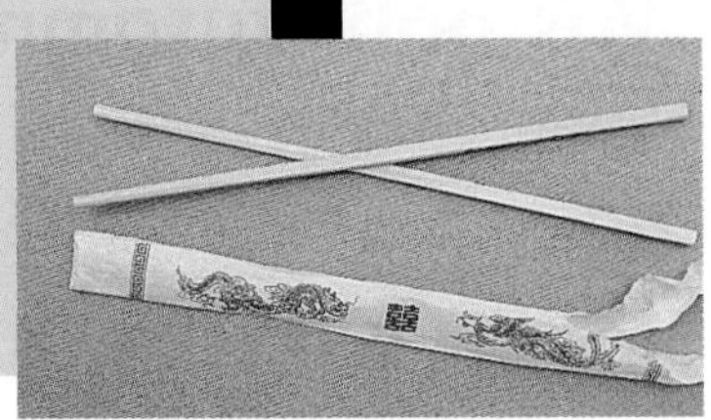

Neugebaute Häuser in Schweden sind zwei- bis dreimal besser isoliert als die in Deutschland.

Norwegen erzeugt seinen Strom zu 99% aus erneuerbarer Energie. In Deutschland liegt die Quote bei 6%.

Die Industrieländer erzeugen 80% des gesamten Kohlendioxids, obwohl dort nur 25% der Weltbevölkerung wohnen.

Jeden Tag produziert Deutschland so viel Müll, daß man damit den ganzen Alexanderplatz in Berlin bedecken könnte – fast bis zur Spitze des Fersehturms!

1953 hat man den letzten Lachs im Rhein gefangen.

Eine Durchschnittsfamilie in den Industrieländern verbraucht in der Woche ungefähr 2.300 Liter Wasser. 33% davon sind für die WC-Spülung.

Im Jahre 1965 gab es 50 Millionen Autos auf der ganzen Welt. Bald werden es über 1.000 Millionen sein.

Auf der Erde leben 20–50 Millionen Tierarten. Die Experten nehmen an, daß pro Tag eine Tierart ausstirbt.

Schweden hat über 4.000 Seen, in denen kein Fisch mehr schwimmt. Ursache: saurer Regen aus den Industrieländern Europas.

# Wir sind ein Teil der Erde

*Der Staat Washington im Nordwesten der USA war die Heimat der Duwanisch, eines Indianervolkes. Im Jahre 1855 wollte Franklin Pierce, der Präsident der USA, den Duwanisch das Land abkaufen. Die Indianer verstanden das nicht. Der Mensch ist ein Teil der Erde. Wie kann er sie also besitzen? Chief Seattle, der Häuptling der Duwanisch, antwortete Franklin Pierce mit einer langen Rede. Hier einige Auszüge ...*

‚... Wie kann man den Himmel kaufen oder die Wärme der Erde? Wenn wir die Frische der Luft und das Glitzern des Wassers nicht besitzen – wie könnt ihr sie von uns kaufen? ...

... Jede glitzernde Tannennadel, jeder sandige Strand, jeder Nebel in den dunklen Wäldern, jede Lichtung, jedes summende Insekt ist heilig in den Gedanken und Erfahrungen meines Volkes ...

CN

... Gott liebt euer Volk und hat seine roten Kinder verlassen. Er schickt Maschinen, um dem weißen Mann bei seiner Arbeit zu helfen und baut große Dörfer für ihn. Bald werdet ihr das Land überfluten, wie Flüsse nach einem unerwarteten Regen ...

... Wir wissen, daß der weiße Mann unsere Art nicht versteht. Er ist ein Fremder. Er kommt in der Nacht und nimmt von der Erde, was immer er braucht. Die Erde ist nicht sein Bruder, sondern sein Feind ...

... Ich bin ein Wilder und verstehe es nicht anders. Ich habe tausend verrottende Büffel gesehen, vom weißen Mann aus einem vorbeifahrenden Zug erschossen. Ich bin ein Wilder und kann nicht verstehen, wie das qualmende Eisenpferd wichtiger sein soll als der Büffel. Was ist der Mensch ohne die Tiere? ...

... Die Erde ist unsere Mutter. Die Erde gehört nicht dem Menschen, der Mensch gehört zur Erde. Alles ist miteinander verbunden, wie das Blut, das eine Familie vereint. Was die Erde befällt, befällt auch die Kinder der Erde ...'

Chief Seattle, 1855

# 1 Hoffnungen

Sechs Jugendliche beantworten die Frage: ‚Was wünschst du dir in der Zukunft?'
Lies den Artikel aus GAUDI-Magazin.

Claudia, 17 Jahre

Ich möchte um die Welt reisen und dort leben, wo es mir gefällt. Ich würde gern in einem Flugzeug wohnen. Ich habe das mal in Amerika gesehen. Mein Vater sagt mir ständig: ‚Das wirst du nie schaffen'. Er wird aber echt gaffen, wenn ich einziehe.

Mein größter Wunsch ist es, mein Studium gut zu beenden. Dann wünsche ich mir ein flottes Auto, ein großes Haus und viel Geld. Viele Menschen machen sich Sorgen um die Zukunft und die Umwelt und so. Ich nicht. Mir ist es egal, ob in hundert Jahren die Luft total verpestet ist. Ich werde sowieso schon tot sein.

Matthias, 19 Jahre

Danja, 16 Jahre

Ich möchte in Ruhe und Harmonie mit der ganzen Welt leben. Frei von allen Sorgen und Problemen der Gegenwart, zum Beispiel AIDS, Ausländerfeindlichkeit und Arbeitslosigkeit. Es ist ein großer Traum, der vielleicht nie in Erfüllung gehen wird, aber es bringt nichts, wenn man pessimistisch ist.

Meine größte Hoffnung ist der Erfolg des Songs ‚Nichts ohne Liebe', den ich bald aufnehmen werde. Man schreibt das Lied gerade für mich, und die Studioaufnahmen werden irgendwann in den kommenden Monaten stattfinden. Dann werdet ihr alle die CD kaufen, und ich werde berühmt sein!

Yvonne, 17 Jahre

Carsten, 18 Jahre

Ich träume von einem Leben ohne Krieg, ohne Krankheit und ohne Umweltverschmutzung. Ich möchte auch wissen, wie lange ich leben werde. Ich möchte bis zu einem bestimmten Alter leben und dann sagen: ‚Jetzt habe ich mein Leben gelebt. Danke und tschüß!' Ich glaube jedoch, wir werden nie den Zeitpunkt unseres Todes im voraus wissen können.

Es ärgert mich, daß die Industrieländer Waffen an die Dritte Welt verkaufen. Ich hoffe, daß wir irgendwann in einer Welt leben werden, in der kein Mensch mehr hungern muß. Sonst gibt es nichts, was ich mir wünsche.

Rainer, 17 Jahre

# 2 Weißt du das?

Beantworte folgende Fragen.

**Beispiel**

1 Sie möchte vielleicht in Amerika leben, weil sie gern in einem Flugzeug wohnen würde.

1 Warum möchte Claudia vielleicht in Amerika leben?
2 Was meint Claudias Vater zu ihren Träumen?
3 Warum macht sich Matthias keine Sorgen um die Welt in hundert Jahren?
4 Was ist Danjas Meinung über ihren Traum?
5 Was wird Yvonne in den kommenden Monaten machen?
6 Was möchte Carsten wissen?
7 Warum ist Rainer unzufrieden?

## 3 Eltern reden über ihre Kinder

Du hörst jetzt die Mutter oder den Vater von Claudia, Matthias, Danja, Yvonne, Carsten, und Rainer. Hör gut zu. Wer spricht jedesmal?

**Beispiel**

1 Carstens Vater

1 egoistisch
2 Das Leben ist ein Abenteuer.
3 fleißig
4 idealistisch
5 läßt sich nicht entmutigen
6 sensibel

## 4 Noch etwas!

Wie haben die Eltern ihre Kinder beschrieben? Lies die Beschreibungen in der Liste links und entscheide jeweils, wer das ist.
Dann hör noch einmal zu. Hast du recht?

**Beispiel**

1 Matthias

### Lerntip

**Die Zukunft**

| **werden an 2. Stelle** | **Infinitiv am Ende** |
|---|---|
| ich werde | |
| du wirst | leben. |
| er/sie/es/(*usw.*) wird | kaufen. |
| wir werden | schaffen. |
| ihr werdet | sein. |
| Sie werden | |
| sie werden | |

Siehe Grammatik, 2.8

## 5 Du auch?

Lies den Artikel ‚Hoffnungen' und schreib die Träume und Hoffnungen ab, mit denen du dich identifizieren kannst.

**Beispiel**

1 *Ich möchte um die Welt reisen.*

## 6 Umfrage

Lies den Artikel ‚Hoffnungen' und schreib zehn Fragen über Träume, Pläne und Hoffnungen auf, die man mit ‚ja' und ‚nein' beantworten kann. Dann mach eine Umfrage. Interviewe mindestens zehn Leute in der Klasse.

**Beispiel**

| | | | | | | | | | | |
|---|---|---|---|---|---|---|---|---|---|---|
| **1** Möchtest du gern in einem Flugzeug wohnen? | ✗ | ✗ | ✗ | ✓ | ✗ | ✓ | ✓ | ✗ | ✓ | ✗ |
| **2** Träumst du von einer Welt ohne Kriege? | ✓ | ✓ | ✓ | ✗ | ✓ | ✗ | ✓ | ✓ | ✓ | ✓ |

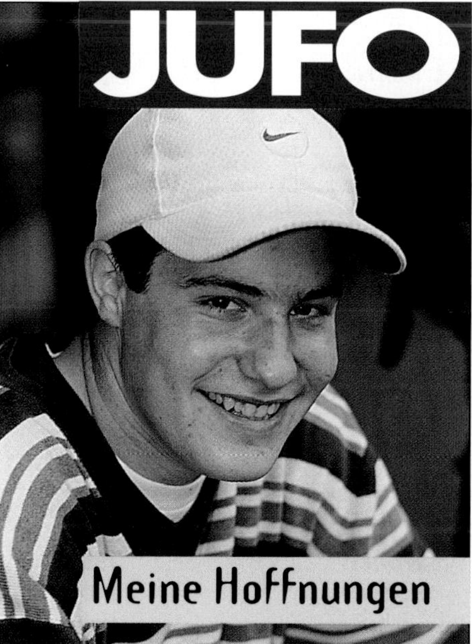
JUFO
Meine Hoffnungen

## 7 Meine Hoffnungen

Schreib einen Artikel für JUFO-Magazin. Schau dir die Sätze aus dem Artikel auf Seite 138 an, wenn du Hilfe brauchst.

**Beispiel**

*Meine größte Hoffnung ist ein Leben ohne Krieg, weil ...*
*Ich wünsche mir auch ... , obwohl ...*

# 1 Nachrichten aus aller Welt

Eine der folgenden Geschichten ist nicht wahr. Welche?

**A**

**Sydney, Australien** – Die 65jährige Flughafenanrainerin Nancy Clark konnte den ständigen Fluglärm nicht mehr ertragen. Sie ärgerte sich so sehr über den Lärm, daß sie sich an den Fluggästen rächte. Sie malte auf das Dach ihres Hauses in Riesenbuchstaben ‚WELCOME TO MELBOURNE'. Mit dieser Begrüßung setzte sie die Fluggäste im Landeanflug nun regelmäßig in Panik: Melbourne ist nämlich 800 Kilometer weit entfernt, und viele Passagiere glaubten, sie seien in die falsche Maschine eingestiegen.

WELCOME
TO

**B**

**Benin** – Ein Golfspieler im westafrikanischen Staat Benin vernichtete die gesamte Luftwaffe des Landes. Er traf mit seinem Golfball eine Möwe. Leider stürzte der Vogel auf die Cockpitscheibe eines Militärjets, der sich gerade in der Startphase befand. Dadurch erschrak der Pilot so sehr, daß er eine Notbremsung durchführte, die Kontrolle über die Maschine verlor und dabei die vier Jagdflugzeuge der Luftwaffe von Benin rammte. Diese gingen binnen weniger Minuten in Flammen auf. Gesamtschaden: 85 Millionen Mark.

**C**

**Dänemark** – Ein Auto-Klau-Boom löste eine Zeitschrift in Dänemark aus, nachdem sie 240.000 Werbebroschüren verteilt hatte. In der Broschüre befand sich ein Autoschlüssel mit dem Text: ‚Mit diesem Schlüssel können Sie vielleicht bald Ihr neues Auto starten.' Nur einer der 240.000 Schlüssel paßte bei einem neuen Auto, das die Zeitschrift verschenken wollte. Leider paßten jedoch alle 240.000 Schlüssel bei fast allen älteren Ford-Autos im Land. Die Zahl der Autodiebstähle stieg in den folgenden Tagen drastisch.

**D**

**Lüttich, Belgien** – Zwei Tierärzte, Paul van Klinken und Piet Verhoeven, hatten tierisch Pech. Sie mußten eine Kuh behandeln, die an Darmbeschwerden litt. Der eine Tierarzt führte ein Röhrchen ein, um die Darmgase herauszulassen. Dabei hielt der andere ein brennendes Streichholz ans Ende des Röhrchens. Leider explodierte das austretende Gas. In wenigen Sekunden brannte der ganze Bauernhof. Die Kuh starb.



## Lerntip

**Das Imperfekt (dritte Person)**

| | **Regelmäßige Verben** | **Modalverben** | **Unregelmäßige Verben** |
|---|---|---|---|
| | ***glauben*** | ***wollen*** | ***treffen*** |
| er/sie/es/(*usw.*) | glaubte | wollte | traf |
| sie | glaubten | wollten | trafen |

Siehe Grammatik, 2.12, 2.13

## 2 Richtig, falsch oder nicht im Text?

**Beispiel**
A1 Falsch

**A**
1 Nancy Clark malte den Namen ihrer Stadt aufs Dach.
2 Die Piloten gerieten im Landeanflug in Panik.
3 Es gab oft Panik unter den Passagieren.
4 Niemand war im falschen Flugzeug.

**B**
5 Der Golfspieler zerstörte fünf Flugzeuge.
6 Er traf ein Militärflugzeug mit seinem Golfball.
7 Der Pilot konnte nicht bremsen.
8 Die gerammten Flugzeuge fingen Feuer.

**C**
9 Ein Magazin verteilte 240.000 Schlüssel an Autodiebe.
10 Die Zeitschrift wollte einen Neuwagen verschenken.
11 Die Schlüssel paßten bei allen Autos in Dänemark.
12 Niemand gewann den Neuwagen.

**D**
13 Zwei Tierärzte litten an Darmbeschwerden.
14 Sie verursachten eine Explosion.
15 Der Bauernhof ging in Flammen auf.
16 Der Kuh geht's jetzt wieder gut.

## 3 Radiobericht

Im Radiobericht hörst du Informationen, die nicht in den Zeitungsartikeln stehen. Hör gut zu. Zu welchen Texten passen die neuen Informationen?

**Beispiel**
1C

brannte
erschraken
explodierten
gab
gingen
hatten
starb
konnte
malte
mußten
rammte
traf
stürzte
verlor
wurde

## 4 Kurioses aus Österrreich

Lies die zwei Berichte und füll die Lücken mit Verben aus dem Kästchen links aus. (Paß auf! Drei Verben bleiben übrig.) Dann hör zu. Hast du recht?

**Beispiel**
1 hatten

**Wien** – Zwei Polizisten ...(1)... Pech, als ein Papagei auf die Windschutzscheibe ihres Polizeiwagens ...(2)... Beide Polizisten ...(3)... so sehr, daß der Fahrer dabei die Kontrolle über das Auto ...(4)... und eine Imbißstube ...(5)... . Die Polizisten ...(6)... die Nacht im Krankenhaus verbringen.

**Salzburg** – Es ...(7)... einen Brand in der Stadtmitte, als zwei Computerterminals in der Kommerzbank ...(8)... . In wenigen Minuten ...(9)... die ganze Bank. Glücklicherweise ...(10)... niemand verletzt. Doch mehr als öS 1.000.000 in Bargeld und Reiseschecks im Wert von öS 500.000 ...(11)... in Flammen auf. Die Feurwehr ...(12)... leider nichts retten.

LOTTOGEWINNER WARF GELD AUS FLUGZEUG!

## 5 Du bist Journalist/in

Schreib die folgende Geschichte weiter. Benutz Ideen aus den Berichten oben und auf Seite 140 und füg womöglich eigene Ideen hinzu.

**Beispiel**
*Es gab Chaos in der Stadtmitte, als es Geld vom Himmel regnete. Ein Lottogewinner ...*

# Lesepause 2

## Eine kurze Geschichte der Zukunft

*Im Jahre 1965 erschien in Kalifornien der Bericht ‚P-2982' von Olaf Helmer und T.J. Gordon. Der Bericht enthielt detaillierte Vorhersagen über die Zukunft. Helmer und Gordon versuchten, die Welt in den Jahren 1984, 2000 und 2100 darzustellen. Welche ihrer Vorhersagen sind wirklich eingetreten?*

### BIS 1984...

Landwirtschaft in der Sahara-Wüste im Jahre 1984.

‚... Bis 1984 werden wir die Ernährung für die Weltbevölkerung von 4,3 Milliarden Einwohnern garantieren können. Dies wird durch die Bewässerung der Wüsten und durch die Automatisierung der Landwirtschaft erfolgen.

In der Medizin werden wir künstliche Organe herstellen und einpflanzen können.

Wir werden eine Forschungsstation auf dem Mond bauen.

Bemannte Raumschiffe werden an Mars und Venus vorbeifliegen. Doch werden Landungen erst gegen Ende des Jahrhunderts stattfinden ...'

### BIS 2000...

Forschungsstation auf dem Mars im Jahre 2000.

‚... Wir werden eine Weltbevölkerung von 5,1 Milliarden durch die automatisierte Ausbeutung der Ozeane sowie die Produktion von synthetischem Protein ernähren können.

Wir werden das Wetter kontrollieren können. Doch wird die Kontrolle des Wetters zu militärischen Zwecken nicht möglich sein.

Computer werden Aufgaben lösen, die einen hohen Intelligenzgrad verlangen.

Wir werden alle eine weltweit gültige Universalsprache sprechen.

Wir werden alle Formen von Bakterien- und Viruskrankheiten durch allgemeine Impfung beseitigen. Genetische Defekte werden wir durch ‚genetische Ingenieurskunst' auch beseitigen.

Einige Regierungen werden Massen von Medikamenten und Rauschmitteln mißbrauchen, um die Persönlichkeit ihrer Staatsbürger zu kontrollieren.

Wir werden auf dem Mars landen und eine unbemannte Forschungsstation zurücklassen. ...'

### BIS 2100...

New York im Jahre 2100.

‚... Die Weltbevölkerung wird 8 Milliarden erreichen.

Die durchschnittliche Lebenserwartung wird mehr als 100 Jahre sein.

Es wird möglich sein, neue Organe oder Glieder am oder im Körper wachsen zu lassen.

Haushaltsroboter und elektronisch gesteuerter Autoverkehr werden in allen Ländern der Welt selbstverständlich sein.

Man wird das menschliche Gehirn mit Computern direkt verbinden können.

Eine Expedition nach einem anderen Sonnensystem wird unterwegs sein. Die Mitglieder dieser Multigenerationsexpedition werden nach mehreren Jahrzehnten an Altersschwäche sterben, und Neugeborene werden die Steuerung des Raumschiffes übernehmen ...'

# Mitleidiger Einbrecher

Saarbrücken – Ein Dieb hatte Mitleid mit seinem Opfer. Er hatte die Tür aufgebrochen und stand in einer kleinen Wohnung. Die war so ärmlich eingerichtet, daß man daraus nichts stehlen konnte. Der Einbrecher war so entsetzt, daß er dem Bewohner, einem armen Rentner, Geld und einen Zettel auf den Tisch legte. Auf dem Papier stand: ‚Opa, du sollst nicht so arm leben. Verzeih mir wegen der aufgebrochenen Tür. Hier ist etwas Geld als Entschädigung.'

## Traum

**Mein größter Traum**
**ist Glück.**
**Jemanden finden**
**mit dem**
**ich**
**die ganze Welt**
**kennenlernen**
**und**
**erobern kann.**

**Edda, 16 Jahre**

## *Ich möchte so gerne ...*

*Ich möchte so gerne*
*einmal*
*ein Adler sein.*
*Mit ausgebreiteten Schwingen*
*gleiten.*
*Sanft in der Luft schweben.*
*Mich immer höher schwingen,*
*zur Sonne hin.*
*Die Erde vergessen,*
*schwerelos sein.*
*Raum und Zeit verlassen,*
*frei sein.*

KARIN, 16 JAHRE

# Prüfungstraining

## 1 Hören

Sechs Jugendliche reden über globale Probleme. Wer redet über welches Thema? Trag die Tabelle in dein Heft ein und füll sie aus.

**Beispiel**

| | | |
|---|---|---|
| 1 | Anna redet über | Tierschutz |
| 2 | Björn redet über | |
| 3 | Claudia redet über | |
| 4 | Daniela redet über | |
| 5 | Erdal redet über | |
| 6 | Frank redet über | |

**AIDS** **Arbeitslosigkeit** **die Dritte Welt** **die Umwelt** **Kriege** **Tierschutz**

## 2 Sprechen

*You are talking to your German penfriend, who thinks you are not very 'green'. Refer to the pictures and tell him/her about the things you do to help the environment.*

1

BLEIFREI

2

100%

3

STADTMITTE

4

## 3 Lesen

Lies den Text und ordne die Sätze.

**Beispiel**

d, ...

Freitagabend kurz vor 20 Uhr. Auf dem Münchner Odeonsplatz stieg ein Norweger in ein Taxi. Für den Fahrer, Gotthard Schnarr (45), begann eine Schreckensfahrt quer durch Deutschland. Sie endete erst 12 Stunden später.

Der Norweger wollte zuerst nach Berlin fahren, um seinen ‚Bruder' vom Flughafen Tegel abzuholen. Als der Taxifahrer auf der Rückfahrt nach München eine Nachzahlung forderte, holte der Norweger einen Revolver heraus. Der Taxifahrer erschrak, verlor die Kontrolle über seinen Wagen und rammte eine Telefonzelle. Der etwa 25jährige Norweger warf den Fahrer aus dem Auto und fuhr selber weiter.

Die Polizei fand das Taxi am folgenden Tag in einem Vorort von München. Der Norweger und sein ‚Bruder' verschwanden anscheinend spurlos.

a Sie fuhren nach Berlin.

b Der Taxifahrer wollte mehr Geld.

c Nach einem Autounfall stieß der Norweger den Fahrer aus dem Wagen.

d Ein Taxifahrer holte einen Norweger in München ab.

e Niemand weiß, wo der Norweger und sein ‚Bruder' sind.

f Sie holten jemanden in Berlin ab.

g Der Norweger drohte dem Fahrer mit einer Waffe.

## 4 Schreiben

Schreib an deinen/deine Briefpartner/in über deine Träume, Pläne und Hoffnungen.

Schreib über die Umwelt und ein globales Problem und deine Meinungen und Hoffnungen zu diesen Themen.

Erklär ihm/ihr, warum du diese Meinungen und Hoffnungen hast.

Frag ihn/sie nach seinen/ihren Meinungen zu diesen Themen.

# Selbstlernkassetten

## 1 Aussprache

Hör gut zu und wiederhole.

*Flughafenanrainerin,*
*Umweltverschmutzung,*
*Arbeitslosigkeit,*
*Mehrwegflaschen,*
*Entwicklungsländer,*
*Plastikabfälle,*
*FCKW,*
*umweltfreundlich,*
*Ausländerfeindlichkeit.*

## 2 Seifenoper

Hör dir die letzte Episode der Serie an.

# Zusammenfassung

## Themen

| | | Seite | Vokabeln |
|---|---|---|---|
| 1 | Globale Probleme | 132-133 | AB 168 |
| 2 | Die Umwelt | 134-135 | AB 171 |
| 3 | Hoffnungen | 138-139 | AB 176 |
| 4 | Nachrichten | 140-141 | AB 178 |

## Grammatik

| | Seite | Arbeitsblatt | Grammatik |
|---|---|---|---|
| Das Perfekt | 133 | 166 | 2.9, 2.10 |
| Die Zukunft | 139 | 174 | 2.8 |
| Das Imperfekt (dritte Person) | 140 | 177 | 2.12, 2.13 |

## Besonderes

| | Seite | Arbeitsblatt |
|---|---|---|
| Lesepause 1 | 136-137 | 172 |
| Lesepause 2 | 142-143 | 179 |
| Prüfungstraining | 144-145 | – |
| Extra | 161 | – |

# Extra

## KAPITEL 1

### 1 Wahlfächer, Pflichtfächer ...

Lies den Artikel ‚Wahlfächer' auf Seite 8 noch einmal. Dann füll die Lücken aus, ohne dir den Artikel anzusehen. Wähl Wörter aus der Liste unten aus. (Zwei Wörter bleiben übrig.)

**Beispiel**

a Psychologie

Natalie lernt seit drei Wochen ...(a)... . Sie interessiert sich für ...(b)..., aber Psychologie ist nicht Natalies ...(c)... . Fremdsprachen gefallen Stefan gut. In ...(d)... mag er die Diskussionen. Und in Englisch bekommt er nie schlechte ...(e)... . Elise hat auch ...(f)... gewählt. Und sie macht gern ...(g)... . Die ...(h)... in Deutsch gefällt Christian gut. Die ...(i)... findet er ganz nett. Aber im Moment lesen sie ein seltsames ...(j)... .

**Buch** Computerarbeit *Deutschlehrerin*
*eine Fremdsprache* **Gruppenarbeit**
**Lieblingsfach** Klassenkameraden
***Sozi*** *Psychologie*
Noten *Menschen* **Projekt**

### 2 Mein Computer ist im Eimer!

Björns Computer funktioniert nicht richtig. Kannst du seine Arbeit richtig schreiben?

```
Ich st©h© g©wöhnlich Ωm s©chs ®Ωf, w©il d©r
SchΩlbΩs sch%n Ωm h®lb ®cht fährt.
N%rm®l©rw©is© k%mmt d©r BΩs g©g©n z©hn v%r
®cht ®n. D©r Unt©rricht fängt Ωm ®cht ®n. Di©
©rst© P®Ωs© ist Ωm h®lb z©hn Ωnd d®Ω©rt z©hn
MinΩt©n. Es gibt ©in© läng©r© P®Ωs© Ωm z©hn
n®ch ©lf. Um ©in Uhr ist di© SchΩl© ®Ωs.
G©st©rn bin ich ®b©r zΩ spät ®Ωfg©st®nd©n,
w©il m©in W©ck©r nicht g©kling©lt h®t. Ich h®b©
mich g®r nicht g©dΩscht %d©r g©frühstückt Ωnd
bin zΩr BΩsh®lt©st©ll© g©l®Ωf©n, ®b©r ich
h®tt© d©n BΩs v©rp®ßt. Ich bin ©rst Ωm zw®nzig
v%r n©Ωn in d©r SchΩl© ®ng©k%mm©n. M%rg©n
w©rd© ich ©in bißch©n früh©r ®Ωfst©h©n.
```

### 3 Schulzeit

Du hast zwei Minuten Zeit. Wie viele Wörter kannst du finden, die mit ‚Schul-' anfangen?

**Beispiel**

Schulbus, Schulheft, ...

### 4 Schulvorschriften

Schreib zehn neue Vorschriften für deine Schule.

**Beispiel**

1 *Die Lehrer/innen dürfen keine Hausaufgaben geben.*

### 5 Gute Noten für die Schule

Lies den Text und sieh dir die Sätze unten an. Sind sie richtig, falsch, oder sind die Informationen nicht im Text?

Langweiliger Unterricht, doofe ‚Pauker' und lästige Schularbeiten. So denken wohl die meisten Schüler über die Schule, oder? Falsch! Eine Umfrage unter Deutschlands Schülern bringt ganz andere Ergebnisse: 75% sind mit ihrer Schule zufrieden. Positive Kommentare: ‚Der Unterricht macht Spaß.' ‚Wir behandeln aktuelle Themen.' ‚Selbst der Geschichtsunterricht ist lebendig.' Nur jeder Vierte ist unzufrieden. Kritikpunkte: ‚zu strenges Notensystem' und ‚autoritäre Lehrer'.

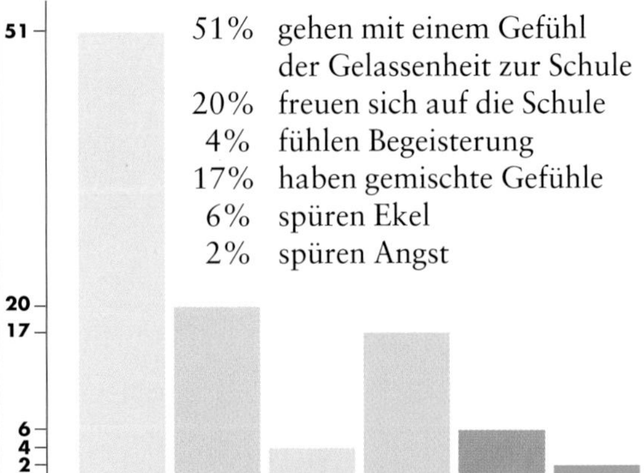
51
20
17
6
4
2
51% gehen mit einem Gefühl der Gelassenheit zur Schule
20% freuen sich auf die Schule
4% fühlen Begeisterung
17% haben gemischte Gefühle
6% spüren Ekel
2% spüren Angst

1 Die meisten Schüler sind mit der Schule zufrieden.
2 Es gibt positive Kommentare über Geschichte.
3 29% der Schüler haben große Probleme mit der Schule.
4 Die meisten Lehrer sind mit dem Schulsystem zufrieden.
5 Viele Schüler finden den Schultag zu lang.
6 Für einige Schüler ist das Notensystem ein Problem.
7 Einige Schüler finden die Lehrer zu streng.
8 51% der Schüler gehen alleine zur Schule.

## 6 Das österreichische Notensystem

Lies den Text und wähl die richtigen Buchstaben aus.
**Beispiel**
1 b, …

| Das österreichische Notensystem | |
|---|---|
| 1 | sehr gut |
| 2 | gut |
| 3 | befriedigend |
| 4 | genügend |
| 5 | nicht genügend |

Es gibt viele Unterschiede zwischen dem deutschen und dem österreichischen Schulsystem, z.B. heißt die Abschlußprüfung in deutschen Gymnasien ‚Abitur' und in österreichischen Gymnasien ‚Matura'. Wie in Deutschland bekommen Schüler in österreichischen Schulen Noten und Zeugnisse. In Österreich bekommt man als beste Note eine 1, doch als schlechteste Note eine 5. (In Deutschland ist die schlechteste Note eine 6.) Wenn ein Schüler oder eine Schülerin in zwei oder mehr Fächern eine 5 hat, muß er oder sie, genau wie in Deutschland, ‚sitzenbleiben' (d.h. er oder sie muß in allen Fächern das Jahr wiederholen).

Wie in Deutschland haben viele österreichische Schüler und Schülerinnen große Angst davor, sitzenzubleiben, in erster Linie, weil sie mit ihren Freunden in einer bestimmten Klasse bleiben wollen, aber auch, weil Eltern sehr enttäuscht und sogar sehr sauer werden können. Die Schulen machen viel, um bei Problemen mit Zeugnissen zu helfen. Man hat auch in vielen Städten ein Sorgentelefon, eine Nummer, die man wählen kann, wenn man Probleme in der Schule hat. Die Anrufe sind kostenlos, und wer anruft, braucht seinen Namen nicht zu sagen. Mann kann sich mit den Menschen am anderen Ende der Leitung unterhalten und sich beraten lassen. Man kann aber auch darum bitten, daß jemand mit zu den Eltern kommt, um die Situation zu besprechen.

1 Nenne zwei Unterschiede zwischen dem deutschen und dem österreichischen System.
   a) In Österreich bekommt man keine Zeugnisse.
   b) Das Notensystem ist in Österreich anders.
   c) Es gibt in Österreich kein Sitzenbleiben.
   d) Die österreichische Abschlußprüfung hat einen anderen Namen.

2 Warum haben Schüler(innen) Angst vor dem Sitzenbleiben? (Zwei Gründe)
   a) Weil sie fit bleiben wollen.
   b) Weil sie sauer auf ihre Eltern werden können.
   c) Weil sie mit ihren Schulkameraden in der Klasse bleiben wollen.
   d) Weil Eltern oft böse werden, wenn ihre Kinder sitzenbleiben.
   e) Weil sie nichts gelernt haben.

3 Nenne drei Vorteile des Sorgentelefons.
   a) Es kostet nichts.
   b) Man darf anonym anrufen.
   c) Es ist unterhaltend.
   d) Man kann sich beraten lassen.
   e) Wenn man anruft, muß man nicht mehr sitzenbleiben.

# KAPITEL 2

## 1 Letztes Jahr

Lies den Text und beantworte die Fragen über Michael.
**Beispiel**
1 Er machte gar keine Hausaufgaben.

Letztes Jahr war mein Leben furchtbar! Ich war unwahrscheinlich faul – ich machte fast keine Hausaufgaben, ich sah zuviel fern, und ich hörte ganz oft laute Rockmusik, und am Wochenende stand ich erst um elf Uhr morgens auf. Ich ging erst um Mitternacht ins Bett und half meinen Eltern gar nicht im Haushalt. Ich trieb keinen Sport, und ich aß allerlei furchtbares Essen (d.h. viele Hamburger und fette Sachen wie Pommes frites, Würstchen, Schokolade usw.). Außerdem trank ich ständig Cola, Limo usw. Igitt!

1 Wie viele Hausaufgaben machte Michael letztes Jahr?
2 Was für Musik hörte er?
3 Wann stand er am Wochenende auf?
4 Wann ging er ins Bett?
5 Wie oft half er seinen Eltern im Haushalt?
6 Wie oft spielte er Fußball?
7 Was aß er?
8 Was trank er?

## 2 Dieses Jahr

Jetzt hat Michael eine neue Freundin, und sein Leben ist ganz anders! Schreib ein paar Sätze, um sein heutiges Leben zu beschreiben. Der Text oben hilft dir dabei.
**Beispiel**

Heute ist mein Leben ganz anders! Jetzt bin ich sehr fleißig. Jeden Abend mache ich drei Stunden Hausaufgaben …

## 3 Erinnerungen (fortgesetzt)

Schreib einen Artikel oder ein Gedicht über deine Erinnerungen (siehe *Lesepause 1*, Seite 24).

**Beispiel**

Schon mit anderthalb Jahren aß ich Schokolade.

## 4 Fernsehen

Was sind die Vor- und Nachteile des Fernsehens? Mach zwei Listen.

**Beispiel**

| Nachteile | Vorteile |
|---|---|
| Bildschirm bei Sonnenschein nicht sichtbar. | Sehr entspannend.<br>Man muß beim Fernsehen nicht viel denken. |

## 5 Feste bei uns

Welche Feste feierst du? Schreib einen kurzen Aufsatz darüber.

**Beispiel**

Bei uns feiern wir Weihnachten.

## 6 Komische Feste!

Drei Leute beschreiben ihre Bräuche, aber nur eine Beschreibung ist wahr. Lies die Texte. Welcher ist wahr – A, B oder C?

**A** Bei uns zu Hause feiern wir das Fest der Seife. Alle Leute in der Stadt stehen sehr früh auf und waschen sich mit parfümierter Seife. Der größere Teil des Festes findet am Vormittag statt. Große Mengen Seife werden in den Fluß gepumpt, so daß es überall schöne Seifenblasen gibt, und die Leute tragen bunt gefärbte Kleider und springen in den Fluß, wo sie dann drei Stunden lang herumschwimmen. Der Höhepunkt des Festes ist die sogenannte ‚Seifenoper'. Man ißt das Mittagessen mitten im Fluß. Ein Blasorchester steht auch im Fluß und spielt schöne Musik. Erst nach dem Essen dürfen die Teilnehmer/innen aus dem Fluß kommen, und dann verbringen sie den Rest des Tages in ihren nassen Kleidern, wobei sie ab und zu mit Seifenblasen bedeckt werden.

**B** In meiner Gegend feiern wir das Fest des Schuppens. Hier baut man schon seit dem fünfzehnten Jahrhundert Schuppen, und jedes Jahr am 21. September (d.h. am Ende der Schuppenverkaufszeit) findet das Fest statt. Die ältesten und die jüngsten Ehepaare der Stadt werden als Tauben verkleidet, und sie verbringen den ganzen Tag im Schuppen. Dort essen sie Leckereien wie Regenwürmer und Schnecken. Um acht Uhr abends werden sie als ‚Schuppenkönige/-königinnen' für das kommende Jahr gekrönt, und erst dann dürfen die anderen Leute anfangen zu feiern. Dann wird bis spät in die Nacht um die Schuppen am Marktplatz getanzt, und um Mittenacht kommt der Höhepunkt des Festes: die ‚Schuppenglocke', die im Kirchturm hängt, läutet nur einmal im ganzen Jahr – jetzt. Seit 1467 findet das Fest jedes Jahr statt (außer 1944 und 1945 wegen des Zweiten Weltkrieges).

**C** Schon seit mehr als 200 Jahren findet einmal im Jahr das sogenannte ‚Käserollen' statt. Draußen vor der Stadt liegt ein Hügel, und jedes Jahr am Pfingstmontag wird ein ganzer Käse (Gewicht: 4 kg) von der naheliegenden Käsefabrik zum Gipfel des Hügels gebracht, und von dort aus wird er von einer berühmten Person aus der Gegend angeschoben (z.B. dem Pfarrer, der Direktorin der Schule). Diese Person zählt von eins bis vier, und bei drei wird der Käse losgelassen. Erst bei vier dürfen die mehr als 3.000 Teilnehmer dem Käse nachlaufen. Das Ziel ist, entweder den Käse aufzuhalten oder als erste/r den Fuß des Hügels zu erreichen. Die Person, die das Rennen gewinnt oder den Käse fängt, bekommt den Käse als Preis. Es passiert nur selten, daß der Käse beschädigt oder zerquetscht wird, da er gut eingepackt ist.

## 7 San Seriffe

Neulich bist du Diktator/in in einer zentralamerikanischen Republik geworden. Erfinde einige Bräuche für die Republik.

**Beispiel**

Hier in San Seriffe rollt man Toast ...

## KAPITEL 3

### 1 Jugendrechte

Mach eine Liste von möglichen Jugendrechten und -pflichten. Die Fragen unten helfen dir dabei.

**Beispiel**

Jugendliche haben das Recht, in ihrer Freizeit nicht arbeiten zu müssen.

Welche Rechte haben Jugendliche?

Welche Pflichten haben Jugendliche? Wofür sind sie verantwortlich?

Sollten Jugendliche im Haushalt helfen?

Sollten Jugendliche einen Nebenjob haben?

Haben Jugendliche das Recht, Taschengeld zu bekommen? Wenn nicht, woher sollten sie ihr Geld bekommen?

Sollten Jugendliche für ihr Zimmer, ihre Kleider, ihr Geld usw. verantwortlich sein?

Welche Pflichten und Rechte haben Eltern gegenüber ihren Kindern?

### 2 Eine Einkaufsliste

Schreib eine Einkaufsliste. Achtung! Jedes Wort muß mit dem letzten Buchstaben des vorigen Wortes anfangen.

**Beispiel**

Cornflakes, Seife, Eier, ...

### 3 Logikspiel (I)

Heute abend kommen sieben Gäste, und Udo hat einen runden Tisch. Einige Gäste verstehen sich aber nicht gut miteinander. Lies die Infos. Kannst du einen Sitzplan entwerfen?

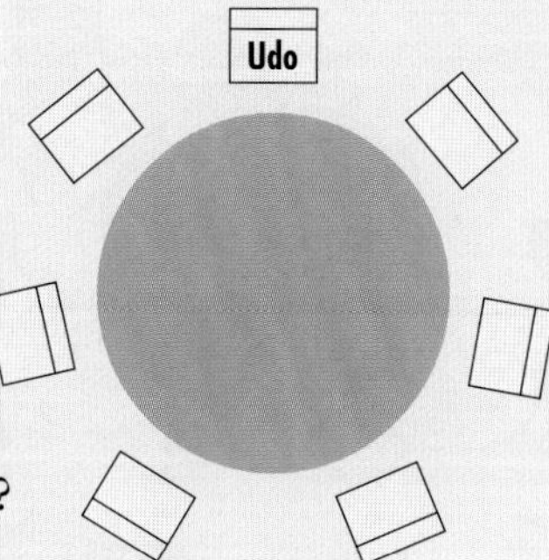
Udo

- Dennis und Dagmar verstehen sich sehr gut.
- Dagmar versteht sich sehr gut mit Torsten, aber sie streitet sich oft mit Udo.
- Otto versteht sich gut mit Lotte, aber nicht mit Rainer.
- Rainer kann Dagmar nicht leiden, aber er versteht sich gut mit Dennis.
- Udo versteht sich gut mich Otto, aber er streitet sich manchmal mit Lotte.

### 4 Logikspiel (II)

Schreib dein eigenes Logikspiel. Du hast Besuch, aber einige Gäste verstehen sich nicht gut miteinander. Schreib die Informationen über die Personen auf. Dein/e Partner/in soll dann einen Sitzplan entwerfen.

**Beispiel**

- Amanda versteht sich gut mit Parveen, aber nicht mit Jason.
- Jason streitet sich oft mit ...

### 5 Eine besondere Einkaufsliste

Du kaufst für Freunde/Freundinnen ein, die besondere Interessen haben (z.B. für Fußballfans oder für eine Person, die gern bunte Kleider trägt). Was hast du im Einkaufswagen? Mach eine Liste. Schreib auch auf, was für Interessen die Personen haben.

**Beispiel**

Im Einkaufswagen habe ich einen Fußball, ein Fußballhemd, ...

### 6 Was für eine Party!

Gestern abend hast du die beste Party deines Lebens gegeben. Aber heute kommen deine Eltern wieder zurück. Was mußt du jetzt machen, um alles wieder in Ordnung zu bringen? Schreib es auf.

**Beispiel**

Ich muß ... die Katze aus dem Ofen nehmen; die Küche anstreichen; ...

### 7 Ein verrückter Tag

Finde die Fehler in diesem Bericht. Kannst du sie dann korrigieren?

**Beispiel**

Am Wochenende helfe ich **sehr viel** im Haushalt.

Am Wochenende helfe ich gar nicht im Haushalt. Ich helfe beim Abspülen, beim Tischdecken, beim Staubsaugen usw. Samstags gehe ich um acht Uhr abends ins Bett.

Nach dem Frühstück helfe ich meinem Vater beim Tischdecken, und vor dem Frühstück helfe ich beim Abspülen.

Wenn das Haus besonders sauber ist, helfe ich beim Staubsaugen, aber normalerweise machen meine Eltern das.

Samstagabends machen meine Eltern normalerweise die Hausarbeit, und ich helfe ihnen gar nicht. Ich helfe meiner Mutter beim Putzen, hänge die schmutzige Wäsche auf usw.

Am Abend bin ich dann meist sehr müde, weil ich so wenig gemacht habe, und ich gehe sehr spät ins Bett.

## KAPITEL 4

### 1 Kleinanzeigen

Lies die Kleinanzeigen und sieh dir die Sprechblasen an. Was paßt zusammen?

**Beispiel**

1c

**KLEIDER**

a Brautkleid, dreimal getragen, für Hochzeiten, Partys usw. DM 300. Tel: 756 48 57

b Lederjeans, Gr. 102, DM 380. Tel: 756 23 67

c Zerrissene Jeans und T-Shirts zu verkaufen. Liste gegen Rückporto. Tel: 298 4594

d Ungetragenes, weißes Brautkleid für nur DM 100 zu verkaufen. Gr. 40/42. Tel: 967 54 63

e Verkaufe wegen Unfall Supermankostüm. Zerrissene Knie. Angebote? 765 09 29

f Modedesignerin mit Talent und jeder Menge Ideen näht Ihre Traumkleider. Tel: 967 54 63

g Verkaufe wegen Geldmangel massenhaft alte Schuhe und Krimskrams. Tel: 459 02 47

h Kaninchenkostüm zu verkaufen. Billig. Tel: 967 54 63

i Verkaufe wegen Talentmangel einmal getragene Fußballschuhe. Pantera Gr. 43. Angebote? Tel: 971 50 27

j Verkaufe authentische USA-Jeans. Bester Zustand. Angebote? Tel: 971 25 12

1 Ich trage gern Jeans mit zerrissenen Knien. Das sieht ganz cool aus.

2 Ich heirate bald, und ich suche ein neues Brautkleid zu einem günstigen Preis.

3 Ich trage gern schicke Kleidung, aber in den Geschäften finde ich nie interessante Sachen.

4 Ich gebe nicht gern zuviel Geld für meine Sportbekleidung aus, besonders nicht für Markenprodukte.

5 Ich suche eine gute Jeans zu einem guten Preis.

6 Ich gehe auf eine Party, wo man sich als Tier verkleiden muß.

### 2 Was haben sie gesehen?

Lies den Dialog und sieh dir die Bilder an. Was haben Herr und Frau Wagner gesehen – Bild A, B oder C?

**Polizist:** Was haben sie denn gesehen?
**Frau W:** Total rot. Er trug einen roten Anzug.
**Polizist:** Einen roten Anzug.
**Herr W:** Sie trugen alle rote Anzüge.
**Polizist:** Sie? Wie viele waren es denn?
**Frau W:** Drei.
**Polizist:** Könnten Sie den Anzug genauer beschreiben?
**Frau W:** Das ist schwer.
**Polizist:** Versuchen Sie es mal.
**Herr W:** Eine Hose.
**Polizist:** Farbe?
**Frau W:** Rot. Alles war rot.
**Polizist:** So ...
**Herr W:** Bist du sicher, Liebling?
**Frau W:** Todsicher.
**Polizist:** Andere Details?
**Frau W:** Die hatten alle diese komischen Helme auf.
**Herr W:** Ja. Sie trugen alle Helme.
**Polizist:** Farbe?
**Beide:** Silber.
**Polizist:** OK. Sonst noch etwas?
**Herr W:** Sie haben miteinander gesprochen.
**Polizist:** Und was haben sie gemacht?
**Frau W:** Das konnte ich nicht so einfach sehen.
**Herr W:** Es war dunkel. Und es gab soviel Rauch.
**Polizist:** Rauch?!
**Frau W:** Und auch dieses helle Licht.
**Polizist:** Rauch und helles Licht?
**Beide:** Ja.
**Polizist:** Danke!

A
B
C

## 3 Tote Hose?

Was paßt zusammen? Finde zwölf Kleidungsstücke. Du darfst jeden Wortteil nur einmal benutzen.

**Beispiel**

Arbeitskrawatte, ...

| | |
|---|---|
| **Arbeits...** | **...anzug** |
| **Cocktail...** | **...bluse** |
| **Fußball...** | **...handschuhe** |
| **Hockey...** | **...helm** |
| **Jeans...** | **...hemd** |
| **Leder...** | **...hose** |
| **Mini...** | **...hut** |
| **Party...** | **...jacke** |
| **Ski...** | **...kleid** |
| **Sonnen...** | **...krawatte** |
| **Taucher...** | **...rock** |
| **Trainings...** | **...schuhe** |

## 4 Gesundheit

Kannst du das Poster zum Thema ‚Gesundheit' fertigmachen?

G ute Ernährung: Das ist wichtig!
E ........................................
S ........................................
U ........................................
N ........................................
D ........................................
H ........................................
E ........................................
I ........................................
T raining: Wir sollten alle zweimal pro Woche trainieren.

## 5 Die Rockgruppe SMRT im Krankenhaus

Lies den Dialog, in dem alle Partizipien fehlen. Wähl Wörter aus dem Kästchen aus (manche brauchst du zweimal). Versuch, den Dialog aufzuschreiben, ohne dir den Text auf Seite 58 anzusehen.

**Beispiel**

a geschnitten

| | |
|---|---|
| **Ärztin:** | Was ist mit ihm los? |
| **Krankenpfleger:** | Er hat sich in die Hand **...(a)...**, Frau Doktor. |
| **Ärztin:** | Wie ist das **...(b)...**? |
| **Krankenpfleger:** | Beim Gitarrenspielen, Frau Doktor. |
| **Ärztin:** | OK. Guten Tag. Ich bin Doktor Steinforth. Sie haben sich ziemlich tief in die Hand **...(c)...** Tut das weh? |
| **Robert:** | Auaaaaah! Das hat weh **...(d)...**! |
| **Ärztin:** | Und er? Was hat er? |
| **Sezen:** | Er hat sich beim Küssen das Handgelenk **...(e)...** . |
| **Ärztin:** | Beim Küssen? |
| **Murat:** | Das ist eine lange Geschichte. Eine Fan hat mich **...(f)...**, und wir sind zusammen **...(g)...** . |
| **Ärztin:** | Und die Frau? Was ist mit ihr los? |
| **Krankenpfleger:** | Sie hat sich das rechte Bein **...(h)...** . |
| **Ärztin:** | Auch beim Küssen? |
| **Sezen:** | Ich bin von der Bühne **...(i)...** . Thomas' Synthesizer ist **...(j)...**, und er hat sich dabei die Finger **...(k)...** . Ich bin zu Thomas **...(l)...**, und wir sind beide ins Publikum **...(m)...** . |

**explodiert** *gebrochen* *geküßt* *geschnitten* passiert **gelaufen** getan ***verbrannt*** *verstaucht* **hingefallen** *gestürzt* **gefallen**

## 6 Primafrau im Krankenhaus

Schreib den Dialog zwischen Primafrau und Captain Positive.

**Beispiel**

**Captain Positive:** Primafrau! Was ist denn passiert?
**Primafrau:** Ach, ich habe mir beim ...

CP

## 7 Die englische Schwitzkrankeit

Lies den Text. Sind die Sätze unten richtig, falsch, oder sind die Infos nicht im Text?

**Beispiel**

1 Falsch

Vor etwa 500 Jahren brach in England eine mysteriöse und tödliche Krankheit aus: ‚die englische Schwitzkrankheit'.

Die ersten Symptome waren ähnlich wie bei einer Grippe: Kopfschmerzen, Schweißausbrüche und hohes Fieber. Doch waren die Ärzte völlig hilflos: die Krankheit tötete alle Menschen, die angesteckt wurden.

Als sie nach Deutschland übersprang, tötete sie innerhalb von einer Woche 7.000 Menschen. Im Jahre 1551 verschwand die englische Schwitzkrankheit ebenso schnell, wie sie gekommen war.

Und seither ist sie nie wieder aufgetreten. Auch nicht in England.

aus: *Das Buch der 1000 Sensationen*, © 1993 Loewe Verlag, Bindlach

1 Die englische Schwitzkrankheit brach nur in England aus.
2 Die Krankheit brach im Jahre 1550 aus.
3 Die ersten Symptome schienen nicht tödlich.
4 Die Ärzte konnten niemanden retten, der sich ansteckte.
5 Die Krankheit sprang nach Deutschland über.
6 In Deutschland starben pro Tag etwa tausend Menschen.
7 In den Städten war diese Krankheit ein besonderes Problem.
8 Die mysteriöse Krankheit verschwand allmählich.
9 Die Krankheit taucht alle hundert Jahre auf.

# KAPITEL 5

## 1 Mein eigener Laden

Du bist Ladenbesitzer/in. Zeichne das Schaufenster deines Ladens mit Waren, Beschreibungen und Preisen. Du kannst wählen, was für ein Laden er ist.

## 2 Verkehrte Sauberkeit!

Auf dem Planeten 110/PG muß alles schmutzig sein, bevor man essen darf! Schreib die Regeln dafür.

**Beispiel**

Hände schmutzig machen; ...

## 3 Speisekarte

Du bist Restaurantbesitzer/in. Schreib die Speisekarte für dein Restaurant.

**Beispiel**

*Speisekarte*

Tomatensuppe: DM 7,-

## 4 Essen-Wettbewerb

### Wettbewerb – Was ißt du gern?

*Wer dieselben Sachen gern ißt, die auf unserer Geheimliste stehen, kann DM 500 gewinnen!!*

Lies die Texte und dann sieh dir die Geheimliste an. Wer von den fünf Jugendlichen gewinnt den Preis?

Ich esse gern Obst, besonders Äpfel, Bananen und Melonen. Außerdem esse ich gern Wurst, Brot und Kekse. Am liebsten esse ich aber Schokolade.
*Henning, 18, Chemnitz*

Ich esse unheimlich gern Hamburger und Pommes frites. Ich esse auch gern Reis und Nudeln. Mein Lieblingsessen ist Kartoffelpüree.
*Claudia, 19, Flensburg*

Ich esse sehr gern Fleisch, am liebsten mit Bohnen, Möhren oder Erbsen. Ich esse auch gern Eis und Obst, aber am liebsten esse ich Bratwurst.
*Heinz, 16, Bonn*

Ich esse gern Spiegeleier mit Speck, Omeletts, gekochte Eier und Aufschnitt. Ich esse auch gern Kuchen und Kekse, aber am liebsten esse ich Roggenbrot.
*Nawaz, 14, Duisburg*

Ich esse gern allerlei Fisch, am liebsten mit Pommes frites und Soße. Außerdem esse ich gern Salat und Brot, und mein Lieblingsessen ist Pizza.
*Martina, 17, Essen*

Geheimliste
Gern: Äpfel, Eier, Speck, Möhren, Aufschnitt, Kuchen, Nudeln, Kekse.
Lieblingsessen: Brot

## 5 Dialoge

Schreib den ersten Dialog ohne Unsinn auf. Füll die Lücken im zweiten Dialog aus.

**Beispiel**

A: *Guten* **Tag**. *Was darf es sein?*

### Im Gemüseladen

**A:** Guten Regenmantel. Was darf es sein?
**B:** Ich möchte bitte ein Kilo Wasser.
**A:** So … bitte schön. Ist das Januar?
**B:** Nein. Haben Sie bitte Brücken?
**A:** So … eine Brücke … bitte schön. Sonst noch Weihnachten?
**B:** Nein, danke, das ist gestern.
**A:** Also, das macht Sessel Mark Nachttisch.
**B:** So … Sessel Mark Nachttisch. Bitte schön.
**A:** Und Ihr Meerschweinchen. Danke häßlich.
**B:** Danke häßlich. Auf Wiederschauen.
**A:** Auf Wiederschauen.

### Am Frühstückstisch

**A:** Reich mir bitte ____________ .
**B:** Hier, ein ____________ . Möchtest du ____________ ?
**A:** Ja, bitte.
**B:** Bitte schön.
**A:** Noch etwas ____________ ?
**B:** Nein, danke, das ____________ .
**A:** Möchtest du etwas zu ____________ ?
**B:** Ja, bitte. Für mich ____________ . Und möchtest du noch etwas ____________ ?
**A:** Nein, danke. Ich bin schon ____________ .

## 6 Gasthof ‚zum Schaf' – Speisekarte

Boris arbeitet als Kellner im Gasthof ‚zum Schaf', aber er arbeitet nicht gern dort, und deshalb schreibt er oft unsinnige Speisekarten. Kannst du seine Fehler korrigieren?

**Beispiel**

Gasthof ‚zum Schaf'

# Gasthof ‚zum Mülleimer'

*Durchfall jeden Tag!*

| | Preis (DM) |
|---|---|
| ***Unsere Spezialitäten*** | |
| Wurmkotelett (mit Seife und Rosenkohl) | 18,00 |
| Bratlehrer (mit Schuldirektorin und Mayonnaise) | 13,25 |
| Walliser Kunststofftoast (mit Klebstoff überbacken) | 12,05 |
| ***Nachtisch*** | |
| Holz nach Wahl (mit oder ohne Schmierstoff) | 8,25 |
| Erdekuchen (mit oder ohne Flügel) | 7,95 |
| ***Kalte Getränke*** | |
| Bremsflüßigkeit | 1,75 |
| Schildkrötensaft | 2,20 |
| Motoröl vom Faß | 2,85 |
| ***Warme Getränke*** | |
| Tasse Benzin | 3,75 |
| Kännchen Schlamm | 4,25 |

*Preise inkl. Diamanten u. Geldrückgabe*

# KAPITEL 6

## 1 Dialog im Verkehrsamt

Ordne den Dialog.

**Beispiel**

A: *Guten Tag. Kann ich Ihnen helfen?*

**B:** Nein, danke, das ist alles. Vielen Dank für Ihre Hilfe.
**A:** Hier gibt es viele Jugendzentren, Kinos und Theater.
**B:** Ja. Ich möchte gern wissen, was es hier für Jugendliche gibt.
**A:** Guten Tag. Kann ich Ihnen helfen?
**B:** Und was für Sportmöglichkeiten gibt es?

**A:** Ein Busfahrplan ... bitte schön. Haben Sie sonst noch einen Wunsch?
**B:** Danke. Haben Sie auch einen Busfahrplan?
**A:** Man kann schwimmen und Rad fahren. Hier ist ein Prospekt darüber.

## 2 Was soll dieser Unsinn?

Frau Lorenz hat ihre doofe Sekretärin gerade rausgeschmissen! Kannst du diesen unsinnigen Brief, den die Sekretärin getippt hatte, für Frau Lorenz in Ordnung bringen und richtig aufschreiben?

Berlin, den 12. April

An das Verkehrsamt Bananen

Sehr geehrte Damen und Kaninchen,

wir beabsichtigen, im kommenden Regenmantel nach Bananen zu kommen und wären Ihnen sehr dankbar, wenn Sie einen Mülleimer für uns reservieren könnten.

Wir möchten einen Schokoladenriegel mit Bad für zehn Jahre reservieren, für die Nachmittage vom 10.19. bis zum 24.23. inklusive.

Außerdem möchten wir gern Informationsmaterial über die Polizei bekommen. Wir hätten auch gern einen Wellensittich, eine Einkaufsliste und Informationen über Käse.

Für Ihren Blumenkohl bedanken wir uns im voraus.

Mit feindlichen Grüßen,

*Gerda Lorenz*

## 3 Welches Hotel paßt?

Du arbeitest im Verkehrsamt und hast Informationen über Hotels in der Stadt. Drei Familien suchen Hotelzimmer. Welches Hotel empfiehlst du jeweils: Hotel Spandau oder Hotel Wagner?

**HOTEL SPANDAU**
Geschwister-Scholl-Straße 29, 49782 Kaltenberg

25 Einzelzimmer u. 75 Doppelzimmer, Zimmer mit fl. warm u. kalt. Wasser, Restaurant mit 45 Plätzen, Bierstube mit 40 Plätzen. Klimaanlage, kinder-/senioren-/hundefreundlich, Seniorenermäßigung, Kinderbetten, Frühstück bis 11 Uhr. Bahnhof 1 Minute, Blick auf den Bahnhof, Tischtennis, Pauschalangebote für Clubs und Vereine.

**HOTEL WAGNER**
Biegenstraße 32, 49782 Kaltenberg

Am Stadtrand gelegen. 100 Einzelzimmer u. 50 Doppelzimmer, Zimmer mit Bad/WC oder Dusche/WC, Mini-Bar, Zimmersafe, Selbstwähltelefon u. Balkon. Hallenbad, Sauna, Massage und Solarium, Kosmetik, med. Fußpflege. Kegelbahn, Fitneßraum, Discokeller. Blick auf die Heide, Terrasse, Tiefgarage. Frühstücksbuffet, SAT-TV.

**a**

- Familie Riemschneider (+ 2 Kinder + Hund)
- frühstücken am liebsten sehr spät
- abends trinkt Herr R gern ein Bier im Hotel
- Frau R spielt gern Tischtennis

**b**

- Familie Palms
- sehen gern fern
- mögen ruhige Hotels mit schönem Blick auf die Landschaft
- Frau P – Probleme mit den Füßen/hält sich gern fit

**c**

- Familie Rudnik
- sitzen gern draußen vor ihrem Zimmer/genießen den schönen Ausblick
- + Oldtimer (muß unbedingt drinnen abgestellt werden)

## 4 Welches Hotel paßt nicht?

Du arbeitest immer noch im Verkehrsamt, aber heute bist du sehr schlechter Laune. Du empfiehlst diesen Leuten jeweils ein Hotel, das NICHT paßt (entweder Hotel Spandau oder Hotel Wagner).

**a**

- Frau Petersilie – 72 Jahre alt (+ Hund)
- mag ruhige Hotels
- Hotel darf nicht zu warm sein
- schwimmt nicht gern

**b**

- Familie Otto
- Mitglieder eines Schachvereins
- buchen auch für die anderen Mitglieder des Vereins
- Verein versammelt sich am liebsten abends in der Hotelbierstube

c

- Herr Bassermann
- möchte Getränke im Zimmer haben
- + viel telefonieren
- + seine wertvollen Gegenstände im Zimmer aufbewahren
- kegelt gern

## 5 Danke fürs Auto, aber ...

Du hast dein Auto einem Freund, Willi, geliehen. Willi ist aber kein guter Fahrer, und am folgenden Tag findest du das Auto draußen mit einem Zettelchen auf dem Sitz. Lies Willis Zettelchen und sieh dir die Bilder an. Welche Probleme gibt es?

**Beispiel**

c, ...

Heini,

Danke fürs Auto. Es tut mir leid, aber es gibt einige Kleinigkeiten, die jetzt nicht in Ordnung sind. Nichts Ernsthaftes, aber Du solltest es so schnell wie möglich reparieren lassen, damit das Auto wieder sicher ist.

Der linke Blinker und der linke Scheinwerfer sind kaputt – ein kleiner Zusammenstoß mit einem Baum. Ich denke, die kannst du ganz billig reparieren lassen.

Außerdem sind beide Heckscheinwerfer kaputt (das war nicht meine Schuld – ich fuhr langsam rückwärts und da stand ein anderes Auto knapp hinter mir!).

Der rechte Außenspiegel ist auch kaputt – die Straßen in dieser Stadt sind viel zu eng!

Ich denke, der Auspuff könnte vielleicht auch kleine Schäden haben – hier gibt es wirklich zu viele Schlaglöcher auf den Straßen!

Außer diesen Kleinigkeiten gibt es nur noch ein größeres Problem ... ich denke, der Motor könnte kaputt sein. Ich kann es kaum glauben, aber es scheint, daß Du den Ölstand nicht geprüft hast.

Danke noch einmal. Kannst Du das Auto so schnell wie möglich in Ordnung bringen? Nächsten Freitag brauche ich es unbedingt wieder.

Tschüß!

Willi

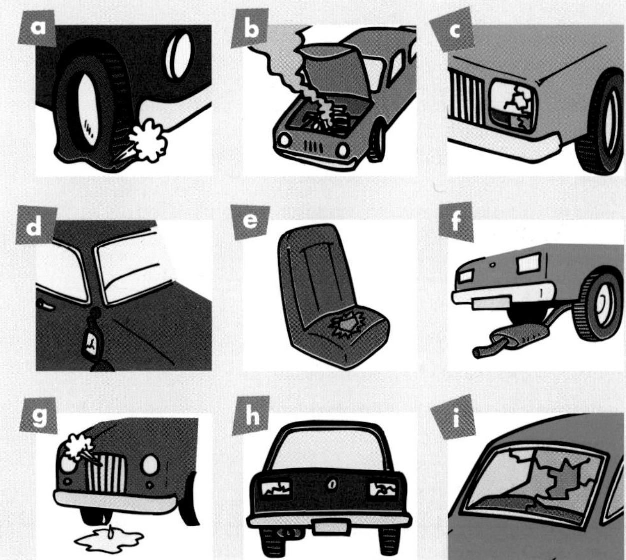
a
b
c
d
e
f
g
h
i

## 6 Liebe Mutti

Du bist im Urlaub, aber alles geht schief. Es gibt jede Menge Probleme – mit dem Hotel, dem Essen, den Leuten, dem Strand usw. Schreib eine Postkarte und beschreib den Urlaub.

**Beispiel**

Liebe Mutti,
ich bin hier in Cleethorpes ...

## 7 Ich habe das verloren

Du hast etwas verloren. Beschreib es schriftlich für die Polizei. Gib so viele Infos wie möglich.

**Beispiel**

Ich habe meinen Fotoapparat verloren. Er ist schwarz und ...

# KAPITEL 7

## 1 GAUDI-Magazin besucht Berufspraktikanten

Lies den Text und beantworte die Fragen. Paß auf! Manchmal mußt du zwei Namen auswählen.

**Beispiel**

1 Susana und Mehmet

**Montag, den 13. Oktober**

Heute haben wir die erste Firma besucht: eine Kfz-Werkstatt, wo **Martin** arbeitet. Martin läßt sich nicht stören und schleift am Kotflügel eines alten BMW. ‚Ich habe schon die Nase voll vom Schleifen', meinte er. ‚Ich darf hier nichts anderes machen als schleifen. Es geht mir echt auf die Nerven.'

**Dienstag, den 14. Oktober**

Als nächste haben wir **Susana** besucht. Susana liebt Tiere und hat einen Praktikumsplatz auf einem Reithof bekommen. Sie wollte sehen, wie ein Tierpfleger arbeitet. Ich habe sie im Pferdestall mit Mistgabel und Gummistiefeln angetroffen. ‚Es ist hier astrein!', sagte sie sofort. ‚Ich bin hier ganz in meinem Element.' Einziger Kritikpunkt: ‚Ich möchte ein bißchen Verantwortung übernehmen. Der Tierpfleger ist immer dabei, falls ich etwas nicht schaffe. Sonst ist hier alles in Ordnung.'

**Mittwoch, den 15. Oktober**

**Jutta** haben wir im Rathaus besucht. ‚Eigentlich wollte ich in der Maske im Stadttheater arbeiten', erzählte sie. ‚Hier werde ich verrückt. Ich sitze drei Tage lang an einem Schreibtisch und darf die ganze Zeit nur Bleistifte spitzen oder Akten sortieren. Das ist halt nicht der Sinn des Berufspraktikums', schimpfte sie. ‚Zum Glück hat man mich gestern um 12 Uhr nach Hause geschickt.'

**Donnerstag, den 16. Oktober**

**Sasskia** hat einen Platz in einer Zahnarztpraxis bekommen. ‚Ich habe Glück gehabt, weil diese Plätze sehr gefragt sind', erzählte sie. ‚Es ist hier auch ganz toll. Schon am zweiten Tag durfte ich dem Zahnarzt helfen.' ‚Sie ist fleißig und verantwortungsfreudig', sagte mir der Zahnarzt. ‚Sie könnte ohne Probleme einen Beruf als Zahnarzthelferin oder Zahnärztin ergreifen.'

**Freitag, den 17. Oktober**

**Mehmet** arbeitet in einer Tierarztpraxis und hat bisher ziemlich schlechte Erfahrungen gemacht. ‚Sie verlangen zu viel von mir. Oft lassen sie mich alleine mit den Tieren, und ich weiß gar nicht, was ich machen soll, wenn etwas schief geht. Einige Tiere können ganz toll beißen oder kratzen.'

1 Wer hat mit Tieren gearbeitet?
2 Wer hat sich gelangweilt?
3 Wer durfte schnell Verantwortung übernehmen?
4 Wer mußte zu viel Verantwortung übernehmen?
5 Wer wollte etwas Verantwortung übernehmen?
6 Wer hat einen guten Eindruck gemacht?
7 Wer war mit dem Praktikum zufrieden?
8 Wer wollte etwas Kreatives machen?

## 2 Zuviel Verantwortung

Schreib fünf Schlagzeilen über Berufspraktikanten, die schnell viel lernen mußten.

Beispiel

**PILOT WAR KRANK – BERUFSPRAKTIKANT MUSSTE FLIEGEN!**

ÄRZTIN WAR KRANK – BERUFSPRAKTIKANTIN MUSSTE OPERIEREN!

## 3 Diebstahl in der Bäckerei

Lies den Text und beantworte die Fragen auf deutsch.

Beispiel
1 jeden Morgen

Mein Berufspraktikum bei einer Bäckerei war recht interessant, doch nicht aus den üblichen Gründen. Jemand hat mir jeden Morgen fünf Brötchen vom Brötchenkorb auf der Theke gestohlen.

Nach einer Woche hat sich Herr Eichheim, der Bäcker, entschieden, den Dieb zu fangen. Er hat lange Fäden in fünf Brötchen gebacken. Am folgenden Morgen hat er sie auf den Brötchenkorb gelegt. Die Fäden gingen bis in die Backstube. Dort mußten wir warten.

Kurz nach sieben Uhr ist ein junger Mann ins Geschäft gekommen und wollte die Brötchen, ohne zu bezahlen, mitnehmen. Herr Eichheim hat schnell an den Fäden gezogen, und die Brötchen sind dem Dieb aus den Fingern gesprungen. Der Mann ist sofort aus der Bäckerei gelaufen – zwei Polizisten direkt in die Arme.

*Sebastian Gärtner, Nürnberg*

1 Wann sind diese Diebstähle passiert?
2 Wer wollte den Dieb fangen?
3 Wo haben Stefan und der Bäcker auf den Dieb gewartet?
4 Was hatte Herr Eichheim gemacht, um den Dieb zu ertappen?
5 Wer hat draußen vor dem Laden gewartet?
6 Wer war der Dieb?

## 4 Wie geht das weiter?

Lies die Texte. Der letzte Satz fehlt jeweils. Die fehlenden Sätze findest du im Kästchen unten. Welcher Satz paßt jeweils am besten? (Paß auf! Einen Satz brauchst du nicht.)

**Beispiel**

a5

**a** Ich interessiere mich überhaupt nicht für Bürohockerei. Ich könnte zum Beispiel nie beim Arbeitsamt arbeiten. Ich will Pilotin werden, weil ich mich natürlich für das Fliegen interessiere und weil ich viel reisen will. Ich will die Welt sehen. ............

**b** Ich bin ehrgeizig und fleißig. Ich möchte einen Beruf bei einer internationalen Firma, weil ich ein gutes Arbeitsklima suche, aber vor allen Dingen weil ich die Chance haben möchte, viel Geld zu verdienen. Ich habe gute Textverarbeitungskenntnisse und kann drei Fremdsprachen. Und ich habe keine Angst vor Streß. ............

**c** So viele Leute wollen nur Geld verdienen und haben nie Zeit zum Leben. Interessante und sinnvolle Arbeit ist mir viel wichtiger als ein Riesengehalt. Ich will Krankenschwester werden, vor allen Dingen weil ich anderen helfen möchte. Ärztin würde ich nicht gern werden. ............

**d** Ich arbeite gelegentlich als Fotomodell. Das macht Spaß, aber langfristig werde ich etwas Anderes machen. Ich bin sehr leistungsorientiert und will einen gut bezahlten und interessanten Beruf. Ich werde wahrscheinlich Ingenieurin werden, in erster Linie weil ich mich für die Technik interessiere, aber auch weil es eine große Herausforderung ist. ............

**e** Leistungsorientiert bin ich bestimmt nicht. Ich lasse mir gern Zeit. Ich mache nichts hastig. Ich bin geduldig. Ich bin sehr kreativ, aber ich suche einen gemütlichen Beruf. Nichts Stressiges. Handwerker will ich vielleicht werden, weil ich auch gern alleine arbeite. ............

**f** Ich interessiere mich nicht für modische Berufe wie Künstler oder Designer. Das ist nichts für mich. Ich weiß genau, was ich werden will. Ich will Polizist werden, weil ich etwas Sinnvolles machen will und weil ich in einer starken Teamsituation arbeiten möchte. ............

1. Das ist jetzt kein Männerberuf mehr.
2. Ein bißchen Gefahr muß auch dabei sein.
3. Also werde ich wahrscheinlich Exportmanager.
4. Das medizinische Studium ist viel zu lang.
5. Ich trage auch gern Verantwortung: z.B. für die Sicherheit von anderen Menschen.
6. Ich koche auch gern.
7. Ich interessiere mich besonders für Holz.

## 5 Jetzt weiß ich ...

Lies die Notizen aus den Tagebüchern von Peter und Kirsten und schreib jeweils einen Absatz über das Praktikum. Benutz alle Wörter unten.

**Beispiel**

Ich war mit dem Berufspraktikum gar nicht zufrieden. Ich ...

| Peter | Kirsten |
|---|---|
| gar nicht | ganz interessant |
| mußte stundenlang | durfte |
| durfte keine | viel gelernt |
| alleine | im Studio gearbeitet |
| Sinn | gute Erfahrungen |
| müde | begeistert |
| jetzt weiß ich | Beruf ergreifen |

## 6 Fünf kurze Vorstellungsgespräche

Schreib fünf Vorstellungsgespräche, die jeweils nicht länger als zehn Sekunden dauern.

**Beispiel**

A: Guten Tag. Warum wollen Sie Polizist werden?

B: Weil ich mich für schnelle Autos und schicke Uniformen interessiere.

A: Der nächste, bitte!

## 7 Arbeit und Wirtschaft

Lies den Text auf Seite 158. Welche Satzteile passen zusammen?

**Beispiel**

1c

### Arbeit und Wirtschaft

Wie in vielen europäischen Ländern arbeiten immer weniger Menschen in Deutschland in den Bereichen der Landwirtschaft und der Produktion. Immer mehr Menschen arbeiten im Dienstleistungsbereich. Sie produzieren keine Waren, sondern sie arbeiten zum Beispiel als Kellnerin, Busfahrer, Bankkauffrau, Friseur oder Tierärztin.

In Deutschland produziert man viele Waren für den Export. Die wichtigsten Exportprodukte sind Autos, Maschinen, Produkte der Elektrotechnik und Chemie.

Die wichtigsten Handelspartner Deutschlands sind die Staaten der Europäischen Gemeinschaft und die USA. Die fünf wichtigsten Länder sind Frankreich, die USA, die Niederlande, Großbritannien und Italien.

| | | | |
|---|---|---|---|
| 1 | Immer weniger Deutsche | a | sind wichtige Exportprodukte. |
| 2 | Deutsche im Dienstleistungs-Sektor | b | produzieren keine Waren. |
| 3 | Deutsche Firmen | c | wollen in der Landwirtschaft arbeiten. |
| 4 | Autos | d | handeln mit Deutschland. |
| 5 | Frankreich und Großbritannien | e | produzieren viele Exportwaren. |

## KAPITEL 8

### 1 Alptraumdorf

Du wohnst im Alptraumdorf. Beschreib es. Bekommt man dort einen guten Job? Wie ist die Landschaft? Das Klima? Wie sind die Leute?

**Beispiel**

Ich wohne in Kuhfladendorf. Dort ist gar nichts los.

### 2 Weltreise!

Neulich warst du auf einer Weltreise (oder sogar auf dem Mond!). Welche Transportmittel hast du benutzt? Beschreib die Reise.

**Beispiel**

Ich bin mit dem Zug nach Dover gefahren.

### 3 Wegbeschreibungen

Du arbeitest im Verkehrsamt deiner Stadt/deines Dorfes, aber du arbeitest nicht gern dort. Zeichne einen Stadtplan und schreib falsche Wegbeschreibungen für die Besucher auf. Kann dein/e Partner/in die Fehler finden?

**Beispiel**

Um zum Bahnhof zu kommen, gehen Sie geradeaus ...

### 4 Prospekte

Micha schreibt einen Prospekt über Sachsendorf für das Verkehrsamt. Auf seiner alten Tastatur sind die Buchstaben aber schwer zu lesen, und deshalb macht er manchmal Fehler. Kannst du den Prospekt für ihn richtig schreiben?

**Beispiel**

Zu dieser Jahreszeit ist das Dorf besonders schön.

## Sachsenburf
### – Ihre ersfe Wahl für gufe Ferien!

Zu bieser Jahreszeif isf das Burf besunbers schün. In ber Burfmiffe gibf es viele schüne Fachwerkhäuser, bie abenbs im Sonnenlichf bis späfen Herbsfes gebadef werden, unb bie bann wunberschün aussehen.

Hier gibf es eine alfe Kirche, bie im 12. Jahrhunberf gebauf wurden isf. Bie Lanbschaff, bie bas Burf umgibf, isf hügelig unb schün, mif schünen, wilden Blumen, bie auf ber viuleffen Heibe wie bunfe Sommersprussen verstreuf sinb.

Abenbs gibf es viel für Jugenbliche zu tun – es gibf einen Jugenbclub in ber Kirche, ber sich zweimal in ber Wuche frifff. Außerdem gibf es einen kleinen Park unb einen Fennisplafz.

Hier gibf es fasf keine gesellschafflichen Prubleme, unb Arbeifslusigkeif isf auch kein Prublem, da es eine gruße Schuhfabrik ganz in ber Nähe gibf.

Kummen Sie nach Sachsenburf, um bie Ferien Ihres Lebens zu genießen!

## 5 Nachdem

Schreib einen kurzen Bericht über einen Tag in deinem Leben (wahr oder erfunden). Gib Infos über mindestens fünf Freizeitbeschäftigungen. Benutz das Wort ‚nachdem' so oft wie möglich.

**Beispiel**

Ich bin um sieben Uhr aufgestanden. Nachdem ich aufgestanden war, habe ich gefrühstückt.

# KAPITEL 9

## 1 Lebenslauf

Lies Bettinas Lebenslauf und beantworte die Fragen.

**Beispiel**

1 Sie hat eine Schwester und einen Bruder.

Bettina Schön,
Waldstr. 5
86167 Augsburg

**Lebenslauf**

Ich heiße Bettina Schön und wurde am 8. Juni 1984 als älteste Tochter von Lars und Maren Schön in Augsburg geboren. Mein Vater ist Mechaniker, und meine Mutter arbeitet als Krankenschwester. Ich habe noch eine zwei Jahre jüngere Schwester und einen vier Jahre jüngeren Bruder.

Im September 1990 kam ich in die Grundschule, die ich vier Jahre lang besuchte. 1994 wechselte ich auf die Friedrich-Spee Realschule in Augsburg, die ich im Juli 2000 mit dem Realschulabschluß verlassen werde. Meine Schwerpunktfächer sind Naturwissenschaften und Erdkunde.

Mein Berufspraktikum habe ich bei der Apotheke Brandt absolviert.

In meiner Freizeit reite ich gern, höre gern Musik und mache gern Handarbeiten.

Augsburg, den 17. 3.

1 Wie viele Geschwister hat Bettina?
2 Was sind Bettinas Eltern von Beruf?
3 Was sind ihre Hauptfächer?
4 Mit welchem Schulabschluß wird sie die Schule verlassen?
5 Wo hat sie ihr Berufspraktikum gemacht?
6 Was macht sie gern in ihrer Freizeit?

## 2 Mein Lebenslauf

Schreib jetzt deinen eigenen Lebenslauf. Bettinas Lebenslauf hilft dir dabei.

**Beispiel**

**Lebenslauf**

Ich heiße Patrick Hennessy und wurde am 7. Juli ...

## 3 Im Vorstellungsgespräch

Füll die Lücken mit Wörtern aus dem Kästchen aus. Paß auf! Du brauchst nicht alle Wörter im Kästchen.

**Beispiel**

1 EDV-Kenntnisse

Was für ...(a)... haben Sie? Arbeiten Sie gern am ...(b)...? Haben Sie Erfahrung im ...(c)...? Welchen ...(d)... haben Sie? Warum möchten Sie bei dieser ...(e)... arbeiten? Was für eine ...(f)... haben Sie?

Arbeitsstunden · Computer · Bezahlung · Ausbildung · EDV-Kenntnisse · Abschluß · Urlaub · Firma · Medienbereich

## 4 Psychotest

Mach den Psychotest.

# JUFO

## JUFO-Psychotest: Würdest du mit dem Arbeitsstreß klarkommen?

*Wie würdest du reagieren? Mach unseren Psychotest! Wähl jeweils a, b, c oder d aus. Dann zähl deine Punkte zusammen.*

**1** *Ein Kunde ruft an und beschwert sich in einem aggressiven Ton: ‚Sie haben vorgestern versprochen, mir eine Preisliste zu faxen. Verdammt noch mal! Wo ist sie?' Wie würdest du antworten?*

**a)** Ich würde sofort auflegen. Solche Kunden brauchen wir nicht.

**b)** Ich würde mich entschuldigen und die Preisliste sofort faxen.

**c)** Ich würde sagen: ‚Alles klar. Das mache ich sofort.' Aber ich würde mich nicht entschuldigen, weil er so aggressiv war.

**d)** Ich wäre nicht aggressiv, sondern ich würde den Chef holen.

**2** *Du arbeitest am Computer und brauchst mindestens drei Stunden, um die Arbeit fertig zu machen. Deine Chefin kommt zu dir und verlangt: ‚Diese Arbeit muß in einer Stunde fertig sein.' Wie würdest du reagieren?*

**a)** Ich würde ‚Kein Problem!' sagen, aber ich würde mich bei meinen Kollegen beschweren.

**b)** Ich würde es machen, aber ich würde mir einen neuen Arbeitgeber suchen.

**c)** Ich würde sagen ‚Sind Sie verrückt? Machen Sie's selber, wenn Sie es so dringend brauchen.'

**d)** Ich würde ihr erklären, daß ich wirklich drei Stunden benötige.

**3** *Der Chef einer anderen Firma ruft an und will dringend mit deiner Chefin sprechen. Du weißt, daß deine Chefin nicht mit ihm sprechen will. Was würdest du machen?*

**a)** Ich würde meine Chefin holen.

**b)** Ich würde sagen: ‚Hier ist unser Anrufbeantworter. Bitte sprechen Sie nach dem Ton.'

**c)** Ich würde herausfinden, warum er mit meiner Chefin sprechen möchte und dann auflegen.

**d)** Ich würde ihm ein Treffen mit meiner Chefin anbieten.

**4** *Eine Kundin ruft an und beschwert sich, weil sie ein Produkt von deiner Firma gekauft hat, das überhaupt nicht funktioniert. Was würdest du sagen?*

**a)** ‚Das darf nicht wahr sein! Haben Sie die Gebrauchsanweisung gelesen?'

**b)** ‚Entschuldigung! Ich rufe Sie später zurück, wenn ich Zeit habe.'

**c)** ‚Kein Problem! Schicken Sie es zurück, und wir ersetzten es kostenlos.'

**d)** ‚Haben Sie die Garantie? Ohne Garantie kann ich nichts machen.'

### Wie viele Punkte hast du?

| | a) | b) | c) | d) |
|---|---|---|---|---|
| **1** | 0 | 5 | 4 | 3 |
| **2** | 0 | 1 | 2 | 5 |
| **3** | 3 | 0 | 1 | 5 |
| **4** | 0 | 1 | 5 | 1 |

### Auswertung

**0–6** Furchtbar. Wie lange willst du diesen Job noch machen?

**7–10** Na ja. Du mußt noch viel lernen!

**11–16** Gar nicht schlecht. Nach und nach schaffst du es!

**17–20** Du bist ausgeglichen und diplomatisch. In zwei Jahren wirst du bestimmt Chef/in sein!

## 5 E-mail funktioniert nicht

Schreib die E-mail richtig auf.

HotΔl ViΔr JahrΔʃzΔitΔn
OudΔnardΔr Str. 24
51064 KÖLN
TΔlΔfon: +221 / 96 23 67-0
TΔlΔfax: +221/ 96 23 68-0
Δ-mail: hotΔlviΔrj@compdiΔnʃt.co.dΔ

| | |
|---|---|
| An: | Frau SuzannΔ GaffnΔy |
| Firma: | Wordworkʃ IntΔrnational |
| AdrΔʃʃΔ: | word@wordworkʃ.co.uk |
| Datum: | 3. Januar |
| UhrzΔit: | 13 08 |

BΔtrifft: HotΔlrΔʃΔrviΔrung

Eʃ frΔut unʃ ʃΔhr, diΔ RΔʃΔrviΔrung ΔinΔʃ DoppΔlzimmΔrʃ mit Bad/DuʃchΔ für diΔ ZΔit vom 8. Juli biʃ zum 11. Juli im HotΔl ViΔr JahrΔʃzΔitΔn zu bΔʃtätigΔn. BittΔ tΔilΔn SiΔ unʃ mit, ob SiΔ Δin RauchΔr- odΔr NichtrauchΔrzimmΔr wünʃchΔn odΔr ob andΔrΔ SondΔrwünʃchΔ bΔʃtΔhΔn. Daʃ UMWELT JETZT-KonfΔrΔnzcΔntΔr bΔfindΔt ʃich Δtwa 2 km vom HotΔl und iʃt mit dΔm Taxi odΔr dΔr U-Bahn günʃtig zu ΔrrΔichΔn.

Wir akzΔptiΔrΔn allΔ KrΔditkartΔn.

Mit frΔundlichΔm Gruß

Gotthard Schnarr

## 6 Das Wichtigste

Schreib das Wichtigste aus der E-mail oben auf englisch auf.

**Beispiel**

*Hotel Vier Jahreszeiten confirms reservation of ...*

## 7 Fremdsprachen

Lies den Text und fasse ihn in 30-40 Wörtern zusammen.

### Fremdsprachen

In vielen Berufsbereichen sind Fremdsprachenkenntnisse besonders vorteilhaft. Die wichtigsten Berufsbereiche mit fremdsprachlichem Bedarf sind Fremdenverkehr und Tourismus, Wirtschaft, Naturwissenschaft und Technik, Organisation und Verwaltung, Medien und Kultur.

Deutsche Fahrräder, Elektrogeräte und Autos, deutsches Spielzeug, deutsche Sportbekleidung und tausend andere deutsche Industrieprodukte sind überall auf der Welt bekannt. Die deutsche Wirtschaft ist stark auf Export eingestellt. Dadurch brauchen viele Kaufleute, Ingenieure, Techniker und Sekretärinnen Fremdsprachenkenntnisse.

Nicht nur die wichtigsten europäischen Sprachen wie Englisch, Spanisch und Französisch sind gefragt, sondern Sprachen aus aller Welt wie zum Beispiel Chinesisch, Japanisch, Russisch, Griechisch und Arabisch. Fremdsprachenkenntnisse verbessern in der Regel die Berufschancen. Wer Sprachen beherrscht und im Ausland gelebt hat, hat bessere Aufstiegsmöglichkeiten.

# KAPITEL 10

## 1 SOS-Kinderdorf

Lies den Text und beantworte die Fragen.

**Beispiel**

**1** Hermann Gmeiner

1949 gründete Hermann Gmeiner das erste SOS-Kinderdorf in Tirol (Österreich). Seine Idee war, elternlosen Kindern ein neues Elternhaus zu schaffen. Ein SOS-Kinderdorf besteht aus 12 bis 40 Familienhäusern, einem Kindergarten und weiteren Gemeinschaftshäusern. Es leben meist sechs Kinder mit einer Frau, die versucht, ihnen die Mutter zu ersetzen, bis sie selbstständig geworden sind. Als Hermann Gmeiner 1986 starb, gab es in 85 Ländern der Welt 223 SOS-Kinderdörfer. Inzwischen ist die Zahl auf 280 Dörfer gestiegen.

1 Wer gründete das erste SOS-Kinderdorf?
2 Wem wollte er helfen?
3 Wie viele Kinder leben gewöhnlich in einem Haus im Dorf?
4 Welche Rolle spielt die Frau, die im Haus lebt?
5 Wann starb der Gründer der SOS-Kinderdörfer?
6 Wie viele SOS-Kinderdörfer gibt es jetzt?

## 2 Globale Probleme

Kannst du das Poster zum Thema ‚globale Probleme' fertig machen?

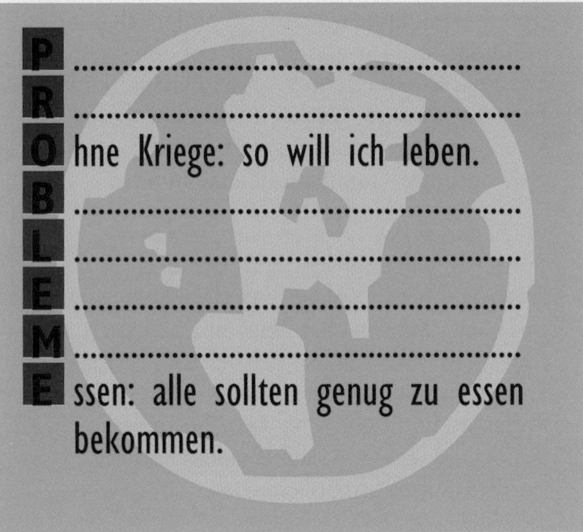
P ..................................................
R ..................................................
O hne Kriege: so will ich leben.
B ..................................................
L ..................................................
E ..................................................
M ..................................................
E ssen: alle sollten genug zu essen bekommen.

## 3 Eine umweltfreundliche Schule?

Wie könnte deine Schule grüner sein? Schreib eine Liste.

**Beispiel**

Wir könnten vielleicht Alu-Dosen recyceln, weil ...

Die Lehrer/innen sollten ... , weil ...

Die Schüler/innen sollten ..., weil ...

## 4 Umwelt

Du hast fünf Minuten Zeit. Schlag in einem Wörterbuch zehn Wörter nach, die mit ‚Umwelt-' anfangen.

**Beispiel**

Umweltkatastrophe, umweltfreundlich ...

## 5 Zwei Jugendliche

Lies die Texte. Was haben Cem und Susi gemeinsam? Schreib jeweils ‚richtig' oder ‚falsch'.

Cem ist 17 Jahre alt. Er ist in Deutschland geboren und lebt in Berlin. Seine Eltern sind Türken. Er geht in die neunte Klasse einer Freiburger Realschule. Er erzählt: ‚Die meisten meiner Mitschüler haben eine andere Religion als ich, oder gar keine Religion. Ich träume von einer friedlichen Welt, in der niemand arm ist und alle genug zu essen haben. Das Wichtigste ist, daß man im Leben den richtigen Weg findet. Man muß ein gutes Leben führen, anderen helfen und nicht die ganze Zeit an sich selbst denken. Nach dem Tode gibt es entweder Himmel oder Hölle. Und ich weiß, wo ich hinmöchte.'

Susi geht auf die gleiche Realschule wie Cem, obwohl sie ein Jahr jünger ist als er. Sie sieht das Leben etwas anders. ‚Ich glaube, es geht hier nach dem Tode irgendwie weiter. Vielleicht lebe ich als Tier weiter oder als Pflanze. Ich glaube auch an Gott, aber ich glaube nicht, daß es eine Hölle gibt. Alle Menschen machen Fehler', sagt sie, ‚und es können doch nicht alle in die Hölle kommen. Früher habe ich geglaubt, Gott würde keine globalen Katastrophen erlauben. Aber nach all den Umweltkatastrophen bin ich sicher, daß wir selber die Umwelt beschützen müssen. Ich bin Vegetarierin, und ich träume von einer Welt ohne Krieg, Armut, Arbeitslosigkeit, Krankheit oder Umweltverschmutzung.'

1 Sie sind beide 17 Jahre alt.
2 Sie besuchen dieselbe Schule.
3 Sie glauben an Gott.
4 Sie sind Christen.
5 Sie glauben an Himmel und Hölle.
6 Sie machen sich Sorgen über die Umwelt.
7 Sie essen kein Fleisch.
8 Sie träumen von einer Welt ohne Krieg.
9 Sie träumen von einer Welt ohne Armut.
10 Sie machen sich Sorgen über andere Menschen.

## 6 Schlagzeilen

Erfinde zehn sensationelle Schlagzeilen mit Hilfe der Tabelle auf Seite 163.

**Beispiel**

SCHWEIN VERURSACHTE PANIK IM FLUGZEUG!

| Außerirdische | | Bauernhofbrand! |
|---|---|---|
| Discobesucher | | Umweltkatastrophe! |
| Käse | | Auto-Diebstahl-Boom! |
| Schwein(e) | | Notbremsung im Zug! |
| Braut | verhinderte/n | Panik in Dänemark! |
| Papagei | | Chaos auf dem Schulhof! |
| Schüler/in | | Banküberfall! |
| Polizist(en) | | Fahrradunfall! |
| Kamel(e) | verursachte/n | Treibhauseffekt! |
| Rentnerin(nen) | | Panik im Flugzeug! |
| Deutschlehrer/in | | Magenbeschwerden! |
| Tierärzte | | Zerstörung der Luftwaffe! |

## 7 Die falsche Braut

Ordne diese Sätze, um die Geschichte richtig zu schreiben.

**Beispiel**

a, g, ...

a **SCHOCK FÜR JUNGEN BRÄUTIGAM!**

b Er ließ die Mutter fallen, und alle vier Brüder liefen davon.

c In seinen Armen lag die Mutter des Mädchens.

d Miroslav trug die Frau auf den Armen.

e Alle vier schlichen hinein und holten die Braut heimlich heraus.

f Aber nach ein paar Schritten merkte er, daß er die falsche Frau mitgenommen hatte.

g Der junge Miroslav versuchte, seine Braut heimlich aus dem Haus ihrer Eltern wegzubringen, weil die Mutter des Mädchens gegen die Verlobung war.

h In einer dunklen Nacht ging er mit seinen drei Brüdern zusammen zum Haus, wo das Mädchen wohnte.

## 8 Autounfall auf der Hauptstraße

Lies die vier Berichte eines Autounfalls und schreib einen Artikel im Imperfekt für die Stadtzeitung. Schreib 80 bis 100 Wörter.

**Beispiel**

Kurz vor acht Uhr gab es einen Autounfall auf der Hauptstraße. Ein blauer Mercedes ...

Ich bin aus dem Parkhaus in der Hauptstraße rausgekommen und ein blaues Auto ist vorbeigerast. Ich habe einen Riesenkrach gehört. Ich habe mich umgedreht und ich habe gesehen, wie das Auto gegen die Telefonzelle vor der Post geprallt hatte. Der Fahrer hatte die Kontrolle über das Auto verloren, würde ich sagen. Zum Glück war niemand verletzt. **Frau Nina Mitteregger (34)**

Es war kurz vor acht Uhr. Ich hatte es eilig, weil ich nicht zu spät zur Arbeit kommen wollte, aber ich habe das alles gesehen. Zum Glück war niemand in der Telefonzelle. Ich glaube, der Fahrer ist davongelaufen. Wenige Minuten später ist die Polizei gekommen. **Thomas Hagen (19)**

Ich habe das Ganze gesehen. Meine Schwester, Gabi, war auch dabei. Plötzlich ist ein alter Mercedes unheimlich schnell vorbeigefahren. Und dann gab's so einen Riesenkrach, und ich habe mir gedacht, der ist bestimmt tot. Doch ist der Fahrer aus dem Wagen gestiegen und weggelaufen. Gabi war's, die die Polizei angerufen hat. Die Telefonzelle ist total kaputt. **Susana Frey (17)**

Ich dachte zuerst, er rasierte sich. Mit so einem Rasierapparat, verstehen Sie? Aber nein. Der Typ war am Telefonieren, verstehen Sie? Mit so einem Autotelefon. Unglaublich. Bei so einer Geschwindigkeit. Kein Wunder, daß er gegen etwas geprallt ist. Na ja. Ich weiß nicht, ob er verletzt war, aber die Polizei und die Feuerwehr waren schnell am Unfallort. Das Auto war bestimmt gestohlen. Bestimmt! **Herr Manfred Mertens (44)**

# Grammatik

## 1 Subject, direct and indirect object pronouns

Subject pronouns (in the nominative case) show who or what is *doing* the action described by a verb (e.g. **ich** esse, **er** trinkt).

Direct object pronouns (in the accusative case) show who or what is having the action described by a verb *done to* them (e.g. er mag **mich**, ich sehe **dich**).

Indirect object pronouns (in the dative case) are mostly used as a shorthand way of saying *'to/from/for me'* etc. (e.g. gib **mir** das Buch, es reicht **ihm**).

Here is a listing of the pronouns you have learnt:

| | **Nominative** | | **Accusative** | | **Dative** | |
|---|---|---|---|---|---|---|
| **Singular** | | | | | | |
| 1st person | ich | *(I)* | mich | *(me)* | mir | *(to/from/for me)* |
| 2nd person | du | *(you, e.g. friend)* | dich | *(you)* | dir | *(to you, etc.)* |
| 3rd person | er | *(he/it)* | ihn | *(him/it)* | ihm | *(to him/it, etc.)* |
| | sie | *(she/it)* | sie | *(her/it)* | ihr | *(to her/it, etc.)* |
| | es | *(it)* | es | *(it)* | ihm | *(to it, etc.)* |
| | man | *(one)* | einen | *(one)* | einem | *(to one, etc.)* |
| **Plural** | | | | | | |
| 1st person | wir | *(we)* | uns | *(us)* | uns | *(to/from/for us)* |
| 2nd person | ihr | *(you, e.g. friends)* | euch | *(you)* | euch | *(to you, etc.)* |
| | Sie | *(you – formal)* | Sie | *(you)* | Ihnen | *(to you, etc.)* |
| 3rd person | sie | *(they)* | sie | *(them)* | ihnen | *(to them, etc.)* |

## 2 Verbs

Every sentence must contain a verb. This tells us what is happening in the sentence, and is usually listed in a dictionary or glossary in the *infinitive*, (the form of the verb meaning *'to ______'*, e.g. *'to do'*). In German, infinitives of verbs usually end in **-en** or **-n**.

### 2.1 The present tense

- **Regular (weak) verbs**

Regular verbs follow a standard pattern. To use a regular verb, you take the infinitive form, remove the **-en** or **-n** from the end to form the *stem*, and add the correct ending for the pronoun you are using, e.g:

| ich | ________**-e** | (ich kauf**e**) | wir | ________**-en** | (wir kauf**en**) |
|---|---|---|---|---|---|
| du | ________**-st** | (du kauf**st**) | ihr | ________**-t** | (ihr kauf**t**) |
| er/sie/es/ | ________**-t** | (er kauf**t**) | Sie | ________**-en** | (Sie kauf**en**) |
| (*usw.*) | | | sie | ________**-en** | (sie kauf**en**) |

- **Arbeiten, finden**

Verbs which have a **-t** or a **-d** at the end of their stem generally have slightly different endings, e.g:

| | |
|---|---|
| ich arbeite | ich finde |
| du arbeit**e**st | du find**e**st |
| er/sie/es/(*usw.*) arbeit**e**t | er/sie/es/(*usw.*) find**e**t |
| wir arbeiten | wir finden |
| ihr arbeit**e**t | ihr find**e**t |
| Sie arbeiten | Sie finden |
| sie arbeiten | sie finden |

- **Sammeln**

Most verbs which end in **-eln** form their stem by removing the **-n** and adding the regular endings, except in the case of the first person singular (**ich**) which loses the first **e**, e.g. ich samm**le** *not* ich sammele.

| |
|---|
| ich samm**le** |
| du sammelst |
| er/sie/es/(*usw.*) sammelt |
| wir sammeln |
| ihr sammelt |
| Sie sammeln |
| sie sammeln |

- **Irregular (strong) verbs**

Irregular verbs are different in the second (**du**) and third (**er/sie/es**) person singular forms. The endings are the same as those for regular verbs, but the vowel in the *stem* changes. The most common vowel changes are from **e** to **i,** from **e** to **ie** and from **a** to **ä**:

| | | | |
|---|---|---|---|
| **geben:** | ich gebe | *aber* | du g**i**bst |
| **sehen:** | ich sehe | *aber* | er s**ie**ht |
| **fahren:** | ich fahre | *aber* | sie f**ä**hrt |

### 2.2 Haben *and* sein

**Haben** *(to have)* and **sein** *(to be)* are irregular and are used frequently as *auxiliary verbs* when forming the perfect tense. See Section 2.9. Their forms are as follows:

| **haben** | **sein** |
|---|---|
| ich habe | ich bin |
| du hast | du bist |
| er/sie/es/(*usw.*) hat | er/sie/es/(*usw.*) ist |
| wir haben | wir sind |
| ihr habt | ihr seid |
| Sie haben | Sie sind |
| sie haben | sie sind |

## 2.3 Reflexive verbs in the present tense

Reflexive verbs consist of two parts: a *verb* and a *reflexive pronoun*. For reflexive verbs in the perfect tense see Section 2.11.

### • Reflexive pronouns in the accusative

When the reflexive pronoun is the *direct object* of the sentence, it is in the *accusative*. These reflexive pronouns are similar, but not identical, to the direct object pronouns in the accusative case (see Section 1). For example, look at the verb on the right:

| **sich duschen – *to have a shower*** | |
|---|---|
| ich dusche | **mich** |
| du duschst | **dich** |
| er/sie/es/(*usw.*) duscht | **sich** |
| wir duschen | **uns** |
| ihr duscht | **euch** |
| Sie duschen | **sich** |
| sie duschen | **sich** |

Some other reflexive verbs with reflexive pronouns in the accusative are:

| | | |
|---|---|---|
| sich hinlegen | *to lie down* | Ich lege **mich** hin. |
| sich fühlen | *to feel* | Fühlst du **dich** nicht wohl? |
| sich erbrechen | *to be sick* | Sie erbricht **sich**. |

### • Reflexive pronouns in the dative

When the reflexive pronoun is the *indirect object* of the sentence, it is in the *dative*. These reflexive pronouns are similar, but not identical, to the indirect object pronouns (see Section 1). Another word in the *accusative* (often a part of the body) is used with the verb as well – this is the *direct object* of the sentence, e.g:

| **sich die Haare waschen – *to wash one's hair*** | | |
|---|---|---|
| ich wasche | **mir** | die Haare |
| du wäschst | **dir** | die Haare |
| er/sie/es/(*usw.*) wäscht | **sich** | die Haare |
| wir waschen | **uns** | die Haare |
| ihr wascht | **euch** | die Haare |
| Sie waschen | **sich** | die Haare |
| sie waschen | **sich** | die Haare |

Some other reflexive verbs with reflexive pronouns in the dative are:

| | | |
|---|---|---|
| sich etwas verletzen | *to injure something* | ich verletze **mir** den Fuß |
| sich etwas brechen | *to break something* | er bricht **sich** den Arm |
| sich etwas verstauchen | *to sprain something* | sie verstaucht **sich** den Fuß |

Not all reflexive verbs of injury have a direct object. Some use an *indirect object* pronoun, e.g:

| | |
|---|---|
| Ich habe **mir in** die Hand geschnitten. | *I have cut my hand.* |

Some reflexive verbs are used with other prepositions governing the accusative. Here are some examples:

sich interessieren **für** – *to be interested in*

| | |
|---|---|
| ich interessiere mich für | den/die/das/ ...<br>einen/eine/ein ... |

## 2.4 Separable verbs in the present tense

Separable verbs have a *preposition* attached to them (e.g. **um**-, **aus**- or **auf**-). In the infinitive the preposition is joined to the *beginning* of the verb (e.g. **um**steigen, **aus**kommen, **auf**stehen). In the present tense the verb goes in *second* place and the preposition goes at the *end* of the sentence, e.g:

| | |
|---|---|
| Er **steigt** in Bonn **um**. | *He changes trains in Bonn.* |
| Ich **komme** mit ihnen gut **aus**. | *I get on well with them.* |

**NB** For separable verbs in the perfect tense see Section 2.10.

## 2.5 Modal verbs in the present tense

A modal verb generally works with another verb which is in the *infinitive*. The modal verb adds something to the meaning of the other verb (usually a mood or an attitude). The modal verb is the main verb in the sentence and goes in *second* place. The other verb (in the infinitive) goes at the *end* of the sentence, e.g:

| | |
|---|---|
| Ich **muß** hier **umsteigen**. | *I have to change trains here.* |
| Sie **will** etwas **trinken**. | *She wants to drink something.* |
| Ich **kann** dir **helfen**. | *I can help you.* |

Here are the modal verbs you have met, and their meanings:

**dürfen** *to be allowed to, 'may'*

**können** *to be able to, 'can'*

**mögen** *to like to*

**wollen** *to want to*

**müssen** *to have to, 'must'*

Modal verbs are irregular in the singular (their stems change and there are no endings on the **ich** and **er/sie/es** forms) but they are regular in the plural.

| | **dürfen** | **können** | **mögen** | **müssen** | **wollen** |
|---|---|---|---|---|---|
| **Singular** | ich darf | ich kann | ich mag | ich muß | ich will |
| | du darfst | du kannst | du magst | du muß | du willst |
| | er/sie/es darf | er/sie/es kann | er/sie/es mag | er/sie/es muß | er/sie/es will |

| | dürfen | können | mögen | müssen | wollen |
|---|---|---|---|---|---|
| Plural | wir dürfen | wir können | wir mögen | wir müßen | wir wollen |
| | ihr dürft | ihr könnt | ihr mögt | ihr müßt | ihr wollt |
| | Sie dürfen | Sie können | Sie mögen | Sie müssen | Sie wollen |
| | sie dürfen | sie können | sie mögen | sie müssen | sie wollen |

**NB** For modal verbs in the imperfect tense see Section 2.13.

### 2.6a The conditional

The conditional of **werden** is **würden**, which means '*would*' in English. **Würden** is used as the main verb in *second* place with another verb in the *infinitive* at the end of the clause.

| | |
|---|---|
| Ich **würde** eine Weltreise **machen**. | *I **would** travel around the world.* |

### 2.6b *Mögen* and *gern haben*

You have also met **mögen** and **gern haben**, which both mean *'would like'*.

| **würden – *'would'*** | **möchten – *'would like'*** | **hätten gern – *'would like'*** |
|---|---|---|
| ich würde | ich möchte | ich hätte gern |
| du würdest | du möchtest | du hättest gern |
| er/sie/es/(*usw.*) würde | er/sie/es/(*usw.*) möchte | er/sie/es/(*usw.*) hätte gern |
| wir würden | wir möchten | wir hätten gern |
| ihr würdet | ihr möchtet | ihr hättet gern |
| Sie würden | Sie möchten | Sie hätten gern |
| sie würden | sie möchten | sie hätten gern |

### 2.7 Ich würde lieber

German uses **würden** (see above) with **lieber** and **am liebsten** to express preference, e.g:

| | |
|---|---|
| Ich **würde** am liebsten die Schule ganz **verlassen**. | *Most of all I would like to leave school.* |

**Als** meaning '*than*' is used to make comparisons.

| | |
|---|---|
| Ich **würde** lieber Schokolade **als** Gemüse **essen**. | *I would rather eat chocolate **than** vegetables.* |

### 2.8 The future tense

There are two ways of expressing the future in German:

- The present tense with future meaning: the verb is like a normal present tense verb in form and usage (this is similar to English usage of the present tense), e.g:

| | |
|---|---|
| Nächstes Jahr **fahre** ich nach Italien. | *I am going to Italy next year.* |
| Morgen **gehe** ich einkaufen. | *I am going shopping tomorrow.* |

- **Werden** with another verb in the *infinitive* at the *end* of the clause. (This is similar to the English future tense which uses *'will'* or *'shall'* and a verb in the infinitive.) Here are some examples:

| | |
|---|---|
| Ich **werde** berühmt **sein**. | *I will be famous.* |
| Wir **werden** massenhaft CDs **verkaufen**. | *We will sell lots of CDs.* |
| Wir **werden** nächstes Jahr nach Spanien **fahren**. | *We will go to Spain next year.* |

The verb **werden** is irregular:

| |
|---|
| ich werde |
| du **wirst** |
| er/sie/es/(*usw.*) **wird** |
| wir werden |
| ihr werdet |
| Sie werden |
| sie werden |

## 2.9 The perfect tense

The perfect tense is used to talk about completed actions in the past. It is mainly used for personal spoken accounts, e.g. in conversation. It is formed by using the *auxiliary* verb **haben** or **sein** and a *past participle*.

The auxiliary verb **haben** or **sein** counts as the main verb and so is in *second* place, and the past participle goes to the *end* of the clause, e.g:

| | |
|---|---|
| Ich **habe** ein Geschenk für meine Mutter **gekauft**. | *I (have) bought a present for my mother.* |
| Ich **bin** mit dem Auto nach Berlin **gefahren**. | *I drove to Berlin.* |

- **Regular (weak) verbs**

To form the past participle of a regular verb, you form the *stem* by removing the **-en** or **-n** from the end of the *infinitive*. You then add **ge-** to the beginning and **-t** or **-et** to the end, e.g:

| | | | | | |
|---|---|---|---|---|---|
| *(to play)* | spielen | → | spiel- | → | **ge**spiel**t** |
| *(to work)* | arbeiten | → | arbeit- | → | **ge**arbeit**et** |

- **Irregular (strong) verbs**

To form the past participle of an irregular verb, you add **ge-** to the beginning of the *infinitive* form, and you usually change the *vowel* in the stem itself, e.g:

| | | | |
|---|---|---|---|
| *(to write)* | schreiben | → | **ge**schr**ie**ben |
| *(to drink)* | trinken | → | **ge**tr**u**nken |

There is no set pattern for the vowel changes. See the Verb List on pages 184–185 for a list of irregular past participles.

- **Mixed verbs**

Several verbs are known as *mixed verbs*. In the perfect tense, you add **ge-** to the beginning of the *stem* but also change the *vowel* and add regular endings **-t** or **-et** to the end of the stem, e.g:

| | | | | | | | |
|---|---|---|---|---|---|---|---|
| *(to think)* | denken | → | **ge**d**a**ch**t** | *(to know)* | wissen | → | **ge**w**u**ß**t** |

The past participles are also featured in the Verb List.

## 2.10 The perfect tense: separable verbs

To form the perfect tense of a separable verb, an auxiliary (**haben** or **sein**) is used in second place in the sentence. The *preposition* is added to the *front* of the past participle (before the **ge-**)at the end of the sentence. Here are some examples:

| | | |
|---|---|---|
| **abfahren** | Ich bin um Mitternacht **ab**gefahren. | *I set off at midnight.* |
| **ankommen** | Sie ist um zwei Uhr **an**gekommen. | *She arrived at two o'clock.* |
| **aufstehen** | Wir sind um sieben Uhr **auf**gestanden. | *We got up at seven o'clock.* |

## 2.11 The perfect tense: reflexive verbs

- **Reflexive verbs with a direct object**

In the perfect tense, reflexive verbs with a direct object consist of an auxiliary verb, a reflexive pronoun in the accusative following the auxiliary verb, and the past participle of the verb at the end of the sentence. Here are some examples:

| | |
|---|---|
| Ich habe **mich** im Badezimmer **geduscht**. | *I had a shower in the bathroom.* |
| Er hat **sich erbrochen**. | *He was sick.* |

- **Reflexive verbs with an indirect object**

Reflexive verbs with an indirect object in the perfect tense consist of an auxiliary verb, a reflexive pronoun in the dative, followed by the direct object (in the accusative) and the past participle of the verb at the end of the sentence. Here are some examples:

| | |
|---|---|
| Meine Mutter hat **sich** den Fuß **verstaucht**. | *My mother has sprained her foot.* |
| Ich habe **mir** das linke Bein **gebrochen**. | *I have broken my left leg.* |
| **NB** Ich habe **mir** *in die* Hand geschnitten. | *I have cut my hand.* |

## 2.12 The imperfect tense

- **Usage**

The imperfect tense is mostly used in formal, written reports, e.g. newspapers, novels, and to describe repeated actions in the past. It is also used whenever English would use '*was*' or '*were*' to describe a continuous action, e.g. *'I was walking'*. Here are some examples:

| | |
|---|---|
| Ein Taxifahrer **rauchte** eine Zigarette. | *A taxi driver was smoking a cigarette.* |
| Sie **alarmierte** sofort eine Taxifirma. | *She alerted a taxi company at once.* |
| Jeden Tag **sagten** sie nichts zueinander. | *They said nothing to each other each day.* |

**NB** Modal verbs and some common verbs such as **haben**, **sein**, **denken**, and **wissen** are often used in the imperfect in speech for the sake of simplicity. Here are some examples:

| | |
|---|---|
| Plötzlich **war** das Kind da. | *Suddenly the child was there.* |
| Zum Glück **wußte** ich, was zu tun war. | *Luckily I knew what to do.* |

- **Regular (weak) verbs**

To form the imperfect tense of regular verbs, take the stem by removing the **-en** or **-n** from the end of the infinitive, and then add the endings below:

| **spielen** → | spiel- → | spiel**te** |
|---|---|---|
| ich | —— **-te** | (ich spiel**te**) |
| du | —— **-test** | (du spiel**test**) |
| er/sie/es/(*usw.*) | —— **-te** | (er/sie/es/(*usw.*) spiel**te**) |
| wir | —— **-ten** | (wir spiel**ten**) |
| ihr | —— **-tet** | (ihr spiel**tet**) |
| Sie | —— **-ten** | (Sie spiel**ten**) |
| sie | —— **-ten** | (sie spiel**ten**) |

- **Arbeiten, finden**

When there is a **-t** or a **-d** near the end of the stem of a verb, you need to put an extra **e** between the stem and the regular ending, e.g:

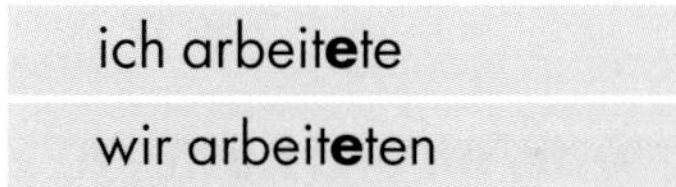

ich arbeit**e**te
wir arbeit**e**ten

- **Irregular (strong) verbs**

To form the imperfect tense of irregular verbs, you change the stem and add the endings below:

| **kommen** → | komm- → | kam |
|---|---|---|
| ich | —— | (ich k**a**m) |
| du | —— **-st** | (du k**a**m**st**) |
| er/sie/es/(*usw.*) | —— | (er/sie/es k**a**m) |
| wir | —— **-en** | (wir k**a**m**en**) |
| ihr | —— **-t** | (ihr k**a**m**t**) |
| Sie | —— **-en** | (Sie k**a**m**en**) |
| sie | —— **-en** | (sie k**a**m**en**) |

**NB** For a full list of stem changes to irregular verbs in the imperfect tense, please see the Verb List.

- **Mixed verbs**

To form the imperfect tense of mixed verbs, take the stem and change the vowel (as with irregular verbs), but add the endings for regular verbs, e.g:

| **denken** |
| --- |
| ich dach**te** |
| du dach**test** |
| er dach**te**, *etc.* |

For a full list of stem changes to mixed verbs, see the Verb List.

## 2.13 The imperfect tense: modal verbs

To form the imperfect tense of modal verbs, you usually change the vowel in the stem and then add the endings below. Here are the imperfect tenses of the modals you have met:

| **dürfen** | **können** | **mögen** | **müssen** | **wollen** |
| --- | --- | --- | --- | --- |
| ich d**u**rf**te** | ich k**o**nn**te** | ich m**o**ch**te** | ich m**u**ß**te** | ich woll**te** |
| du d**u**rf**test** | du k**o**nn**test** | du m**o**ch**test** | du m**u**ß**test** | du woll**test** |
| er/sie/es d**u**rf**te** | er/sie/es k**o**nn**te** | er/sie/es m**o**ch**te** | er/sie/es m**u**ß**te** | er/sie/es woll**te** |
| wir d**u**rf**ten** | wir k**o**nn**ten** | wir m**o**ch**ten** | wir m**u**ß**ten** | wir woll**ten** |
| ihr d**u**rf**tet** | ihr k**o**nn**tet** | ihr m**o**ch**tet** | ihr m**u**ß**tet** | ihr woll**tet** |
| Sie d**u**rf**ten** | Sie k**o**nn**ten** | Sie m**o**ch**ten** | Sie m**u**ß**ten** | Sie woll**ten** |
| sie d**u**rf**ten** | sie k**o**nn**ten** | sie m**o**ch**ten** | sie m**u**ß**ten** | sie woll**ten** |

## 2.14 The pluperfect tense

This tense is used to talk about past actions which were completed before another action began. It is formed in much the same way as the perfect tense, with an auxiliary verb and a past participle. As with the perfect tense, the auxiliary verb is either **haben** or **sein**.

However, in this tense the *imperfect tense* form of **haben** or **sein** is used: **war/en** and **hatte/n**.

| | |
| --- | --- |
| Ich **war** gegangen. | *I had gone.* |
| Er **hatte** gegessen. | *He had eaten.* |
| Sie **waren** geschwommen. | *They had swum.* |

- **Separable and reflexive verbs**

The pluperfect tense of separable and reflexive verbs is also formed in exactly the same way as their perfect tense, except that **war/en** and **hatte/n** are used as auxiliaries:

| ***Separable verb:* ankommen** | |
| --- | --- |
| Ich **war** um neun Uhr mit dem Bus angekommen. | *I had arrived by bus at nine o'clock.* |

| ***Reflexive verb:* sich duschen** | |
| --- | --- |
| Er **hatte** sich um acht Uhr geduscht. | *He had a shower at eight o'clock.* |

## 2.15 Conditional: *sollen*

The modal verb **sollen** is often used in the conditional to give the meaning *'should'* or *'ought to'*. In form, the imperfect subjunctive of **sollen** is identical to the imperfect tense. Here is the full paradigm:

| | Singular | | Plural |
|---|---|---|---|
| | **sollen** | | sie soll**ten** |
| | ich soll**te** | | ihr soll**tet** |
| | du soll**test** | | Sie soll**ten** |
| | er/sie/es/(*usw.*) soll**te** | | sie soll**ten** |

| | |
|---|---|
| Man **sollte** gekochtes Essen immer in den Kühlschrank tun. | *You should always put cooked food in the fridge.* |
| Du **solltest** alle Tücher und Lappen jeden Tag wechseln. | *You should change all the towels and cloths every day.* |

## 2.16 Verbal nouns

German verbs are often used as nouns to give the same idea as an English *gerund* (*'do**ing**'*, *'drink**ing**'*, *'eat**ing**'*, etc.).

When verbs are used in this way, they are in the *infinitive* form. Because they are acting as nouns, they have a capital letter. Their gender is also always *neuter.*

| |
|---|
| **das** Snowboarden |
| **das** Skilaufen |
| **das** Abspülen |

If the idea to be expressed is *'in **–ing**'*, or *'whilst **–ing**'*, this is translated in German by **beim**. Here is an example:

| | |
|---|---|
| Er hat sich **beim Skilaufen** in die Nase geschnitten. | *He cut his nose whilst skiing.* |

## 2.17 Overview of Tenses

### • Regular verbs

Word order here is for main clauses. For subordinate clauses, move the verb from second place to the end of the clause e.g:

Es stimmt, daß ich jetzt in der Stadtmitte **wohne**./Es stimmt, daß ich in der Stadtmitte gewohnt **habe**.

The first person (**ich**) form only is given here. The ending on the verb may have to change if you change the subject of the sentence or clause, e.g:

**Er** wohn**t** jetzt in der Stadtmitte./Es stimmt, daß **er** jetzt in der Stadtmitte wohn**t**.

| ***Regular verb:*** **wohnen –** ***to live*** | | | | |
|---|---|---|---|---|
| **Tense** | | **2nd place** | | **at the end** |
| **Present:**<br>*I live; I am living* | Ich | **wohne** | jetzt | in der Stadtmitte. |
| (Alternative word order) | Jetzt | **wohne** | ich | in der Stadtmitte. |
| **Future:**<br>*I will live* | Ich | **werde** | in der Stadtmitte | **wohnen.** |
| **Present conditional:**<br>*I would live* | Ich | **würde** | in der Stadtmitte | **wohnen.** |
| **Modal verb (Present):**<br>*I have (got) to live; I must live* | Ich | **muß** | in der Stadtmitte | **wohnen.** |
| **Modal verb (Imperfect):**<br>*I had to live* | Ich | **mußte** | in der Stadtmitte | **wohnen.** |
| **Modal verb (Conditional):**<br>*I would have to live* | Ich | **müßte** | in der Stadtmitte | **wohnen.** |
| **Perfect:**<br>*I lived; I have lived* | Ich | **habe*** | in der Stadtmitte | **gewohnt.** |
| **Pluperfect:**<br>*I had lived* | Ich | **hatte*** | in der Stadtmitte | **gewohnt.** |
| **Pluperfect subjunctive:**<br>*I would have lived* | Ich | **hätte*** | in der Stadtmitte | **gewohnt.** |
| **Imperfect:**<br>*I lived; I was living* | Ich | **wohnte** | in der Stadtmitte. | |
| **NB** Not all regular verbs take **haben**. Use **sein** with verbs that indicate movement from A to B, e.g. **reisen**. | | | | |

- **Irregular verbs**

The imperfect tense and the past participles of irregular verbs should be checked in the Verb List.

| ***Irregular verb:*** **gehen –** ***to go (to walk)*** | | | | |
|---|---|---|---|---|
| **Tense** | | **2nd place** | | **at the end** |
| **Present:**<br>*I go; I am going* | Ich | **gehe** | jetzt | in die Stadtmitte. |
| (Alternative word order) | Jetzt | **gehe** | ich | in die Stadtmitte. |
| **Future:**<br>*I will go* | Ich | **werde** | in die Stadtmitte | **gehen.** |
| **Present conditional:**<br>*I would go* | Ich | **würde** | in die Stadtmitte | **gehen.** |
| **Modal verb (Present):**<br>*I have (got) to go; I must go* | Ich | **muß** | in die Stadtmitte | **gehen.** |

| ***Irregular verb:* gehen – *to go (to walk)*** | | | | |
|---|---|---|---|---|
| **Tense** | | **2nd place** | | **at the end** |
| **Modal verb (Imperfect):** *I had to go* | Ich | **mußte** | in die Stadtmitte | **gehen.** |
| **Modal verb (Conditional):** *I would have to go* | Ich | **müßte** | in die Stadtmitte | **gehen.** |
| **Perfect:** *I went; I have gone* | Ich | **bin*** | in die Stadtmitte | **gegangen.** |
| **Pluperfect:** *I had gone* | Ich | **war*** | in die Stadtmitte | **gegangen.** |
| **Pluperfect subjunctive:** *I would have gone* | Ich | **wäre*** | in die Stadtmitte | **gegangen.** |
| **Imperfect:** *I went; I was going* | Ich | **ging** | | in die Stadtmitte. |
| **NB** Not all irregular verbs take **sein**. Check against the Verb List if you are not sure. | | | | |

### 2.18 Seit

**Seit** is similar in meaning to *'since'* in English, but it can also mean *'(for) how long'*. Unlike the English use of *'since'*, it is usually used with the **present tense**:

| | |
|---|---|
| **Seit** wann wohnst du in Marburg? | *How long have you been living in Marburg?* |
| Ich wohne **seit** drei Jahren in Marburg. | *I've been living in Marburg for three years.* |

# 3 Word order

German word order has a number of important rules. Some are listed below.

### 3.1 Main verb in second place

The main verb in a main clause must be in *second* place.

| 1 | 2 | 3 |
|---|---|---|
| Ich | **spiele** | Fußball |

| 1 | 2 | 3 | 4 |
|---|---|---|---|
| Heute | **spiele** | ich | Fußball. |

### 3.2 Time, manner, place

When information about when, how, and where things are being done is included in a clause, it must be given in the sequence '*time, manner, place*' or '*when, how, where (to)*', e.g:

| | **1 Wann** | **2 Wie** | **3 Wo/Wohin** | |
|---|---|---|---|---|
| Ich bin | um Mitternacht | mit der Bahn | nach Duisburg | abgefahren. |
| Wir sind | um zwei Uhr | mit dem Bus | in Paris | angekommen. |

# 4 Conjunctions

A conjunction is a word which joins clauses or parts of sentences together. For example, the conjunctions **wenn**, **weil** and **daß** link a main clause with a subordinate clause. These conjunctions send the verb to the end of the subordinate clause, e.g:

| Main clause | Subordinate clause |
|---|---|
| Wir spielen Tennis, | **wenn** es warm **ist**. |

Here the conjunction always has a *comma* before it.
If the conjunction *starts* the sentence the verb is followed by a *comma* and then the *verb* of the main clause, e.g:

| Subordinate clause | Main clause |
|---|---|
| **Wenn** es warm **ist,** | **spielen** wir Tennis. |

### 4.1 Wenn

**Wenn** can mean *'if'*, *'when'* or *'whenever'*, e.g:

| | |
|---|---|
| **Wenn** es **regnet, treffen** wir uns im Café. | *If it rains, we will meet in the café.* |
| **Wenn** ich unter einer Leiter **durchgehe**, **drück'** ich immer die Daumen. | *When I go under a ladder, I always cross my fingers.* |
| Ich **trage** immer rote Gummistiefel, **wenn** ich in die Stadt **gehe**. | *I wear red wellington boots whenever I go into town.* |

### 4.2 Als

**Als** is also used to render the English word *'when'*, but it can only be used in *past tense* situations. A good test of whether **als** can be used is to see if it is possible to replace *'when'* with *'as'* in the English sentence:

***When** he arrived, we were all in the living room.* = ***As** he arrived, we were all in the living room.*

The verbs used after **als** will always be in the imperfect or perfect tense.

| Subordinate clause | Main clause |
|---|---|
| **Als** er ankam,<br>**Als** ich jünger war, | waren wir alle im Wohnzimmer.<br>wohnte ich in Peterborough. |

### 4.3 Wann

The word **wann** means *'when'*. It may only be used in questions or other interrogative situations. **Wann** is used both in straightforward questions, e.g:

| | |
|---|---|
| **Wann** wird er ankommen? | *When will he arrive?* |

and in reported questions, e.g:

| | |
|---|---|
| Ich weiß nicht**, wann** er ankommen **wird**. | *I don't know when he will arrive.* |

In the latter, **wann** acts like other subordinating conjunctions.

### 4.4 Weil

**Weil** means '*because*', e.g:

| **Main clause** | **Subordinate clause** |
|---|---|
| Mein Taschengeld reicht mir, | **weil** ich wenige Interessen **habe**. |
| Mein Taschengeld reicht mir nicht, | **weil** ich für ein Mofa **spare**. |

### 4.5 Daß

**Daß** means '*that*'. It is used with verbs like **denken**, **sagen** and **glauben** to report what someone says or thinks, e.g:

| **Main clause** | **Subordinate clause** |
|---|---|
| Die Eltern sagen, | **daß** sie gern eine Einladung **bekommen**. |
| 72% denken, | **daß** laute Musik in Ordnung **ist**. |

### 4.6 Bevor

**Bevor** means '*before*' and is often encountered with the pluperfect tense (see Section 2.14). Here are some examples of its use:

| **Subordinate clause** | **Main clause** |
|---|---|
| **Bevor** wir gelesen haben, | *hatten wir ferngesehen.* |
| **Bevor** ich in die Stadt gehe, | *muß ich meine Hausaufgaben machen.* |

### 4.7 Nachdem

**Nachdem** means '*after*' and is also often used in conjunction with verbs in the pluperfect tense (see Section 2.14). Here it is in use:

| **Subordinate clause** | **Main clause** |
|---|---|
| **Nachdem** sie gelesen hatte, | *hat sie Tischtennis gespielt.* |
| **Nachdem** er ferngesehen hatte, | *ist er ins Bett gegangen.* |

### 4.8 Um ... zu

In German, purpose or intention (for example: *I'm going shopping **in order to** buy some carrots*) is expressed by the phrase **um ... zu**. **Um** always starts the subordinate clause. This is followed by the other information. Then comes the word **zu** before the *infinitive*, which goes to the end of the sentence, immediately after **zu**.

Here are some examples:

| Main clause | Subordinate clause |
|---|---|
| Ich stehe um halb fünf auf, | **um** die Tiere **zu füttern**. |
| Ich gehe einkaufen, | **um** ein Geschenk für meine Mutter **zu kaufen**. |
| Ich spare, | **um** ein Mofa oder ein neues Rad **zu kaufen**. |

## 5 Relative clauses

A relative clause is joined to a main clause by a *relative pronoun*, making one sentence where there could otherwise have been two. In English, the words used to do this may be *'who'*, *'which'*, *'that'*, or sometimes no words at all, e.g:

| Clause 1 | Clause 2 |
|---|---|
| She has a cat. | It is called Murphy. |

could become any of the following:

She has a cat **who** is called Murphy.

She has a cat **which** is called Murphy.

She has a cat **that** is called Murphy.

She has a cat called Murphy.

In German, there is only one way of linking two clauses together. You have to join them together with the same words as you would use to say *'the'*: **der**, **die** or **das**. These are called *relative pronouns*, e.g:

| Clause 1 | Clause 2 |
|---|---|
| Ich habe eine Schwester. | Sie heißt Claudia. |

becomes: Ich habe eine Schwester, **die** Claudia **heißt**.

The two clauses are joined together to form one sentence. Here, **die** (feminine singular) corresponds with, and replaces, **Sie** (also feminine singular). The verb in the relative clause (here **heißt**) is always sent to the end of the clause.

The relative pronoun always corresponds to the *gender* and *number* of the thing that is being described in the relative clause. So:

| | | Pronoun | | Verb |
|---|---|---|---|---|
| **Masc. singular** | Ich habe **einen Bruder**, | **der** | Richard | **heißt**. |
| **Fem. singular** | Ich habe **eine Schwester**, | **die** | zwei Jahre alt | **ist**. |
| **Neut. singular** | Er hat **ein Pferd**, | **das** | Beauty | **heißt**. |
| **Plural** | Sie hat **zwei Freunde**, | **die** | sehr nett | **sind**. |

## 6 Possessive adjectives

The possessive adjectives (i.e. words for *'my', 'your', 'their', etc.*) change according to the gender and case of the noun they are with. The endings are similar to those for **ein**, **kein**, etc. Here is a table of possessive adjectives in the nominative:

| | **Masc.** | **Fem.** | **Neut.** | **Pl.** |
|---|---|---|---|---|
| *my* | mein | mein**e** | mein | mein**e** |
| *your (e.g. friend)* | dein | dein**e** | dein | dein**e** |
| *his, its* | sein | sein**e** | sein | sein**e** |
| *her, its* | ihr | ihr**e** | ihr | ihr**e** |
| *its* | sein | sein**e** | sein | sein**e** |
| *our* | unser | unser**e** | unser | unser**e** |
| *your (e.g. friends)* | euer | eu**re** | euer | eu**re** |
| *your (formal)* | Ihr | Ihr**e** | Ihr | Ihr**e** |
| *their* | ihr | ihr**e** | ihr | ihr**e** |

Here are some examples of possessive adjectives:

| | |
|---|---|
| **Unsere** Wohnung ist im sechsten Stock. | *Our flat is on the sixth floor.* |
| Wie heißen **eure** Haustiere? | *What are your pets' names?* |
| **Ihr** Paß, bitte! | *Your passport, please!* |

## 7 Cases

So far you have met three cases in German: nominative, accusative and dative.

- **Nominative**

Words which are the *doer* (or subject) of the action described by a verb are in the *nominative* case, e.g:

| |
|---|
| **Mein Bruder** öffnet das Fenster. |
| **Die Katze** schläft auf dem Sessel. |

- **Accusative**

Words which are having the action described by a verb *done to* them (the direct object) are in the *accusative* case, e.g:

| |
|---|
| Mein Bruder öffnet **das Fenster**. |

- **Dative**

Words which come after certain prepositions are in the *dative* case. The dative case is also used as a shorthand way of saying *'to/from/for'* (the indirect object), e.g:

| | |
|---|---|
| Die Katze schläft auf **dem Sessel**. | *The cat sleeps on the seat.* |
| Er sitzt hinter **einem Baum**. | *He sits behind a tree.* |

The verb **sein** (*'to be'*) will always be accompanied by a noun in the *nominative* case, e.g:

| | |
|---|---|
| Hier ist **ein** Kuli. | *Here is a pen.* |

The verb **haben** or the set expression **es gibt/gibt es** will, however, always be accompanied by a noun in the *accusative*, e.g:

| | |
|---|---|
| In meiner Tasche gibt es **einen** Kuli. | *There is a pen in my bag.* |
| In meiner Tasche habe ich **einen** Kuli. | *I have a pen in my bag.* |

# 8 Prepositions

- **Prepositions governing the dative**

Prepositions are words which describe the position of things (e.g. *'on'*, *'in'*, *'under'*. etc.) The prepositions on the right are always used with the dative, e.g:

| |
|---|
| mit **dem** Hund |
| gegenüber von **der** Kirche |
| nach **dem** Abendessen |
| aus **dem** Haus |

**aus**
**bei**
**gegenüber von**
**mit**
**nach**
**seit**
**von**
**zu**

- **Prepositions governing the accusative and dative**

This group of prepositions is sometimes used with the accusative and sometimes with the dative, according to their meaning.

| | | |
|---|---|---|
| **an** | **in** | **unter** |
| **auf** | **neben** | **vor** |
| **hinter** | **über** | **zwischen** |

These prepositions are used with the accusative when they are describing *movement* from one place to another and with the dative when they are describing the *position* of something, e.g:

| **Accusative** | **Dative** |
|---|---|
| Er ist **in das** Wohnzimmer gegangen. | Er ist **in dem** Wohnzimmer. |
| *He went into the living room.* | *He is in the living room.* |
| Hast du sie **an die** Wand gehängt? | Hängen sie **an der** Wand? |
| *Have you hung them on the wall?* | *Are they hanging on the wall?* |
| Du hast sie **auf den** Tisch gelegt. | Sie sind nicht **auf dem** Tisch. |
| *You put them on the table.* | *They are not on the table.* |

- **Prepositions governing the accusative**

This group of prepositions is always used with the accusative.

| | | | | |
|---|---|---|---|---|
| **für** | **durch** | **entlang** | **ohne** | **um** |

- **Abbreviated forms of prepositions**

Some of these prepositions are shortened to an abbreviated form when followed by the dative forms of the definite article **dem** or **der**.

| | | | | | | |
|---|---|---|---|---|---|---|
| **zu** | + | **der** | = | **zur** | *e.g.* **zur Kirche** | *instead of* **zu der Kirche** |
| **zu** | + | **dem** | = | **zum** | *e.g.* **zum Bahnhof** | *instead of* **zu dem Bahnhof** |
| **an** | + | **dem** | = | **am** | *e.g.* **am Rande der Stadt** | *instead of* **an dem Rande der Stadt** |
| **in** | + | **dem** | = | **im** | *e.g.* **im Haus** | *instead of* **in dem Haus** |
| **gegenüber von** | + | **dem** | = | **vom** | *e.g.* **gegenüber vom Dom** | *instead of* **gegenüber von dem Dom** |

# 9 Adjective endings

When adjectives are separated by a verb from the noun they describe they have no endings, e.g:

| | | |
|---|---|---|
| Der Koffer ist **braun**. | Das Auto ist **rot**. | Die Frau ist ziemlich **alt**. |

However, when an adjective comes in front of the noun it describes, the adjective takes an agreement ending. These endings change according not only to the gender, case and number of the noun they are with, but also according to what kind of article, if any, they are used with.

## 9.1 Adjective endings with the indefinite article

The following set of adjective endings are used with the *indefinite* article **ein/eine/ein** and with **kein/keine/kein** and plural **keine**.

| | **Masculine** | **Feminine** | **Neuter** | **Plural** |
|---|---|---|---|---|
| **Nom.** | ein alt**er** Mann | eine alt**e** Frau | ein alt**es** Dorf | keine alt**en** Frauen |
| **Acc.** | einen alt**en** Mann | eine alt**e** Frau | ein alt**es** Dorf | keine alt**en** Frauen |
| **Dat.** | einem alt**en** Mann | einer alt**en** Frau | einem alt**en** Dorf | keinen alt**en** Frauen |

## 9.2 Adjective endings with the definite article

The following set of adjective endings are used with the *definite* article **der/die/das** (plural **die**).

| | **Masculine** | **Feminine** | **Neuter** | **Plural** |
|---|---|---|---|---|
| **Nom.** | der alt**e** Mann | die alt**e** Frau | das alt**e** Dorf | die alt**en** Frauen |
| **Acc.** | den alt**en** Mann | die alt**e** Frau | das alt**e** Dorf | die alt**en** Frauen |
| **Dat.** | dem alt**en** Mann | der alt**en** Frau | dem alt**en** Dorf | den alt**en** Frauen |

## 9.3 Comparatives and superlatives

- **Comparatives**

Making the comparative of an adjective (e.g. *'big – bigg**er**'*) in German is often similar to making it in English. With some adjectives you add **-er** to the end of the word, e.g:

| | | |
|---|---|---|
| trocken | → | trocken**er** |

There are other ways of forming the comparative, depending on the adjective being used. Here are some examples:

• Adjectives with **a**, **o**, **u** or **au** as their first vowel sound usually add an umlaut to this vowel and add **-er** to the end, e.g:

| | | | | | |
|---|---|---|---|---|---|
| kalt | → | k**ä**lt**er** | warm | → | w**ä**rm**er** |

• Adjectives with other first vowel sounds usually just ad **-er,** e.g:

| | | | | | |
|---|---|---|---|---|---|
| schön | → | schön**er** | kühl | → | kühl**er** |

• Some comparatives are irregular, and have to be learnt, e.g:

| | | | | | |
|---|---|---|---|---|---|
| gut | → | besser | viel | → | mehr |

If you are comparing two things with each other, you use the word **als** to translate '*than*', e.g:

| | |
|---|---|
| London ist größer **als** Berlin. | *London is bigger **than** Berlin.* |

• **Superlatives**

To form the superlative ('*biggest*', '*tallest*', etc.) in German, you add an umlaut if you would have done for the comparative, and then add **-ste** or **-este** to the end. This does not change for the masculine, feminine or neuter forms, e.g:

| | | |
|---|---|---|
| groß | der/die/das größ**te** | *the biggest* |
| klein | der/die/das klein**ste** | *the smallest* |
| heiß | der/die das heiße**ste** | *the hottest* |
| warm | der/die/das wärm**ste** | *the warmest* |

If the adjective has an irregular comparative form, it also usually has an irregular superlative form, e.g:

| | | | | |
|---|---|---|---|---|
| gut | → | besser | → | der/die/das **beste** |
| viel | → | mehr | → | der/die/das **meiste** |

When you use the superlative with a verb, you change it slightly by putting **am** in front of it and an **-n** on the end, e.g:

| | | | |
|---|---|---|---|
| am wärmste**n** | am kühlste**n** | am beste**n** | am meiste**n** |

| | |
|---|---|
| Er findet Musiksendungen am interessanteste**n**. | *He finds music programmes the most interesting.* |

# 10 Plurals of nouns

In German there are a number of ways of making plurals, and although they fall into some broad groupings which follow similar patterns, the most reliable way to get them right is to learn them at the same time as you learn the singular form of a noun and its gender! Here are some of the ways of forming plurals:

| | | | |
|---|---|---|---|
| *Add* **-e** | ein Hund | → | zwei Hund**e** |
| *Add* **-n** | eine Katze | → | zwei Katze**n** |
| *Add* **-en** | ein Papagei | → | zwei Papagei**en** |
| *Add* **-s** | ein Kuli | → | zwei Kuli**s** |
| *Add* **Umlaut** *to main vowel* | eine Tochter | → | zwei T**ö**chter |
| *Add* **Umlaut** *to main vowel and* **-er** | ein Fach | → | zwei F**ä**ch**er** |

### 10.2 Dative plural

In the dative, an **-n** is always added to the plural form of a noun, if there is not one already:

| | |
|---|---|
| Ich will mit Kinder**n** arbeiten. | *I want to work with children.* |
| Vielleicht werde ich mit älteren Leute**n** arbeiten. | *Perhaps I will work with elderly people.* |

# 11 Welcher/welche/welches

**Welcher** means *'which'/'what'* in a question. The endings on **welcher/welche/welches** are as follows in the nominative:

| | **Masculine** | **Feminine** | **Neuter** | **Plural** |
|---|---|---|---|---|
| **Nom.** | Welch**er** Gast? | Welch**e** Party? | Welch**es** Mädchen? | Welch**e** Gäste? |

# 12 Gern, lieber, am liebsten

To say that you like or prefer doing an activity, or what you like doing best, you use the words **gern**, **lieber**, and **am liebsten**. **Gern** and **lieber** follow immediately after the verb, as follows:

| | |
|---|---|
| Ich spiele **gern** Fußball. | *I like playing football.* |
| Ich spiele **lieber** Tennis. | *I prefer playing tennis.* |

**Am liebsten** can go immediately before a verb (in which case don't forget that the verb stays in second place in the sentence) or immediately after it, as follows:

| | |
|---|---|
| **Am liebsten** esse ich Eis./Ich esse **am liebsten** Eis. | *Most of all, I like eating ice cream.* |

# Verbliste

## Irregular Verbs (strong and mixed verbs)

| Infinitive (German) | Infinitive (English) | Present | Imperfect | Past Participle |
|---|---|---|---|---|
| **an**fangen | *to begin/start* | fängt ... an | fing ... an | angefangen |
| **an**kommen | *to arrive* | | kam ... an | angekommen* |
| **an**rufen | *to phone/call* | | rief ... an | angerufen |
| **an**sehen | *to look at* | sieht ... an | sah ... an | angesehen |
| **an**ziehen | *to put on* | | zog ... an | angezogen |
| **auf**nehmen | *to record* | nimmt ... auf | nahm ... auf | aufgenommen |
| **aus**geben | *to spend* | gibt ... aus | gab ... aus | ausgegeben |
| **aus**gehen | *to go out* | | ging ... aus | ausgegangen* |
| **aus**sehen | *to look/appear* | sieht ... aus | sah ... aus | ausgesehen |
| **aus**steigen | *to get out* | | stieg ... aus | ausgestiegen* |
| **aus**ziehen | *to take off* | | zog ... aus | ausgezogen |
| beginnen | *to begin/start* | | begann | begonnen |
| bekommen | *to receive/get* | | bekam | bekommen |
| beschließen | *to decide* | | beschloß | beschlossen |
| beschreiben | *to describe* | | beschrieb | beschrieben |
| besitzen | *to own* | | besaß | besessen |
| betreten | *to walk on* | betritt | betrat | betreten |
| bitten | *to ask* | | bat | gebeten |
| bleiben | *to stay* | | blieb | geblieben* |
| brechen | *to break* | bricht | brach | gebrochen |
| brennen | *to burn/be on fire* | | brannte | gebrannt |
| bringen | *to bring/take* | | brachte | gebracht |
| denken | *to think* | | dachte | gedacht |
| dürfen | *to be allowed* | darf | durfte | gedürft/dürfen |
| **ein**laden | *to invite/treat* | lädt ... ein | lud ... ein | eingeladen |
| **ein**schlafen | *to go to sleep* | schläft ... ein | schlief ... ein | eingeschlafen* |
| **ein**steigen | *to get in* | | stieg ... ein | eingestiegen* |
| empfehlen | *to recommend* | empfiehlt | empfahl | empfohlen |
| enthalten | *to contain* | enthält | enthielt | enthalten |
| entscheiden | *to decide* | | entschied | entschieden |
| sich erbrechen | *to vomit* | erbricht sich | erbrach sich | sich ... erbrochen |
| erfahren | *to experience/learn* | erfährt | erfuhr | erfahren |
| erfinden | *to invent* | | erfand | erfunden |
| erkennen | *to recognise* | | erkannte | erkannt |
| essen | *to eat* | ißt | aß | gegessen |
| fahren | *to go/travel* | fährt | fuhr | gefahren* |
| fallen | *to fall* | fällt | fiel | gefallen* |
| fangen | *to catch* | fängt | fing | gefangen |
| **fern**sehen | *to watch TV* | sieht ... fern | sah ... fern | ferngesehen |
| finden | *to find* | | fand | gefunden |
| fliegen | *to fly* | | flog | geflogen* |
| frieren | *to freeze* | | fror | gefroren |
| geben | *to give* | gibt | gab | gegeben |
| gefallen | *to please* | gefällt | gefiel | gefallen |
| gehen | *to go/walk* | | ging | gegangen* |
| geschehen | *to happen* | geschieht | geschah | geschehen* |
| gewinnen | *to win* | | gewann | gewonnen |
| haben | *to have* | hat | hatte | gehabt |

| | | | | |
|---|---|---|---|---|
| halten | *to hold/stop* | hält | hielt | gehalten |
| hängen | *to hang* | | hing | gehangen |
| helfen | *to help* | hilft | half | geholfen |
| **hin**tun | *to put* | | tat … hin | hingetan |
| kennen | *to know* | | kannte | gekannt |
| kommen | *to come* | | kam | gekommen* |
| können | *to be able* | kann | konnte | gekonnt/können |
| lassen | *to let* | läßt | ließ | gelassen |
| laufen | *to run* | läuft | lief | gelaufen* |
| leihen | *to lend* | | lieh | geliehen |
| lesen | *to read* | liest | las | gelesen |
| liegen | *to lie/be situated* | | lag | gelegen |
| mögen | *to like* | mag | mochte | gemocht/mögen |
| müssen | *to have to/must* | muß | mußte | gemußt/müssen |
| nehmen | *to take* | nimmt | nahm | genommen |
| reiten | *to ride (a horse)* | | ritt | geritten* |
| rennen | *to race* | | rannte | gerannt* |
| rufen | *to call/shout* | | rief | gerufen |
| schießen | *to shoot* | | schoß | geschossen |
| schlafen | *to sleep* | schläft | schlief | geschlafen |
| schlagen | *to hit/strike* | schlägt | schlug | geschlagen |
| schließen | *to shut/close* | | schloß | geschlossen |
| schneiden | *to cut* | | schnitt | geschnitten |
| schreiben | *to write* | | schrieb | geschrieben |
| sehen | *to see* | sieht | sah | gesehen |
| sein | *to be* | ist | war | gewesen* |
| singen | *to sing* | | sang | gesungen |
| sitzen | *to sit* | | saß | gesessen |
| sollen | *to ought to/should* | soll | sollte | gesollt/sollen |
| sprechen | *to speak* | spricht | sprach | gesprochen |
| springen | *to jump* | | sprang | gesprungen |
| stehen | *to stand* | | stand | gestanden |
| stehlen | *to steal* | stiehlt | stahl | gestohlen |
| steigen | *to climb/go up* | | stieg | gestiegen* |
| tragen | *to wear/carry* | trägt | trug | getragen |
| treffen | *to meet* | trifft | traf | getroffen |
| tun | *to do* | | tat | getan |
| **um**steigen | *to change (trains)* | | stieg … um | umgestiegen* |
| **um**ziehen | *to move (house)* | | zog … um | umgezogen* |
| verbringen | *to spend (time)* | | verbrachte | verbracht |
| vergessen | *to forget* | vergißt | vergaß | vergessen |
| vergleichen | *to compare* | | verglich | verglichen |
| verlassen | *to leave* | verläßt | verließ | verlassen |
| verlieren | *to lose* | | verlor | verloren |
| verschwinden | *to disappear* | | verschwand | verschwunden* |
| versprechen | *to promise* | verspricht | versprach | versprochen |
| verstehen | *to understand* | | verstand | verstanden |
| **vor**schlagen | *to suggest* | schlägt … vor | schlug … vor | vorgeschlagen |
| waschen | *to wash* | wäscht | wusch | gewaschen |
| (**weh**) tun | *to hurt* | | tat (weh) | (weh) getan |
| werden | *to become/get* | wird | wurde | geworden* |
| wollen | *to want* | will | wollte | gewollt/wollen |
| zerreißen | *to tear up* | | zerriß | zerrissen |
| ziehen | *to pull* | | zog | gezogen |

* indicates those verbs which take **sein** in the perfect tense. For example:

| | | |
|---|---|---|
| **ankommen** | Sie **ist** angekommen. | *She (has) arrived.* |

# Wortschatz

## A

ab from
ab und zu now and again
abbauen to dismantle, cut back
abdecken to cover
abdichten to insulate
der Abend(e) evening
abends in the evenings
das Abenteuer(-) adventure
aber but
abfahren to leave, depart
der Abfall(¨e) rubbish
die Abgase (*pl*) exhaust fumes
abgeben to hand in
abhängig dependent
abholen to collect
abholzen to deforest
das Abitur (Abi) German 18+ exam
der Abiturient(en) student taking the *Abitur*
ablehnen to refuse
ablösen to take off
abreißen to tear off
der Absatz(¨e) paragraph
abschaffen to abolish
der Abschleppdienst(e) tow-away service
abschließen to lock
abseits remote, out of the way
absolut absolute(ly)
absolvieren to complete, graduate
abspülen to wash up
sich abwechseln to take turns
abwischen to wipe
achten auf to look out for
Achtung! watch out!
das Adjektiv(e) adjective
der Adler(-) eagle
adlig noble
die Adresse(n) address
das Adverb(ien) adverb
die Agentur(en) agency
aggressiv aggressive
ähneln to resemble
ähnlich similar
die Ahnung idea
keine Ahnung no idea
die Akte(n) file, record
die Aktion(en) action
aktiv active
aktuell current
die Akzeptanz acceptance
akzeptieren to accept
alarmieren to alert
die Albanerin(nen) Albanian (*f*)
der Alkohol alcohol
der Alkoholiker(-) alcoholic
der Alkoholmißbrauch alcohol abuse
alle/alles all/everything
alles klar OK
allein(e) alone
allergisch gegen allergic to
allerlei all kinds of
im allgemeinen generally
allmählich gradually
der Alltag everyday
die Alltäglichkeit mundaneness
der Alptraum(¨e) nightmare
als as, when
also so, therefore
alt old
das Alter(-) age
alternativ alternative
das Altersheim(e) old people's home
altersschwach old and infirm
der Altglascontainer(-) glass recycling bin
altmodisch old-fashioned
das Altpapier recyclable paper
die Aludose(n) aluminium can
Amerika America
der Amerikaner(-) American
amerikanisch American
sich amüsieren to amuse oneself
an at, on
die Analyse analysis
analysieren to analyse
die Ananas(-) pineapple
anbei enclosed
andere/r/s other(s)
andererseits on the other hand
ändern to change
anderthalb one and a half
der Andrang crowd, crush
anerkannt recognised
am Anfang at the start
anfangen to begin
anfangs to start with
nach Angaben according to
im Angebot on special offer
angemessen appropriate
angenehm pleasant
Angst haben to be afraid
anhalten to stop
anhand with
ankommen to arrive
die Ankunft arrival
die Anlage(n) enclosure, factory plant
anprobieren to try on
der Anruf call
der Anrufbeantworter(-) answerphone
der Anrufer(-) caller
anrufen to ring up
der Ansager(-) announcer
ansässig resident
anschauen to look at
anscheinend apparently
sich ansehen to look
die Ansichtssache(n) matter of opinion
anstreben to strive for
anstrengend exhausting
die Antibiotika (*pl*) antibiotics
die Antiquität(en) antique
der Antiquitätenhändler antique dealer
der Antrieb drive
die Antwort(en) answer
der Anwalt(¨e) lawyer
die Anzahl number
die Anzeige(n) advert
sich anziehen to get dressed
der Anzug(¨e) suit
anzünden to light
die Apotheke(n) chemist
am Apparat speaking (on the phone)
die Arbeit(en) work, job
der Arbeiter(-) worker
das Arbeitsamt(¨er) employment office
die Arbeitsbekleidung work clothes
der Arbeitgeber(-) employer
der Arbeitsmarkt(¨e) jobs market
der Arbeitsplatz(¨e) job
der Arbeitsschützer(-) health and safety inspector
die Arbeitszeit working hours
arbeiten to work
das Arbeitsblatt(¨er) worksheet
arbeitslos unemployed
die Arbeitslosigkeit unemployment
der Archäologe(n)/die Archäologin(nen) archeologist
die Architektur architecture
der Ärger annoyance
sich ärgern to get annoyed
arm poor
der Arm(e) arm
das Armaturenbrett(er) dashboard
die Armbanduhr(en) watch
ärmellang long-sleeved
ärmlich poorly
arrogant arrogant
die Art(en) type, kind
der Artikel(-) article
der Arzt(¨e)/die Ärztin(nen) doctor
astrein fantastic
der Atlantik Atlantic
atmen to breathe
ätzend lousy
auch too, also
auf on, to
sich aufbauschen to fill up
aufbewahren to keep
aufbrechen to break open
aufbringen to find, raise
die Aufgabe(n) exercise
aufgeben to give up
aufhängen to hang up
aufhören to stop
auflegen to hang up
aufmachen to open
aufnehmen to record
aufpassen to watch out
aufräumen to tidy up
aufrecht upright
aufregend exciting
aufsammeln to gather
der Aufsatz(¨e) essay
der Aufschnitt sliced cold meats
aufstehen to get up
aufsteigen to climb up
aufstellen to put up

der **Aufstieg(e)** climb, ascent
**auftauchen** to appear
**auftauen** to defrost
**aufwärmen** to warm up
im **Augenblick** at the moment
der **Augenschaden(¨)** eye damage
**aus** out, from
**aus sein** to be finished
**ausbauen** to extend, add on
die **Ausbeutung** exploitation
**ausbilden** to educate
die **Ausbildung** training, education (univ.)
der **Ausbildungsplatz(¨e)** apprenticeship
der **Ausdruck(¨e)** expression
die **Ausfahrt(en)** exit
der **Ausflug(¨e)** excursion
**ausfüllen** to fill in
die **Ausgabe(n)** expenditure
der **Ausgang(¨e)** exit
**ausgeben** to spend
**ausgebreitet** spread out
**ausgefallen** unusual
**ausgeglichen** balanced
**ausgehen** to go out
das **Ausgehverbot** grounding
**aushalten** to stand, bear
im **Ausland** abroad
die **Ausländerfeindlichkeit** xenophobia
der **Auslandskrankenschein(e)** E111 form
**ausleihen** to lend
**auslösen** to trigger off
**auspacken** to unpack
**ausräumen** to clear out
die **Ausrede(n)** excuse
**ausrichten** to pass on (message)
**ausrotten** to wipe out
**ausschalten** to turn off
**ausschließlich** exclusive(ly)
der **Ausschnitt(e)** (newspaper) cutting
**außer** apart from
**außerdem** moreover
das **Äußere** exterior
**außergewöhnlich** extraordinary
**äußern** to express
**aussetzen** to abandon
die **Aussprache** pronunciation
die **Ausstattung** equipment
**aussterben** to die out
der **Austausch** exchange
**Australien** Australia
  **australisch** Australian
**austreten** to come out, escape
**ausüben** to practise
**ausverkauft** sold out
**auswählen** to choose
**auswendig** (off) by heart
die **Auswirkung(en)** effect
**ausziehen** to take off
der **Auszubildende(n)** apprentice
der **Auszug(¨e)** extract
das **Auto(s)** car
  **die Autobahn(en)** motorway
  **der Autodieb(e)** car thief
  **der Autodiebstahl** car theft
  **die Autopanne(n)** car breakdown
  **das Autorennen(-)** car race
  **der Autositz(e)** car seat
  **der Autovekehr** car traffic
die **Automatisierung** automation
die **Axt(¨e)** axe

## B

das **Baby(s)** baby
  **die Babynahrung** baby food
**babysitten** to babysit
**backen** to bake
der **Backenzahn(¨e)** molar
der **Bäcker(-)** baker
die **Bäckerei(en)** bakery
das **Bad(¨er)** bath
der **Badeanzug(¨e)** swimming costume
die **Bahn(en)** railway, track
die **Bakterien (*pl*)** germs
**bald** soon
der **Balkon(s)** balcony
die **Ballonhülle(n)** balloon skin
der **Bambus** bamboo
die **Banane(n)** banana
die **Band(s)** band, group
die **Bank(en)** bank
  **das Bankgewerbe** banking
  **der Bankkaufmann(¨er)/die Bankkauffrau(en)** bank clerk
  **der Bankräuber(-)** bank robber
das **Bärchen(-)** bear cub
das **Bargeld** cash
die **Baseballmütze(n)** baseball cap
**basteln** to make things (at home)
die **Batterie(n)** battery
der **Bauarbeiter(-)** builder
**bauen** to build
der **Bauer(n)** farmer
der **Bauernhof(¨e)** farm
die **Bazillen (*pl*)** germs
**beabsichtigen** to intend
der **Beamte(n)** official
**beantworten** to answer
der **Becher(-)** beaker
**bedauern** to regret
**bedecken** to cover
**bedeuten** to mean
die **Bedeutung(en)** meaning
**bedienen** to serve
sich **beeilen** to hurry
**beenden** to end
sich **befinden** to be (situated)
**befolgen** to follow
**begegnen** to meet
die **Begegnung(en)** meeting
**begeistert** enthusiastic
**beginnen** to begin
**begrenzen** to border
die **Begrüßung(en)** greeting
**behalten** to keep
der **Behälter(-)** container
**behandeln** to treat
**behaupten** to claim
**beherrschen** to master
der **Behinderte(n)** disabled person
**bei** at the house of, by
**beide** both
das **Bein(e)** leg
zum **Beispiel** for example
  **beispielsweise** for example
sich **beklagen** to complain
**bekloppt** stupid, crazy
**bekommen** to get
**belächeln** to smile at
der **Belag(¨e)** topping
**belasten** to put a load on
**belästigen** to bother
die **Belastung(en)** weight, burden
**belebt** busy
die **Beleuchtung** lighting
**Belgien** Belgium
**bemalen** to paint
**bemannen** to man
**benutzen** to use
das **Benzin** petrol
  **die Benzinsteuer(n)** petrol tax
**beobachten** to observe
**bequem** comfortable
der **Bereich(e)** area
**bereit** ready, prepared
**bereits** already
der **Berg(e)** mountain
der **Bericht(e)** report
**berichten** to report
der **Beruf(e)** occupation
  **die Berufsausbildung** job training
  **der Berufsberater(-)** careers advisor
  **die Berufsberatung** careers advice
  **das Berufspraktikum** work experience
  **die Berufsschule(n)** technical college
**beruhen (auf)** to be based (on)
**berühmt** famous
die **Besatzung(en)** crew
**beschränken** to restrict
**beschreiben** to describe
die **Beschreibung(en)** description
sich **beschweren** to complain
**beseitigen** to remove, get rid of
**besichtigen** to visit
**besitzen** to own
der **Besitzer(-)** owner
**besonder/er/e/es** special
**besonders** special(ly)
**besorgen** to get
die **Besprechung(en)** meeting
**besser** better
der **Bestandteil(e)** component, part
**bestätigen** to confirm
**beste/r** best
**bestehen** to pass
**bestellen** to order
die **Bestellnummer(n)** order number
**bestimmt** certain(ly)
der **Besuch(e)** visit
  **der Besucher(-)** visitor
**besuchen** to visit
**beträchtlich** considerable
**betragen** to amount to
**betreiben** to pursue
**betreten** to enter
**betreuen** to look after
der **Betreuer(-)** carer
die **Betreuung** care
außer **Betrieb** out of order
das **Bett(en)** bed
die **Beule(n)** dent
**beunruhigen** to worry
**beurteilen** to judge
der **Beutel(-)** bag
die **Bevölkerung(en)** population
**bevor** before
**bevorstehend** forthcoming
**bewachen** to guard
die **Bewässerung** irrigation, watering
**beweisen** to prove
sich **bewerben um** to apply for
die **Bewerbung(en)** application

der **Bewohner(-)** inhabitant
**bezahlen** to pay
die **Bezahlung(en)** payment
in **bezug auf** with regard to
der **Bezugspunkt(e)** point of reference
die **Bibliothek(en)** library
das **Bienchen(-)** little bee
das **Bier** beer
**die Bierstube(n)** bar, pub
**bieten** to offer
das **Bild(er)** picture
**die Bildgeschichte(n)** picture story
**bilden** to make, form
der **Bildschirm(e)** screen
das **Bildtelefon(e)** video phone
**billig** cheap
**binnen** within
die **Bio-Waffe(n)** biological weapon
**Biologie** biology
die **Birne(n)** pear
**birnenförmig** pear-shaped
**bis** until
**bis bald** see you soon
**bisherig** previous(ly)
ein **bißchen** a bit
**bissig** vicious
**bitte** please
**wie bitte?** pardon?
**bitte schön!** not at all!
das **Blatt(¨er)** piece (of paper)
**blau** blue
**bleiben** to stay
**bleifrei** lead-free
**bleihaltig** leaded
der **Blick(e)** look
**blicken** to look
**blinken** to indicate (car)
der **Blinker(-)** indicator
der **Blitz(e)** lightning, flash
der **Block(¨e)** block
**blöd** stupid
der **Blödsinn** rubbish, nonsense
**bloß** just
die **Blume(n)** flower
**das Blümchen(-)** little flower
**das Blumenbeet(e)** flower bed
die **Bluse(n)** blouse
das **Blut** blood
**der Blutdruck** blood pressure
**der Bluttropfen(-)** drop of blood
**bluten** to bleed
null **Bock haben** to have no wish to
der **Boden(¨)** floor
die **Bodenhaftung** adhesion
die **Bohne(n)** bean
der **Bolzen(-)** pin, bolt
das **Bonbon(s)** sweet
das **Boot(e)** boat
an **Bord** on board
die **Branche(n)** branch (of industry)
der **Brand(¨e)** fire
**braten** to fry
die **Bratkartoffeln (*pl*)** fried potatoes
die **Bratwurst(¨e)** sausage
**brauchen** to need
**braun** brown
**brechen** to break
die **Bremse(n)** brake
**bremsen** to brake
**brennen** to burn
das **Brett(er)** board

der **Brief(e)** letter
**die Briefmarke(n)** stamp
**der Briefpartner(-)** penfriend
**die Brieftasche(n)** briefcase
**der Briefträger(-)** postman
**bringen** to bring
die **Bronzemedaille(n)** bronze medal
die **Broschüre(n)** brochure
das **Brot(e)** bread
das **Brötchen(-)** roll
die **Brücke(n)** bridge
der **Bruder(¨)** brother
**brüllen** to shout, roar
**brummen** to buzz
das **Buch(¨er)** book
**die Buchhandlung(en)/der Buchladen(¨)** bookshop
**buchen** to reserve, book
der **Buchstabe(n)** letter
**buchstabieren** to spell
der **Büffel(-)** buffalo
das **Buffet(s)** buffet
die **Bühne(n)** stage
das **Bundesland(-länder)** federal state
die **Bundesregierung(en)** federal government
der **Bundesstaat(en)** federal state
das **Bundesumweltsamt** department of the environment
**bunt** colourful
der **Bürgermeister(-)** mayor
der **Bürgersteig(e)** pavement
das **Büro(s)** office
der **Bus(se)** bus
**der Busbahnhof(¨e)** bus station
**der Busfahrplan(¨e)** bus timetable
die **Butter** butter

## C

das **Café(s)** café
der **Campingplatz(¨e)** campsite
die **CD(s)** CD
die **Chance(n)** opportunity, chance
das **Chaos** chaos
der **Chef(s)** boss
das **Cholesterin** cholesterol
der **Christ(en)** Christian
**christlich** Christian
die **Clique(n)** clique
der **Club(s)** club
die **Cockpitscheibe(n)** cockpit window
das **Cocktailkleid(er)** cocktail dress
der **Code(s)** code
der **Computer(-)** computer
**computergesteuert** computerised
der **Container(-)** recycling bin
die **Creme(s)** cream

## D

**da** there
**dabei** thereby, so
**dabei sein** to be there
das **Dach(¨er)** roof
**dadurch** thereby
**damalig** in those days
**damals** then
die **Dame(n)** woman
**das Damenmodegeschäft(e)** women's boutique
**danach** afterwards
**Dänemark** Denmark

vielen **Dank** thanks a lot
**danke schön!** thanks a lot!
**dann** then
die **Darmbeschwerden (*pl*)** intestine problems
**darstellen** to present
**das** the, that
**daß** that
das **Datum (Daten)** date
die **Dauer** length, duration
**dauern** to last
etwas **dauernd tun** to keep doing sthg
die **Debatte(n)** debate
das **Deck(s)** deck
der **Deckel(-)** lid
der **Defekt(e)** defect
**dein/e** your
der **Demonstrant(en)** demonstrator
die **Demonstration(en)** demonstration
**demonstrieren** to demonstrate
**denken** to think
**denn** because
die **Depression(en)** depression
**deprimierend** depressing
**deprimiert** depressed
**der** the
**deshalb** therefore
**deswegen** therefore
**detailliert** detailed
die **Detektivserie(n)** detective series
**Deutsch** German
**auf deutsch** in German
**Deutschland** Germany
die **Devise(n)** foreign currency
das **Dezibel** decibel
**d.h.** i.e.
das **Dia(s)** slide
der **Dialekt(e)** dialect
der **Dialog(e)** dialogue
**dich** you
**dick** fat
**die** the
der **Dieb(e)** thief
**der Diebstahl(¨e)** theft
der **Dienst(e)** duty, service
**die Dienstleistung(en)** service
**diese/r/s** this
**dieselben (*pl*)** the same
der **Diktator(en)** dictator
das **Ding(e)** thing
**diplomatisch** diplomatic(ally)
**dir** (to) you
**direkt** direct(ly)
der **Direktor(en)/die Direktorin(nen)** director
die **Direktverbindung(en)** direct line
die **Disco(s)** disco
die **Diskussion(en)** discussion
**diskutieren** to discuss
**doch** but
die **Dohle(n)** jackdaw
**dokumentieren** to document
der **Dollar(s)** dollar
**doof** stupid
das **Doppelzimmer(-)** double room
das **Dorf(¨er)** village
**die Dorfmitte** village centre
der **Dorsch(e)** cod
die **Dose(n)** can, tin
das **Drachenfliegen** hang-gliding
**drastisch** drastic(ally)

**draußen** outside
**dreckig** dirty
**drehen** to turn
**dreimonatig** three-monthly
**dringend** urgent(ly)
**dritte/r/s** third
das **Drittel(-)** third
die **Droge(n)** drug
  **der Drogenabhängige(n)** drug addict
  **der Drogenkonsum** drug-taking
**drohen** to threaten
der **Drückeberger(-)** shirker
**drucken** to print
**drücken** to press, push
**du** you
**dumm** stupid
die **Dummheit** stupidity
**dunkel** dark
im **Dunkeln** in the dark
**dünn** thin
**durch** through
der **Durchblick** (overall) view
**durchführen** to carry through
**durchpfeifen** to whistle through
im **Durchschnitt** on average
**durchschnittlich** on average
sich **durchsetzen** to become established
**dürfen** to be allowed to
die **Dusche(n)** shower
**dynamisch** dynamic

## E

**ebenfalls** equally
**echt** really, genuine
die **Ecke(n)** corner
**eckig** square
der **EDV-Bereich(e)** computer industry
der **EDV-Techniker(-)** computer technician
**egal** equal, all the same
  **das ist mir egal** I don't care, mind
**egoistisch** egoistic
**ehrgeizig** ambitious
**ehrlich** honest(ly)
das **Ei(er)** egg
**eigene/r/s** own
**eigentlich** really
es **eilig haben** to be in a hurry
**ein/e** a, one
**einander** each other
**einatmen** to breathe in
**einbauen** to install
der **Einbrecher(-)** burglar
der **Eindruck(¨e)** impression
**einerseits** on the one hand
**einfach** just, easy, singleticket
jdm **einfallen** to occur to
**einfallslos** unimaginative
das **Einfamilienhaus(¨er)** detached house
der **Einfluß(-flüsse)** influence
**einführen** to introduce
die **Einführung(en)** introduction
**einhalten** to keep, follow
die **Einheit(en)** unit
**einheitlich** the same, uniform
**einig sein** to be agreed
**einkaufen gehen** to go shopping
der **Einkaufsbummel** shopping trip
der **Einkaufswagen(-)** shopping trolley
das **Einkaufszentrum(-tren)** shopping centre

**einladen** to invite
sich **einlesen** to get into a book
**einmal** once
**einordnen** to arrange, order
**einpflanzen** to plant
**einrichten** to equip, furnish
**einsammeln** to collect
**einschalten** to turn on
zum **Einschlafen** deadly dull
**einschließlich** including
**einsetzen** to put in
**einsortieren** to sort out
**einst** once
**einsteigen** to get in
**einstellen** to employ
die **Einstellung(en)** attitude
**eintragen** to fill in
**eintreten** to enter
**einverstanden** agreed
der **Einwohner(-)** inhabitant
das **Einzelkind(er)** only child
**einzeln** individual
das **Einzelzimmer(-)** single room
**einziehen** to move in
**einzig** single
das **Eis** ice (cream)
  **das Eiscafé(s)** café
das **Eisen** iron
  **die Eisenbahn** railway
  **das Eisenpferd(e)** iron horse
  **das Eisenrad(¨er)** iron wheel
**ekelhaft** disgusting
der **Elefant(en)** elephant
der **Elektroantrieb** electric power
**elektronisch** electronic
**elektrotechnisch** electronic
das **Element(e)** element
der **Ellbogen(-)** elbow
die **Eltern (*pl*)** parents
der **Emigrant(en)** emigrant
**empfangen** to receive
**empfehlen** to recommend
**empfehlenswert** highly recommended
das **Ende** end
**enden** to end
**endgültig** finally
**endlich** at last, finally
**endlos** endless
die **Energie** energy
  **die Energiequelle** energy source
**eng** narrow
auf **englisch** in English
die **Englischkenntnisse (*pl*)** knowledge of English
der **Entbindungspfleger(-)** male midwife
**entdecken** to discover
**entdornt** without thorns
die **Ente(n)** duck
  **entenförmig** duck-shaped
**entfalten** to unfold
**entfernen** to remove
die **Entfernung(en)** distance
**enthalten** to contain
**entlang** along
**entmutigen** to discourage
die **Entschädigung(en)** compensation
sich **entscheiden** to decide
die **Entscheidung(en)** decision
**entschuldigen Sie!** excuse me!
**Entschuldigung!** excuse me!
**entsetzlich** dreadful

**entsetzt** horrified
die **Entsorgung** waste disposal
**entspannend** relaxing
**entsprechen** to correspond to
**entstehen** to come into being
**entweder ... oder** either ... or
**entwickeln** to develop
das **Entwicklungsland(¨er)** developing country
die **Episode(n)** episode
**er** he
**erachten** to consider
das **Erbe** inheritance
sich **erbrechen** to be sick
die **Erde** earth
**erfahren** to discover, find out
die **Erfahrung(en)** experience
**erfinden** to invent
der **Erfinder(-)** inventor
der **Erfolg(e)** success
**erfolgreich** successful
die **Erforschung** investigation
die **Erfüllung** fulfillment
**ergänzen** to complete
**ergeben** to yield, produce
das **Ergebnis(se)** result
**ergreifen** to grasp
**erhalten** to get
**erhitzen** to heat up
**erhöhen** to raise
sich **erholen** to recover
sich **erinnern** to remember
die **Erinnerung(en)** memory
die **Erkältung(en)** cold
**erkennen** to recognise
**erlauben** to allow
**erleben** to experience
das **Erlebnis(se)** experience
**erledigen** to do, carry out
**erleichtern** to alleviate
**ermitteln** to find, discover
**ermöglichen** to make possible
**ernähren** to feed
die **Ernährung** food
**erneuerbar** renewable
**ernst** serious
**erobern** to conquer
**eröffnen** to open
**erraten** to guess
**erreichen** to reach
**erschießen** to shoot
**erschöpft** exhausted
**erschrecken** to frighten
**ersetzen** to replace
**erst** not till, only
  **erst seit** just since
**erste/r/s** first
**erstaunlich** amazing
**erstaunt** amazed
**ertappen** to catch
**ertragen** to bear
**erwachsen** grown up
der **Erwachsene(n)** adult
**erwähnen** to mention
**erwärmen** to warm
**erwarten** to expect
**erzählen** to tell
**erzeugen** to produce
**es** it
das **Essen** food
**essen** to eat

das **Eßstäbchen(-)** chopstick
das **Eßzimmer(-)** dining room
**etwas** something
**euch** you
**euer/e** your
**Europa** Europe
**das Europapokalspiel(e)** European cup game
die **Expedition(en)** expedition
das **Experiment(e)** experiment
der **Experte(n)** expert
**explodieren** to explode
**extrem** extreme(ly)
der **Exzeß(-esse)** excess

## F

die **Fabrik(en)** factory
das **Fach(ër)** subject
das **Fachwerkhaus(¨er)** half-timbered house
die **Fahrbahn(en)** road (surface)
**fahren** to go, drive
der **Fahrer(-)** driver
**der Fahrersitz(e)** driver's seat
das **Fahrrad(¨er)** bicycle
die **Fahrt(en)** journey
das **Faktum(-ten)** fact
der **Fall(¨e)** case, fall
**fallen** to fall
**falsch** wrong
die **Familie(n)** family
die **Farbe(n)** colour
der **Farbstoff** artificial colouring
die **Fassung(en)** version
**fast** almost
**faszinierend** fascinating
**faul** lazy
das **FCKW** CFC
**Federball** badminton
die **Federung** suspension
**fehlen** to be missing, miss
**Was fehlt dir?** what's up?
der **Fehler(-)** mistake
**feiern** to celebrate
**fein** fine
der **Feind(e)** enemy
das **Fenster(-)** window
die **Ferien (*pl*)** holidays
der **Ferientag(e)** day off
im **Fernsehen** on TV
**fernsehen** to watch TV
der **Fernseher(-)** TV set
**der Fernsehkonsum** TV viewing
**der Fernsehmoderator** TV presenter
**die Fernsehsendung(en)** TV show
**fertig** finished, ready
**fest** firm(ly)
das **Fest(e)** festival
**festlegen** to fix
**feststellen** to ascertain
**fett** fat
das **Fett(e)** fat
**fetthaltig** fatty
das **Feuer(-)** fire
**die Feuerwehr** fire brigade
**das Feuerwerk(e)** firework
das **Fieber(-)** fever, temperature
die **Figur(en)** figure
der **Film(e)** film
**die Filmentwicklung** film processing
der **Filzstift(e)** felt-tip pen

**finanzieren** to finance
**finden** to find
der **Finger(-)** finger
die **Firma(-en)** company
der **Fisch(e)** fish
**das Fischgeschäft(e)** fishmonger
**die Fischreuse(n)** fish trap
die **Fitneß** fitness
**flach** flat
das **Flachland** lowland
das **Fladenbrot(e)** unleavened bread
die **Flamme(n)** flame
die **Flasche(n)** bottle
**das Fläschchen(-)** little bottle
**flaschenförmig** bottle-shaped
das **Fleisch** meat
**der Fleischer(-)** butcher
**fleißig** hard-working
**flexibel** flexible
die **Fliege(n)** fly
**fliegen** to fly
**fließen** to flow
**flitzen** to whizz
**flott** smooth(ly), chic
der **Flug(¨e)** flight
**der Fluggast(¨e)** airline passenger
**die Fluggesellschaft(en)** airline
**der Flughafen(¨)** airport
**der Flughafenanrainer(-)** airport neighbour
**das Flugzeug(e)** plane
der **Fluß (Flüsse)** river
die **Flüßigkeit(en)** liquid
**folgen** to follow
**folglich** consequently
die **Foltermethode(n)** method of torture
**fordern** to demand
die **Form(en)** form
das **Formular(e)** form
die **Forschung** research
die **Forstwirtschaft** forestry
der **Fortschritt** progress
**fortsetzen** to continue
das **Foto(s)** photo
**der Fotoapparat(e)** camera
**die Fotogeschichte(n)** photo story
die **Frage(n)** question
**der Fragebogen(¨)** questionnaire
**fragen** to ask
der **Franc(-)** franc
**Frankreich** France
der **Franzose(n)** Frenchman
**französisch** French
die **Frau(en)** woman, Mrs, wife
der **Frauenarzt(¨e)/-ärztin(nen)** gynaecologist
**Fräulein!** waitress!
**frei** free
im **Freien** in the open air
der **Freiherr(n)** baron
**freilich** of course, admittedly
**freiwillig** voluntarily
die **Freizeit** free time
die **Freizeitbeschäftigung** free-time activity
**fremd** foreign, strange
der **Fremde(n)** stranger
die **Fremdsprache(n)** foreign language
die **Fremdsprachenkenntnisse (*pl*)** foreign language skills
**fressen** to eat (animals)

sich **freuen auf** to look forward to
der **Freund(e)** (boy)friend
die **Freundin(nen)** (girl)friend
mit **freundlichem Gruß** with best wishes
die **Freundschaft(en)** friendship
**frieren** to freeze
**frisch** fresh
der **Friseur(e)/die Friseuse(n)** hairdresser
die **Fritten (*pl*)** chips
der **Fruchtsaft(¨e)** fruit juice
**früh** early
**früher** earlier, in former times
**frühestens** at the earliest
das **Frühstück** breakfast
**die Frühstücksflocken (*pl*)** cereal
**fühlen** to feel
**führen** to take, lead
die **Führung** leadership
**füllen** to fill
das **Fundbüro(s)** lost property office
**fundiert** sound, knowledgeable
die **Funktion(en)** function
**funktionieren** to work
**für** for
**furchtbar** dreadful
der **Fuß(Füsse)** foot
**der Fußhebel(-)** foot pedal
**die Fußpflege** foot care
**Fußball** football
**der Fußballplatz(¨e)** football pitch
**der Fußballrowdy(s)** football hooligan
**das Fußballspiel(e)** football match
**der Fußballspieler(-)** footballer
das **Futter** animal feed
**füttern** to feed (animals)

## G

die **Gabel(n)** fork
**gaffen** to gape, stare
die **Galerie(n)** gallery
der **Gammastrahl(en)** gamma ray
der **Gang(¨e)** corridor
**ganz** quite, completely
**gar nicht** not at all
die **Garage(n)** garage
**garantieren** to guarantee
der **Garten(¨)** garden
**die Gartenarbeit** gardening
**der Gartenzwerg(e)** garden gnome
das **Gas(e)** gas
der **Gast(¨e)** guest
**die Gastfamilie(n)** host family
**gebirgig** mountainous
der **Gebrauch** usage
die **Gebrauchsanweisung(en)** instruction
die **Geburt(en)** birth
der **Geburtstag(e)** birthday
das **Gebüsch(e)** bushes
das **Gedächtnis(se)** memory
der **Gedanke(n)** thought
das **Gedicht(e)** poem
**geduldig** patient
sehr **geehrte/r** dear (on a letter)
die **Gefahr(en)** danger
**gefährdet** endangered
**gefährlich** dangerous
mir **gefällt (nicht)** I (don't) like
das **Gefängnis(se)** prison
**der Gefängnisinsasse(n)** prison inmate

**gefedert** sprung
**gefragt** sein to be in demand
das **Gefühl(e)** feeling
**gegen** against, about
die **Gegend(en)** area
der **Gegenstand(¨e)** object
**gegenüber (von)** opposite
die **Gegenwart** present
das **Gehalt(¨er)** salary
**geheim** secret
das **Geheimnis(se)** secret
**gehen** to go, walk
  **das geht** that's OK
  **wie geht's?** how are you?
das **Gehirn(e)** brain
**gehören** to belong
**gehorsam** obedient
der **Gehweg(e)** pavement
**geizig** greedy
das **Gelände** open country
**gelangen** to reach
**gelangweilt** bored
gut **gelaunt** in a good mood
**gelb** yellow
das **Geld** money
  **die Geldausgabe** expenditure
  **die Geldbörse(n)** purse
die **Gelegenheit(en)** opportunity
**gelten** to be valid
**gemeinsam haben** to have in common
die **Gemeinsamkeit(en)** similarity
das **Gemüse(-)** vegetables
der **Gemüseladen(¨)** greengrocer
**gemütlich** cosy
**genau** exact(ly)
**genauso** just as
**genetisch** genetic
**genug** enough
**genügen** to be enough
**gepunktet** spotted
**gerade** just, straight
**geradeaus** straight on
das **Gerät(e)** piece of equipment
**geraten** to get
das **Geräusch(e)** noise
**gerecht** just, fair
**gern** like, with pleasure
**gesamt** complete(ly)
der **Gesamtschaden** total damage
die **Gesamtschule(n)** comprehensive school
das **Geschäft(e)** shop
der **Geschäftsführer(-)** shop manager
das **Geschenk(e)** present
  **der Geschenkkorb(¨e)** gift basket
die **Geschichte(n)** history, story
das **Geschirr** crockery
das **Geschirrspülmittel** washing-up liquid
das **Geschirrtuch(¨er)** dishcloth
**geschlossen** closed
der **Geschmack** taste
**geschmackvoll** tasteful
die **Geschwister (*pl*)** brothers and sisters
die **Gesellschaft(en)** company, society
**gesellschaftlich** in society
das **Gesetz(e)** law
**gesetzlich** legal(ly)
die **Gesichtscreme(s)** face cream
das **Gespräch(e)** talk

**gestalten** to shape, form
**gestern** yesterday
**gestreift** striped
**gesund** healthy
(die) **Gesundheit** health, bless you!
  **das Gesundheitsrisiko** health risk
  **gesundheitsschädlich** unhealthy
das **Getränk(e)** drink
  **die Getränkedose(n)** drinks can
die **Gewalt** power, violence
**gewaltig** forceful, strong
der **Gewinn(e)** profit
**gewinnen** to win
der **Gewinner(-)** winner
die **Gewissensgründe (*pl*)** reasons of conscience
**gewöhnlich** usually
das **Gewürz(e)** spice
es **gibt** there is
das **Gitarrenspielen** guitar playing
das **Glas(¨er)** glass
**glauben** to believe
**gleich** soon, the same
**gleichzeitig** at the same time
das **Gleis(e)** track
**gleiten** to glide
das **Glied(er)** limb
**glitzern** to shine, sparkle
**global** global
die **Glocke(n)** bell
zum **Glück** luckily
**glücklich** happy
**glücklicherweise** luckily
das **Gold** gold
  **der Goldbarren** gold ingot
  **die Goldmünze(n)** gold coin
der **Golfspieler(-)** golf player
**gönnen** not to begrudge
der **Gott** God
die **Grafik** graphics
**grämen** to grieve
das **Gramm** gram
die **Grammatik** grammar
das **Grammophon(e)** gramophone
das **Gras** grass
**grau** grey
die **Grenze(n)** border
**Griechenland** Greece
  **die Griechin(nen)** Greek (*f*)
der **Grießpudding** semolina
**griffig** handy
**grillen** to grill, barbecue
die **Grippe(n)** flu
**groß** big
**großartig** superb
die **Größe(n)** size
die **Großmutter(¨)** grandmother
**großzügig** generous
**grün** green
der **Grund(¨e)** reason
die **Grundausbildung(en)** basic training
die **Grundschule(n)** primary school
die **Gruppe(n)** group
**grüßen** to greet
**gucken** to look
**gültig** valid
das **Gummibärchen(-)** jelly bear
der **Gummireifen(-)** rubber tyre
**gut** good
**gutaussehend** good-looking
die **Güter (*pl*)** goods

der **Gutschein(e)** voucher
das **Gymnasium(-ien)** grammar school
die **Gymnastik** keep-fit exercises

## H

der **Haarausfall** hair loss
**haben** to have
**hacken** to chop
der **Hafen(¨)** harbour
der **Hahn(¨e)** cock
das **Hähnchen(-)** chicken
**halb** half
die **Halbkugel(n)** semicircle, hemisphere
die **Hälfte(n)** half
die **Halle(n)** hall
das **Hallenbad(¨er)** indoor pool
**hallo** hello
der **Hals(¨e)** neck
**halten** to keep, stop
der **Hammel(-)** mutton, sheep
die **Hand(¨e)** hand
  **das Handgelenk(e)** wrist
  **der Handhebel(-)** hand lever
  **der Handschuh(e)** glove
  **der Handwerker(-)** craftsman
der **Handel** trade
**handeln von** to be about
die **Handlung(en)** plot
das **Handy(s)** mobile phone
**hängen** to hang
**hantieren mit** to handle
die **Hardware** hardware
**harmlos** harmless
**hart** hard
**häßlich** ugly
**häufig** frequently
der **Häuptling(e)** chieftain
der **Hauptpunkt(e)** main point
die **Hauptsache(n)** main thing
der **Hauptsatz(¨e)** main clause
der **Hauptschulabschluß** school leaving qualification
der **Hauptschüler(-)** *Hauptschule* pupil
das **Haus(¨er)** house
  **die Hausarbeit** housework
  **der Hausarrest** detention
  **die Hausaufgaben (*pl*)** homework
  **der Haushalt(e)** household
  **das Haushaltsgeld** household money
  **das Haustier(e)** pet
  **die Haustür(en)** front door
zu **Hause** at home
die **Haut** skin
das **Hawaiihemd(en)** Hawaii shirt
**heben** to lift
das **Heft(e)** exercise book
die **Heide** moor, heath
**heilig** holy
die **Heimat** home country
**heiß** hot
**heißen** to be called
der **Heißluftballon(s)** hot-air balloon
**helfen** to help
**hell** light, bright
der **Helm(e)** helmet
das **Hemd(en)** shirt
**heraus** out of
**herausfinden** to find out
**herkömmlich** conventional
der **Herr(en)** Mr; gentleman

**Herr Ober!** waiter!
**herstellen** to produce
der **Hersteller(-)** producer
**herumschleppen** to drag around
**herumstehen** to stand around
das **Herz(en)** heart
  **der Herzinfarkt(e)** heart attack
**heuchlerisch** hypocritical
**heute** today
  **heute abend** this evening
  **heutzutage** these days
**hier** here
die **Hilfe** help
**hilflos** helpless
die **Hilfsorganisation(en)** relief organisation, charity
der **Himmel(-)** sky
**hindern** to obstruct
**hinhauen** to work, be a success
**hinschicken** to send
**hinten** behind, at the back
**hinter** behind
**hinuntergehen** to go down
**hinzufügen** to add, continue
das **Hobby(s)** hobby
**hoch** high
**hochklappen** to fold up
das **Hochrad(¨er)** penny-farthing
**höchstens** at the most
der **Höchstpreis(e)** highest price
die **Hochzeit(en)** wedding
  **die Hochzeitsfeier(-)** wedding celebration
der **Hof(¨e)** yard
**hoffentlich** hopefully
die **Hoffnung(en)** hope
**hoffnungsvoll** hopeful
die **Höhe(n)** height
**höher** higher
die **Höhlenexpedition** caving trip
**holen** to fetch
die **Hölle** hell
das **Holz** wood
**hölzern** wooden
**hören** to listen
das **Hörspiel(e)** radio play
der **Hörverlust** loss of hearing
das **Hörvermögen** hearing ability
die **Hose(n)** trousers
  **das Hosenbein(e)** trouser leg
das **Hotel(s)** hotel
**hübsch** pretty
der **Hund(e)** dog
  **hundefreundlich** dog-friendly
  **das Hundefutter** dog food
**hundert** hundred
**hungern** to starve
**hüpfen** to hop
die **Hustenpastille(n)** cough sweet
der **Hut(¨e)** hat
die **Hygiene** hygiene
**hygienisch** hygienic

## I

**ich** I
die **Idee(n)** idea
**identifizieren** to identify
der **Idiot(en)** idiot
**igitt!** yuk!
**ihm** him
**ihn** him
**ihnen** them
**Ihnen** you
**ihr/e** her, their
**Ihr/e** your
**illustrieren** to illustrate
die **Imbißstube(n)** snack bar
**immer** always
  **immer noch** still
  **immer schlimmer** worse and worse
  **immer wieder** again and again
die **Impfung(en)** vaccination
**impulsiv** impulsive
**in** in
das **Indianervolk** Indian people
**individuell** individual(ly)
die **Industrie(n)** industry
  **das Industriegebiet(e)** industrial area
die **Infektion(en)** infection
die **Infektionsgefahr(en)** danger of infection
die **Inflation** inflation
  **die Inflationszeit(en)** time of inflation
die **Informatik** computer studies
die **Informationen (*pl*)** information
das **Informationsbüro(s)** information office
die **Informationssendung(en)** current affairs programme
sich **informieren** to inform yourself
der **Ingenieur(e)** engineer
der **Inhalt(e)** content
**innen** inside
**innerhalb** within
der **Insasse(n)** passenger (in car)
das **Insekt(en)** insect
**insgesamt** all together
der **Inspektor(en)** inspector
**installieren** to install
**intelligent** intelligent
**interessant** interesting
sich **interessieren für** to be interested in
das **Interview(s)** interview
**interviewen** to interview
**inzwischen** meanwhile
**irgendwie** somehow
**irgendwo** somewhere
**isolieren** to isolate
**isotonisch** isotonic
**Italien** Italy
  **der Italiener(-)** Italian
  **italienisch** Italian

## J

**ja** yes
die **Jacke(n)** jacket
das **Jahr(e)** year
  **die Jahreszeit(en)** season
  **das Jahreszeugnis(se)** school report
  **das Jahrhundert(e)** century
**japanisch** Japanese
**jäten** to weed
**je ... desto** the more ... the more
die **Jeans(-)** jeans
  **die Jeansweste(n)** denim waistcoat
**jede/r/s** each, every
**jedenfalls** in any case
**jedesmal** each time
**jedoch** but, however
**jemand** somebody
**jetzt** now
**jeweils** each time
der **Job(s)** job
**joggen gehen** to go jogging
der **Joghurt** yogurt
der **Journalismus** journalism
der **Journalist(en)** journalist
**jubeln** to celebrate
der **Jugendclub(s)** youth club
die **Jugendherberge(n)** youth hostel
der **Jugendliche(n)** teenager
das **Jugendzentrum(-zentren)** youth centre
**jung** young
der **Junge(n)** boy
die **Jungfernfahrt(en)** maiden voyage
der **Jurist(en)** lawyer

## K

die **Kabine(n)** cabin
der **Kaffee** coffee
der **Kakao** cocoa
das **Kalbfleisch** veal
**kalt** cold
die **Kälte** cold
der **Kandidat(en)** candidate
das **Känguruh(s)** kangaroo
**kapieren** to understand
das **Kapitel(-)** chapter
**kaputt** broken
**kariert** checked
die **Karies** caries
**karitativ** charitable
die **Karotte(n)** carrot
die **Karriere(n)** career
die **Karte(n)** map, ticket
die **Kartoffel(n)** potato
die **Kartoffelchips (*pl*)** crisps
der **Käse(-)** cheese
  **der Käsekuchen(-)** cheesecake
die **Kasse(n)** cash till
die **Kassette(n)** tape
  **der Kassettenbrief(e)** taped letter
  **der Kassettenspieler(-)** tape recorder
das **Kästchen(-)** small box
**katastrophal** catastrophic
die **Katastrophe(n)** catastrophe
die **Katze(n)** cat
  **das Kätzchen(-)** kitten
**kaufen** to buy
**kaum** hardly
**keck** cheeky
die **Kegelbahn(en)** bowling alley
**kegeln** to bowl
**kein/e** not a, nobody
**keinesfalls** not at all
der **Keks(e)** biscuit
  **jdm auf den Keks gehen** to get on someone's nerves
der **Kellner(-)** waiter
**kennenlernen** to get to know
das **Kennzeichen(-)** registration number
der **Kernpunkt(e)** central point
der **Kerzenhalter(-)** candle holder
die **Kette(n)** chain
der **Kettenantrieb** chain drive
das **Kettenspiel(e)** chain game
der **Kfz-Mechaniker(-)** car mechanic
die **Kfz-Werkstatt(¨e)** car workshop
das **Kilo(s)** kilo
der **Kilometer(-)** kilometre

das **Kind(er)** child
**das Kinderbett(en)** child's bed
**der Kindergarten(¨)** nursery school
**das Kinderheim(e)** children's home
**kinderleicht** easy-peasy
**die Kindheit** childhood
**kindisch** childish
das **Kino(s)** cinema
der **Kiosk(e)** kiosk
die **Kirche(n)** church
die **Kirsche(n)** cherry
die **Kiste(n)** chest, box
**kitschig** tacky, tasteless
die **Klamotten (*pl*)** clothes
**klappen** to work, be a success
**klar** clear(ly)
die **Klasse(n)** class
**die Klassenarbeit(en)** class test
**der Klassenkamerad(en)** classmate
**der Klassenraum(¨e)/das Klassenzimmer(-)** classroom
**klauen** to pinch, nick
das **Klavier(e)** piano
**kleben** to stick
das **Kleid(er)** dress
die **Kleider (*pl*)** clothes
**der Kleiderschrank(¨e)** wardrobe
das **Kleidungsgeschäft(e)** boutique
der **Kleidungsstil** clothes style
**klein** small
das **Klima(s)** climate
**die Klimaanlage** air conditioning
**klingeln** to ring
das **Klo(s)** loo
**der Klodeckel(-)** loo cover
**das Klopapier(e)** loo paper
**knapp** scarce, just
das **Knie(-)** knee
der **Knoblauch** garlic
der **Knödel(-)** dumpling
**knusprig** crunchy, crispy
der **Koch(¨e)** cook, chef
**die Kochschule(n)** cookery college
**kochen** to cook
der **Koffer(-)** suitcase
der **Kohl(e)** cabbage
das **Kohlendioxid** carbon dioxide
der **Kollege(n)/die Kollegin(nen)** colleague
die **Kollision(en)** collision
**Köln** Cologne
**komisch** funny, strange
**kommen** to come
der **Kommentator(en)** commentator
**kommentieren** to comment
die **Kommunikation(en)** communication
**kommunikativ** communicative
die **Komödie(n)** comedy
die **Konditorei(en)** patisserie
die **Konfliktsituation(en)** conflict situation
der **König(e)** king
**konkret** concrete
**können** to be able to
die **Konsequenz(en)** consequence
das **Konservierungsmittel(-)** preservative
der **Konsum** consumption
das **Konto(-ten)** account
**die Kontonummer(n)** account number
die **Kontrolle(n)** control
**kontrollieren** to control
das **Konzert(e)** concert
der **Kopf(¨e)** head
**die Kopfschmerzen (*pl*)/das Kopfweh** headache
die **Kopie(n)** copy
**kopieren** to copy
der **Körper(-)** body
**körperlich** physical(ly)
**korrigieren** to correct
die **Kosmetik (*pl*)** cosmetics
**kosten** to cost
**kostenlos** free
das **Kostüm(e)** costume
der **Köter(-)** damn dog
der **Kragen(-)** collar
die **Krähe(n)** crow
der **Kram** junk
**krank** ill
das **Krankenhaus(¨er)** hospital
der **Krankenpfleger(-)/die Krankenschwester(n)** nurse
der **Krankenwagen(-)** ambulance
die **Krankheit(en)** illness
die **Krawatte(n)** tie
**kreativ** creative
der **Krebs** cancer
**krebserregend** carcinogenic
die **Kreuzung(en)** crossroads
der **Krieg(e)** war
der **Krimi(s)** thriller
die **Kritik(en)** criticism, review
der **Krug(¨e)** jug
**krumm** crooked
das **Krümmchen(-)** crumb
die **Küche(n)** kitchen
**die Küchenabteilung(en)** kitchen dept
**das Küchengerät(e)** kitchen equipment
der **Kuchen(-)** cake
die **Kuh(¨e)** cow
der **Kühlschrank(¨e)** fridge
der **Kuli(s)** biro
die **Kulisse(n)** scenery
sich **kümmern um** to look after
der **Kunde(n)/die Kundin(nen)** customer
der **Künstler(-)** artist
**künstlich** artificial
der **Kunststoff** man-made material
**kunstvoll** artistic
das **Kunstwerk(e)** work of art
**kurios** strange, curious
der **Kurs(e)** exchange rate, course
die **Kurve(n)** curve
**kurz** short
**kuschelig** cuddly, soft
**küssen** to kiss

## L

das **Labor(s)** laboratory
**der Laborversuch(e)** laboratory test
**lächeln** to smile
**lachen** to laugh
**lächerlich** laughable
der **Lachs(e)** salmon
der **Lackierer(-)** spray painter
der **Laden(¨)** shop
die **Lage(n)** situation
**lagern** to store
der **Laib(e)** loaf
die **Lampe(n)** lamp
das **Land(¨er)** country
der **Landeanflug(¨e)** approach (plane)
**landen** to land
die **Landschaft(en)** countryside
die **Landstraße(n)** country road
die **Landung(en)** landing
die **Landwirtschaft** agriculture
**lang** long
die **Langeweile** boredom
der **Langfinger(-)** pickpocket
**langsam** slow(ly)
**langweilig** boring
der **Langzeitarbeitlose(n)** long-term unemployed
der **Lappen(-)** cloth
der **Lärm** noise
die **Laseranlage** laser equipment
**lassen** to let, leave
der **Lastwagen** lorry
die **Latzhose(n)** dungarees
**laufen** to run
das **Laufrad(¨er)** bike (like a child's scooter)
die **Laune(n)** mood
**laut** according to, loud
die **Laute(n)** lute
**lautlos** silent
die **Lautstärke** volume level
**leben** to live
das **Leben(-)** life
**die Lebenserwartung(en)** life expectancy
**der Lebenslauf(¨e)** curriculum vitae
**die Lebensmittel (*pl*)** groceries
**die Lebensmittelvergiftung(en)** food poisoning
**lebenswichtig** vital
die **Leber(n)** liver
**lecker** tasty
das **Leder** leather
**leer** empty
**legen** to lie
**legendär** legendary
die **Legende(n)** legend
der **Lehrer(-)/die Lehrerin(nen)** teacher
die **Lehrstelle(n)** apprenticeship
der **Leichenbestatter(-)** funeral director
**leicht** easy
**leiden** to suffer
**es tut mir leid** I'm sorry
**leider** unfortunately
das **Leinen** linen
**leise** gently
**leisten** to do, achieve
die **Leistung(en)** achievement
**der Leistungskurs(e)** advanced course
**leistungsorientiert** achievement-orientated
**leiten** to lead
der **Lenker(-)** handlebars
**lernen** to learn
**lesen** to read
**letzte/r/s** last
die **Leute (*pl*)** people
das **Licht** light
die **Lichtung** lighting, clearing
**lieb** dear
**am liebsten** best of all
**lieber** prefer
**Lieber/Liebe** dear (on a letter)
das **Lieblingsfach(¨er)** favourite subject

das **Lied(er)** song
**liefern** to deliver
**liegen** to lie
die **Limonadenflasche(n)** lemonade bottle
der **Liniendampfer(-)** steamboat
**links** left
der **Linkshänder(-)** left-handed person
die **Linse(n)** lentil
die **Lippenpflege** lip care
der **Lippenstift(e)** lipstick
die **Liste(n)** list
der **Liter(-)** litre
die **Litfaßsäule(n)** advertising column
der **LKW-Fahrer(-)** lorry driver
das **Loch(¨er)** hole
**locker** relaxed, loose
**logisch** logical
der **Lohn(¨e)** wage
**los** off, away
  **was ist los?** what's up?
**lösen** to solve
die **Lösung(en)** solution
**loswerden** to get rid of
der **Lottogewinner(-)** lottery winner
die **Lücke(n)** gap
die **Luft** air
  **der Luftdruck** air pressure
  **die Luftfahrt** aviation
  **luftgefüllt** air-filled
  **die Luftwaffe** air force
die **Lüge(n)** lie
**lügen** to lie
der **Lungenkrebs** lung cancer
die **Lupe(n)** magnifying glass
**lustig** funny
der **Luxus** luxury
**machen** to do, make

## M

die **Machete(n)** machete
das **Mädchen(-)** girl
das **Magazin(e)** magazine
die **Magenschmerzen (*pl*)** stomach ache
die **Mahlzeit(en)** mealtime
das **Mal(e)** time
**malen** to draw
der **Maler(-)** painter
**man** one
der **Manager(-)** manager
**manche/s** some
**manchmal** sometimes
**manipulieren** to manipulate
der **Mann(¨er)** man
die **Mannschaft(en)** team
der **Mantel(¨)** coat
die **Mark(-)** mark
die **Marke(n)** make
der **Markt(¨e)** market
die **Maschine(n)** machine
die **Masse(n)** mass
das **Material(ien)** material
der **Materialismus** materialism
**materialistisch** materialistic
**Mathe** maths
die **Mathematik** mathematics
der **Mechaniker(-)** mechanic
**meckern** to moan
die **Medien (*pl*)** media
das **Medikament(e)** medication
die **Medizin** medicine
der **Meeresbiologe(n)** marine biologist
der **Meeresboden** seabed
das **Meerschweinchen(-)** guinea pig
**mehr** more
die **Mehrwegflasche(n)** recyclable bottle
**mein/e** my
**meinen** to think
die **Meinung(en)** opinion
  **meiner Meinung nach** in my opinion
**meist** most
**meistens** mostly
**melden** to report, register
die **Menge(n)** lot of, crowd
der **Mensch(en)** person
**menschlich** humane
**merken** to notice
der **Meter(-)** metre
die **Methode(n)** method
die **Metzgerei(en)** butcher
**mich** me, myself
der **Miesepeter(-)** grumbler
**mieten** to rent
der **Mietwagen(-)** hire car
der **Mikrowellenherd(e)** microwave
die **Milch** milk
**militärisch** military
die **Milliarde(n)** thousand million
die **Million(en)** million
die **Minderheit(en)** minority
**mindestens** at least
das **Mindesthaltbarkeitsdatum(-ten)** use-by date
das **Mineralwasser(-)** mineral water
der **Minirock(¨e)** mini skirt
die **Minute(n)** minute
**mir** me
**mißbrauchen** to misuse
der **Mißerfolg(e)** failure
**mißhandeln** to mistreat, abuse
**Mist!** blast!
**mit** with
das **Mitglied(er)** member
**mittags** at lunchtime
die **Mittagspause(n)** lunch break
**mitten** middle
**mittlerweile** meanwhile
die **Möbel (*pl*)** furniture
die **Mode(n)** fashion
  **der Modedesigner(-)** fashion designer
das **Modell(e)** model
**mögen** to like
**möglich** possible
**möglicherweise** possibly
die **Möglichkeit(en)** possibility
der **Mohnkuchen(-)** poppy seed cake
die **Möhre(n)** carrot
der **Moment(e)** moment
  **Moment mal!** wait a moment!
  **momentan** at the moment
der **Monat(e)** month
der **Mond(e)** moon
**Mongolien** Mongolia
der **Mord(e)** murder
der **Mörder(-)** murderer
**morgen** tomorrow
der **Morgen(-)** morning
die **Motivation** motivation
der **Motor(en)** engine
  **das Motoröl** engine oil
das **Motorrad(¨er)** motorbike
  **das Motorradrennen(-)** motorbike race
die **Möwe(n)** seagull
**müde** tired
die **Müdigkeit** tiredness
der **Müll** rubbish
**München** Munich
der **Mund(¨er)** mouth
das **Museum(-seen)** museum
die **Musik** music
  **der Musikladen(¨)** music shop
  **die Musiklautstärke** music volume
**müssen** to have to
**mutig** brave
die **Mutter(¨)** mother
  **der Mutterschaftsurlaub** maternity leave
die **Mutti(s)** mum
die **Mütze(n)** cap
der **Mythos(-then)** myth

## N

**na ja!** well!
**nach** to, after
**nachprüfen** to check
die **Nachricht(en)** message, news
**nachschlagen** to look up
**nächste/r/s** next
die **Nacht(¨e)** night
  **nachts** at night
der **Nachteil(e)** disadvantage
die **Nachzahlung(en)** back payment
**nah** near
in der **Nähe** near to, by
die **Nahrungsmittel (*pl*)** food
der **Name(n)** name
**nämlich** namely
die **Nase(n)** nose
  **die Nase voll haben** to be fed up
**naß** wet
der **Nationalismus** nationalism
die **Natur** nature
**natürlich** of course
die **Naturwissenschaft(en)** science
  **der Naturwissenschaftler(-)** scientist
der **Nebel** fog
**neben** next to, besides
der **Nebenjob(s)** part-time job
der **Nebensatz(¨e)** clause
**nee** no (*slang*)
**nehmen** to take
**nein** no
**nennen** to be called
der **Nerv(en)** nerve
**nerven** to annoy
**nervig** annoying
**nett** nice
**neu** new
**neu gebaut** newly-built
das **Neugeborene(n)** newborn
**neugierig** nosey
**neulich** recently
**nicht** not
**nichts** nothing
**nie** never
**niedrig** low
**niemals** never
**niemand** nobody
**noch** still
  **noch einmal** once again

die **Nonne(n)** nun
der **Nordpol** North Pole
**nordvietnamesisch** north Vietnamese
**normalerweise** normally
**Norwegen** Norway
die **Notbremsung** emergency braking
die **Note(n)** grade, mark
der **Notfall(¨e)** emergency
**notieren** to note
**nötig** necessary
die **Notiz(en)** note
die **Nudel(n)** pasta
**null** nil
die **Nummer(n)** number
**nun** now
**nur** only
die **Nuß (Nüsse)** nut
**nützlich** useful
das **nützt nichts** that's no good

## O

**ob** whether
**oben** above
die **Oberstufe(n)** sixth-form
das **Obst** fruit
**obwohl** although
**öde** horrid
**oder** or
der **Ofen(¨)** oven
**offen** open
**offenbar** apparently
die **Öffentlichkeit** public
**öffnen** to open
**oft** often
**öfter(s)** often
**ohne** without
der **Ohrring(e)** earring
das **Öl** oil
der **Opa(s)** grandad
das **Opfer(-)** victim
das **Orchester** orchester
**ordentlich** tidy
**ordnen** to order, arrange
in **Ordnung** OK
das **Organ(e)** organ
**organisieren** to organise
der **Ort(e)** place
**Ostern** Easter
**Österreich** Austria
**östlich** easterly
der **Ozean(e)** ocean
**der Ozeandampfer** ocean steamer

## P

ein **paar** several
das **Paar(e)** pair, couple
die **Packung(en)** packet
das **Paket(e)** packet
**der Paketdienst** parcel service
die **Panik** panic
die **Panne(n)** breakdown
der **Panzer(-)** tank
der **Papagei(en)** parrot
das **Papier(e)** paper
**die Papierfabrik(en)** paper factory
**der Papierteller(-)** paper plate
das **Parfüm** perfume
der **Park(s)** park
der **Parkplatz(¨e)** parking space
der **Partner(-)** partner
die **Party(s)** party

der **Paß (Pässe)** passport
**das Paßfoto(s)** passport photo
**paß auf!** watch out!
der **Passagier(e)** passenger
**passieren** to happen
das **Pauschalangebot(e)** package deal
die **Pauschalreise(n)** package holiday
die **Pause(n)** break
**der Pausenhof(¨e)** school yard
**Pech haben** to have bad luck
das **Pedal(e)** pedal
**perfekt** perfect(ly)
die **Person(en)** person
das **Personal** staff
**die Personalabteilung(en)** personnel department
**persönlich** personally
die **Persönlichkeit(en)** personality
**pessimistisch** pessimistic
die **Pfeife(n)** pipe
der **Pfennig(e)** pfennig
der **Pfirsichbaum(¨e)** peach tree
die **Pflanze(n)** plant
**pflanzlich** plant
das **Pflichtfach(¨er)** compulsory subject
das **Pfund(e)** pound
die **Phantasie** imagination
**Physik** physics
das **Picknick(s)** picnic
der **Pilot(en)** pilot
der **PKW(s) (Personenkraftwagen)** car
der **Plan(¨e)** plan
der **Planet(en)** planet
der **Plastikabfall(¨e)** plastic waste
die **Plastikplane(n)** plastic cover
die **Plastiktüte(n)** plastic bag
der **Platz(¨e)** place, square
der **Pokalsieger(-)** cup winner
**Polen** Poland
der **Politiker(-)** politician
die **Polizei** police
**die Polizeiwache(n)** police station
**der Polizeiwagen(-)** police car
**der Polizist(en)** policeman
die **Pommes frites (*pl*)** chips
das **Portemonnaie(s)** purse
**positiv** positive
die **Post** mail
**das Postamt(¨er)** post office
**der Postbote(n)** postman
**die Postkarte(n)** postcard
das **Praktikum(-ka)** work experience
**der Praktikumsplatz(¨e)** work experience placement
**praktisch** practical
die **Präposition(en)** preposition
die **Präsentation(en)** presentation
der **Präsident(en)** president
der **Preis(e)** price, prize
**die Preisliste(n)** price list
**der Preisrichter(-)** judge
**preiswert** good value
der **Preßluftbohrer(-)** pneumatic drill
die **Prestigekäufe (*pl*)** prestige purchases
**prima** great
der **Prinz(en)** prince
im **Prinzip** in principle
**pro** for
**probieren** to try
das **Problem(e)** problem
**problemlos** problem free

das **Produkt(e)** product
die **Produktion(en)** production
das **Programm(e)** programme
das **Projekt(e)** project
der **Prospekt(e)** brochure
das **Protein(e)** protein
die **Provinz(en)** province
das **Prozent(e)** percent
**prüfen** to test
die **Prüfung(en)** exam
der **Psychiater(-)** psychiatrist
die **Psychologie** psychology
das **Publikum** public
der **Pullover(-)/Pulli(s)** jumper
die **Punktzahl(en)** points
das **Putenfleisch** turkey meat
**putzen** to clean

## Q

die **Qual(en)** pain, agony
die **Qualität** quality
der **Qualm** dense smoke
**qualmen** to smoke
**Quatsch** rubbish
die **Quelle(n)** source
**quer durch** straight through
die **Quittung(en)** receipt
das **Quiz(-)** quiz
die **Quote(n)** quota

## R

**rächen** to avenge
das **Rad (¨er)** wheel, bike
**der Radler(-)** cyclist
**Rad fahren** to cycle
das **Radio(s)** radio
**die Radiosendung(en)** radio show
der **Rahmen(-)** frame
**rammen** to ram
der **Rand(¨er)** edge
**ranzig** rancid
das **Rasenmähen** lawn mowing
die **Raststätte(n)** service area
**raten** to advise
das **Rathaus(¨er)** town hall
der **Ratschlag(¨e)** piece of advice
das **Rätsel(-)** puzzle
**rauchen** to smoke
der **Raum(¨e)** room, space
**der Raumfahrer(-)** astronaut
**der Raumpfleger(-)** cleaner
**das Raumschiff(e)** spaceship
**raus** out
das **Rauschmittel** drug
**rausgehen** to go out
**reagieren** to react
**realistisch** realistic(ally)
die **Realschule(n)** secondary school
**der Realschulabschluß(-üsse)** school leaving qualification
die **Rechnung(en)** bill
**recht haben** to be right
**rechts** on the right
**rechtzeitig** in time
**recyceln** to recycle
**recycelbar** can be recycled
die **Rede(n)** talk, speech
**reden** to talk
das **Regal(e)** shelf
die **Regel(n)** rule
**regelmäßig** regular(ly)

der **Regen** rain
**saurer Regen** acid rain
**der Regenmantel(¨)** raincoat
**der Regenwald(¨er)** rainforest
die **Regierung(en)** government
die **Regionalsendung(en)** local programme
**regnen** to rain
das **Reich(e)** kingdom
**reich** rich
**reichen** to pass, be enough
der **Reifen(-)** tyre
die **Reihenfolge(n)** order
das **Reihenhaus(¨er)** terraced house
**rein** pure
die **Reise(n)** trip
**das Reisebüro(s)** travel agency
**die Reisefirma (-firmen)** travel firm
**die Reisegruppe(n)** travel group
**der Reisende(n)** traveller
**der Reisescheck(s)** traveller's cheque
**die Reisetasche(n)** travel bag
**reisen** to travel
der **Reiskuchen(-)** rice cake
der **Reißverschluß(-üsse)** zip
**reiten** to ride
**reizend** charming
**rekonstruieren** to reconstruct
**relativ** relative(ly)
**religiös** religious(ly)
das **Rennen(-)** race
der **Rentner(-)** pensioner
**reparieren** to repair
**reservieren** to book, reserve
die **Reservierung(en)** reservation
**respektieren** to respect
der **Rest(e)** rest
das **Restaurant(s)** restaurant
**das Restaurantverzeichnis(se)** list of restaurants
**retten** to rescue
**richtig** right
die **Richtung(en)** direction
**riechen** to smell
der **Riegel(-)** bar
der **Riesenbuchstabe(n)** giant letter
**riesig** huge
das **Rindfleisch** beef
das **Risiko(-ken)** risk
**riskieren** to risk
der **Roboter(-)** robot
**robust** robust
der **Rock(¨e)** skirt
die **Rockgruppe(n)** rock group
das **Roggenbrot(e)** rye bread
**roh** raw
das **Röhrchen(-)** tube
die **Rolle(n)** role
**das Rollenspiel(e)** role play
**rollen** to role
der **Roman(e)** novel
**römisch** Roman
**röntgen** to x-ray
**rosa** pink
die **Rose(n)** rose
**rot** red
**das Rote Kreuz** Red Cross
der **Rücken(-)** back
**die Rückenschmerzen (*pl*)** backache
**die Rückfahrt/Rückkehr** return
**der Rucksack(¨e)** rucksack
**der Rückspiegel(-)** rear mirror
**rückwärts** backwards
**rudern** to row (boat)
die **Ruhe** peace
**ruhig** quiet, easily
**rund** round, about
**rundlich** round
**russisch** Russian
**Rußland** Russia

## S

die **Sache(n)** thing
der **Sack(¨e)** sack
**sagen** to say
die **Sahne** cream
der **Salat(e)** lettuce
die **Salmonellenvergiftung** salmonella poisoning
**sammeln** to collect
die **Sammlung(en)** collection
der **Sand** sand
**der Sandkasten(¨)** sandpit
**sanft** soft, gentle
der **Sänger(-)** singer
die **Sattelstütze(n)** saddle support
die **Sättigung** repletion
der **Satz(¨e)** sentence
**der Satzteil(e)** part of sentence
**sauber** clean
die **Sauberkeit** cleanliness
**sauer** angry
der **Sauerstoff** oxygen
die **Sauna(s)** sauna
die **Schachtel(n)** box
**schade!** what a pity!
der **Schaden(¨)** damage
**schädigen** to damage
**schädlich** harmful
der **Schäferhund(e)** alsatian
**schaffen** to manage, create
der **Schal(e)** scarf
**scharf** sharp
der **Schatz(¨e)** treasure
**schätzen** to estimate
der **Schauspieler(-)** actor
die **Scheibe(n)** slice
der **Scheibenwischer(-)** windscreen wiper
**scheinen** to appear, shine
**schenken** to give
die **Schere(n)** scissors
**scherzhaft** jocular
die **Schicht(en)** layer
**schick** chic
**schicken** to send
**schief** not straight, wrong
**schießen** to shoot
das **Schiff(e)** ship
das **Schild(er)** sign
der **Schinken(-)** ham
**schlafen** to sleep
**schlaff** loose
die **Schlafstörung(en)** insomnia
das **Schlafzimmer(-)** bedroom
die **Schlaghose(n)** 70s-style trousers
das **Schlagloch(¨er)** pothole
**schlecht** bad
**schleppen** to drag
**schließen** to close
**schließlich** finally
**schlimm** bad
**schlucken** to swallow
zum **Schluß** finally
der **Schlüssel(-)** key
**der Schlüsselbund** bunch of keys
**das Schlüsselwort(¨er)** key word
**schmal** narrow
**schmecken** to taste
**schmerzhaft** painful
die **Schmerztablette(n)** painkiller
der **Schmied(e)** blacksmith
**schmücken** to decorate
**schmutzig** dirty
das **Schnäppchen(-)** bargain, snip
der **Schnee** snow
**der Schneesturm(¨e)** snow storm
**schneiden** to cut
**schnell** quick(ly)
der **Schnellimbiß(-bisse)** snack bar
der **Schnupfen** cold
die **Schokolade** chocolate
**schon** already
**schön** lovely
der **Schrecken(-)** terror, horror
**schreiben** to write
der **Schreibfehler(-)** spelling mistake
die **Schreibunlust** reluctance to write
**schreien** to shout, scream
**schriftlich** in writing
der **Schriftsteller(-)** author
**schrill** loud, garish
der **Schritt(e)** step
der **Schrotthändler(-)** scrap merchant
die **Schubkarre(n)** wheelbarrow
der **Schuh(e)** shoe
**das Schuhgeschäft(e)** shoe shop
der **Schulabschluß(-üsse)** school leaving qualification
**schuld** blame
die **Schule(n)** school
**der Schuldirektor(en)** headmaster
**der Schüler(-)** pupil
**das Schulfach(¨er)** school subject
**der Schulhof(¨e)** school yard
**die Schulregel(n)/ Schulvorschrift(en)** school regulation
**das Schulzeugnis(se)** school report
der **Schuppen(-)** shed
der **Schutz** protection
**schützen** to protect
**schwach** weak
die **Schwäche(n)** weakness
der **Schwachpunkt(e)** weak point
**schwanger** pregnant
**schwarz** black
**schwatzen** to gossip
**schweben** to sway
der **Schwede(n)** Swede
**Schweden** Sweden
der **Schweiß** sweat
die **Schweiz** Switzerland
**schwer** heavy, difficult
**schwerelos** weightless
die **Schwester(n)** sister
**schwierig** difficult
das **Schwimmbad(¨er)** swimming pool
**schwimmen** to swim
**schwindlig** dizzy
**schwingen** to swing
der **Schwung(¨e)** swing
der **See(n)** lake

das **Segeltuch(¨er)** canvas
**sehen** to see
sich **sehnen nach** to long for
**sehr** very
die **Seide** silk
die **Seife** soap
**die Seifenoper(n)** soap opera
das **Seile(n)** rope
**sein** to be, his
**seit** since
die **Seite(n)** side, page
der **Seitenstreifen(-)** hard shoulder
die **Sekunde(n)** second
**selber/selbst** yourself
**selbstgemacht** homemade
die **Selbstlernkassette(n)** self-study cassette
**selbstverständlich** of course
das **Selbstwähltelefon(e)** automatic phone
**selten** rarely
die **Seltenheit** rarity
**seltsam** strange
der **Sender(-)** channel
die **Sendung(en)** programme
der **Senf** mustard
die **Seniorenermäßigung(en)** OAP concession
**sensationell** sensational
**sensibel** sensitive
die **Serie(n)** series
**servieren** to serve
die **Serviette(n)** napkin
sich **setzen** to sit down
**sich** himself, herself
**sicher** safe, surely
die **Sicherheit** safety
**sicherlich** certainly
**sie** she, they
**Sie** you
der **Sieg(e)** victory
das **Silber** silver
**das Silberbarrenlagerhaus(¨er)** silver depository
**singen** to sing
**sinken** to sink
der **Sinn(e)** sense
**sinnlos** pointless
die **Situation(en)** situation
der **Sitz(e)/Sitzplatz(¨e)** seat
**sitzen** to sit
**sitzenbleiben** to repeat a school year
**Ski fahren** to ski
der **Ski(er)** ski
**die Skibekleidung** ski wear
**der Skistiefel(-)** ski boot
**der Skiurlaub** skiing holiday
**sklavisch** slavishly
**snowboarden** to snow board
**so** so
**so ... wie** as ... as
die **Socke(n)** sock
**sofort** immediately
**sogar** even
**sogenannte** so-called
**solche/r/s** such
**sollen** should
der **Sommer(-)** summer
**der Sommerschlußverkauf** summer sale
das **Sonderangebot** on offer
**sondern** but

die **Sonne(n)** sun
sich **sonnen** to sunbathe
die **Sonnenbrille(n)** sunglasses
der **Sonnenschein** sunshine
**sonnig** sunny
**sonst** otherwise
**sorgen für** to look after
sich **Sorgen machen** to worry
**sorgfältig** careful(ly)
**sortieren** to sort
die **Soße(n)** sauce
**soviel** so much
**sowieso** anyway
der **Sozialarbeiter(-)** social worker
der **Sozialismus** socialism
die **Sozialwissenschaften** social sciences
**Spanisch** Spanish
**spannend** exciting
**sparen** to save
das **Sparkonto(-ten)** savings account
**Spaß machen** to be fun
**spät** late
der **Spatz(en)** sparrow
**spazierengehen** to go for a walk
der **Spaziergang(¨e)** walk
der **Speck** ham, bacon
die **Speise(n)** dish
die **Speisekarte(n)** menu
**spenden** to donate, contribute
**speziell** special
das **Spiel(e)** game
**das Spielgeld** toy money
**das Spielwarengeschäft(e)** toy shop
**das Spielzeug** toy
**spielen** to play
**spinnen** to talk rubbish
**spitze** great
der **Spitzenreiter** front-runner (horse)
**Sport treiben** to do sport
**die Sportart(en)** sport
**das Sportgeschäft(e)** sports shop
**der Sportler(-)** athlete
**sportlich** sporty
**der Sportschuh(e)** training shoe
**der Sportverein(e)** sports club
die **Sprache(n)** language
**sprechen** to speak
**springen** to jump
die **Sprühdose(n)** aerosol can
der **Sprung(¨e)** jump
**spülen** to rinse
die **Spülmaschine(n)** dishwasher
die **Spur(en)** track, trace
**spüren** to feel
**spurlos** without trace
der **Staat(en)** state
**der Staatsbürger(-)** citizen
die **Stadt(¨e)** town
**die Stadtmitte(n)** town centre
**der Stadtrand** town outskirts
der **Stall(¨e)** stall
**ständig** constant(ly)
der **Standpunkt(e)** point of view
die **Stange(n)** pole
**stark** strong
**starren** to stare
der **Start(s)** start
**starten** to start, take off
**statt** instead of
**stattdessen** instead of that

**stattfinden** to take place
**staubsaugen** to vacuum
**stecken** to put
**stehen** to stand
**stehlen** to steal
das **steht** mir it suits me
**steigen** to climb
**steil** steep
der **Stein(e)** stone
die **Stelle(n)** place, position, job
**stellen** to put
die **Stellenanzeige(n)** job advert
der **Steppdeckenbezug(¨e)** quilt cover
**sterben** to die
der **Stern(e)** star
**sternklar** very clear night
die **Steuerbehörde** tax authorities
**steuern** to steer
die **Steuerung** control
der **Steward/die Stewardeß** air steward(ess)
das **Stickstoffniveau(s)** nitrogen level
der **Stiefel(-)** boot
der **Stift(e)** pen
die **Stiftung(en)** foundation
die **Stimme(n)** voice
**stimmen** to be correct
das **stimmt (nicht)** that's (not) true
**stinken** to stink
der **Stock(¨e)** stick, storey
das **Stockwerk(e)** storey
der **Stoffaffe(n)** toy monkey
die **Stoffhose(n)** suit trousers
das **Stofftier(e)** soft toy
**stolz** proud
der **Stoßdämpfer(-)** shock absorber
der **Strahl(en)** ray
der **Strand(¨e)** beach
die **Straße(n)** road
**die Straßenbahn(en)** tram
**die Straßenbahnkarte(n)** tram ticket
die **Strecke(n)** distance
das **Streichholz(¨er)** match
der **Streifen(-)** stripe
sich **streiten** to argue
die **Streiterei(en)** argument
**streng** strict
der **Streß** stress
**stressig** stressful
der **Strichcode(s)** bar code
das **Stroh** straw
der **Strom(¨e)** river, current
das **Stück(e)** piece, play
der **Student(en)** student (at university)
die **Studie(n)** essay
**studieren** to study
die **Studioaufnahme(n)** studio recording
das **Studium(-dien)** higher ed. course
die **Stunde(n)** hour, lesson
die **Stundenkilometer (*pl*)** km per hour
**stündlich** hourly
**stürzen** to fall
**suchen** to look for
die **Sucht** addiction
**die Suchterscheinung(en)** symptom of addiction
**Südamerika** South America
im **Süden** in the south
der **Südpol** South Pole
**summen** to hum

der **Sumpf(¨e)** marsh
der **Supermarkt(¨e)** supermarket
die **Süßigkeiten (*pl*)** sweets
das **Süßwarengeschäft(e)** sweet shop
das **Sweatshirt(s)** sweatshirt
das **Symptom(e)** symptom
**synthetisch** synthetic
das **System(e)** system
die **Szene(n)** scene

## T

das **T-Shirt(s)** T-shirt
der **Tabak** tobacco
die **Tabelle(n)** table, chart
die **Tablette(n)** tablet
die **Tafel(n)** bar, board
der **Tag(e)** day
  **guten Tag** good day
  **das Tagebuch(¨er)** diary
  **tagelang** all day long
  **der Tagesablauf(¨e)** daily routine
**täglich** daily
die **Tagung(en)** meeting
das **Talent(e)** talent
**talentiert** talented
der **Tank(s)** tank
**tanken** to fill up with petrol
die **Tankstelle(n)** petrol station
der **Tannenbaum(¨e)** fir tree
die **Tannennadel(n)** pine needle
die **Tante(n)** aunt
**tanzen** to dance
die **Tasche(n)** bag
das **Taschengeld** pocket money
das **Taschentuch(¨er)** handkerchief
die **Tasse(n)** cup
die **Tätigkeit(en)** activity
die **Tatsache(n)** fact
**tatsächlich** in fact
die **Tatze(n)** paw
die **Taubheit** deafness
der **Taucher(-)** diver
die **Tauchgeschwindigkeit** diving speed
**tauschen** to swap
das **Tauschmittel(-)** means of exchange
**tausend** thousand
der **Taxifahrer(-)** taxi driver
die **Technik** technology
der **Teddybär(en)** teddybear
der **Tee(s)** tea
der **Teig(e)** dough
der **Teil(e)** part
**teilen** to share, divide
**teilnehmen** to take part
der **Teilnehmer(-)** participant
**teilweise** partly
die **Teilzeitarbeit(en)** part-time work
das **Telefon(e)** phone
  **die Telefonnummer(n)** phone number
  **die Telefonzelle(n)** phone box
**telefonieren** to phone
die **Temperaturwert(e)** temperature
das **Tempo(s)** speed
**Tennis** tennis
der **Teppich(e)** carpet
die **Terrasse(n)** terrace
**teuer** expensive
der **Teufelskreis(e)** vicious circle
der **Text(e)** text
die **Textverarbeitungskenntnisse (*pl*)** word-processing skills
das **Theater(-)** theatre
  **die Theaterwerkstatt(¨e)** theatre workshop
das **Thema(-men)** topic
**theoretisch** theoretically
die **Theorie(n)** theory
**tief** deep
die **Tiefgarage(n)** underground garage
das **Tier(e)** animal
  **der Tierarzt(¨e)** vet
  **das Tierfutter** animal food
**tierisch** animal
der **Tisch(e)** table
  **das Tischdecken** laying the table
  **Tischtennis** table tennis
das **Titelbild(er)** cover picture
die **Tochter(¨)** daughter
der **Tod(e)** death
  **die Todeszeit(en)** time of death
**tödlich** deathly
die **Toilette(n)** toilet
  **das Toilettenpapier(e)** toilet paper
**toll** great
der **Ton(¨e)** sound
  **das Tonstudio(s)** recording studio
**tot** dead
**total** total(ly)
**töten** to kill
zum **Totlachen** dead funny
**totlangweilig** deadly dull
die **Tourismusbranche(n)** tourist industry
der **Trabi(s)** East German car (Trabant)
die **Tradition(en)** tradition
**tragbar** portable
**tragen** to wear, carry
der **Trainer(-)** trainer, coach
**trainieren** to train
**transportieren** to transport
das **Transportmittel** means of transport
**transsibirisch** trans-Siberian
der **Traum(¨e)** dream
**träumen** to dream
**traurig** sad
**treffen** to meet
der **Trend(s)** trend
die **Treppe(n)** stairs
der **Tresorraum(¨e)** strongroom
die **Tretmühle(n)** treadmill
die **Trillion(en)** trillion
**trinken** to drink
**trocknen** to dry
das **Tröpfchen(-)** drop
**tropfen** to drip
der **Trott** trot
der **Trottel(-)** idiot
**trotzdem** despite
**trüb** dull
**tschüß** bye
das **Tuch(¨er)** cloth
**tun** to do
die **Tür(en)** door
  **die Türklinke(n)** door handle
die **Türkei** Turkey
  **türkisch** Turkish
der **Turnschuh(e)** trainer
die **Tüte(n)** bag
**typisch** typical(ly)

## U

die **U-Bahn(en)** underground
**übel** evil
**üben** to practise
**über** over, about
**überall** everywhere
**übereinstimmen** to agree
**überfluten** to flood
**übergewichtig** overweight
**überhaupt (nicht)** (not) at all
**überlaufen** to run over
**überleben** to survive
sich **überlegen** to consider
**übernachten** to stay overnight
die **Übernachtungsmöglichkeit(en)** accommodation
**übernehmen** to take over
**überqueren** to cross
**überraschen** to surprise
der **Überrest(e)** remnants
**überschreiten** to exceed
die **Überstunde(n)** overtime
**übertragen** to transfer
die **Übertragung(en)** transfer
**übertreiben** to exaggerate
**überzeugen** to convince
**übrig** over, remaining
**übrigbleiben** to remain
die **Übung(en)** exercise, activity
die **Uhr(en)** clock
  **die Uhrzeit(en)** time
**um** at, round
**um ... zu** in order to
**umfallen** to fall over
die **Umfrage(n)** survey
der **Umgangston** manner
**umgekehrt** vice versa
der **Umschlag(¨e)** envelope
**umschulen** to retrain
die **Umschulung(en)** retraining
**umstritten** controversial
**umtauschen** to swap
die **Umwelt** environment
  **umweltfreundlich** environmentally friendly
  **der Umweltschutz** environmental protection
  **die Umweltverschmutzung** pollution
**umziehen** to move
der **Umzug(¨e)** move
**unbedingt** certainly, really
**unbekannt** unknown
**und** and
  **und so weiter** and so on
**undefinierbar** undefinable
**uneben** uneven
**unerwartet** unexpected
**unfair** unfair
der **Unfall(¨e)** accident
**ungefähr** around, about
**ungesund** unhealthy
**unglaubhaft** unconvincing
**unglaublich** unbelievable
**unglaubwürdig** untrustworthy
**unglücklich** unhappy
**unglücklicherweise** unfortunately
**unheilbar** incurable
**unheilvoll** disastrous
**unheimlich** incredible, really

unhöflich impolite
die Uniform(en) uniform
die Universalsprache(n) universal language
die Universität(en) (Uni)(s) university
das Unkraut weed
unmenschlich inhuman
unmöglich impossible
unnötig unnecessary
uns us
unser/e our
unsinkbar unsinkable
unten under, below
unter under, among
der Untergang sinking, destruction
die Unterhaltung(en) entertainment
die Unterkunft(¨e) accommodation
unternehmen to do something
der Unterricht lessons
der Unterrock(¨e) petticoat
der Unterschied(e) difference
unterschiedlich different, various
unterschreiben to sign
unterstützen to support
die Untersuchung(en) examination
unterwegs on the way
ununterbrochen uninterrupted
unvergeßlich unforgettable
der Urlaub holiday
im Urlaub on holiday
die Urlaubserfahrung(en) holiday experience
die Ursache(n) cause
ursprünglich original(ly)
usw. etc.

## V

der Vater(¨) father
der Vaterersatz father substitute
der Vaterschaftsurlaub paternity leave
der Vati(s) dad
der Vegetarier(-) vegetarian
vegetarisch vegetarian
die Veranstaltung(en) event
das Verb(en) verb
die Verbesserung(en) improvement
verbieten to forbid
verbinden to unite
verblüffen to amaze
das Verbrechen(-) crime
verbrennen to burn
verbringen to spend (time)
verderben to spoil
verdienen to earn
die Verdienstmöglichkeit(en) earning potential
der Verein(e) club, organisation
vereinigen to unite
die Vereinigten Staaten United States
verfehlen to miss
verfügbar available
verfügen to have
die Vergangenheit past
vergessen to forget
vergiften to poison
die Vergiftung(en) poisoning
der Vergleich(e) comparison
vergleichen to compare
vergnügt happy, in a good mood
vergraben to bury
das Verhältnis(se) relationship
verheiratet married
verkaufen to sell
der Verkäufer(-) salesman
der Verkehr traffic
der Verkehrsstau(s) traffic jam
das Verkehrsamt(¨er) tourist office
verkehrt wrong
verlangen to demand
verlassen to leave
verletzen to injure
die Verletzung(en) injury
sich verlieben to fall in love
verlieren to lose
verlocken to entice
der Verlust(e) loss
vermehren to increase
vermeiden to avoid
vermeidlich avoidable
vermeintlich putative
vermischt mixed
vermuten to suspect
vernichten to destroy
vernünftig responsible
die Verpackung(en) packaging
verpassen to miss
verpesten to pollute
sich verpflichten to commit yourself
verringern to reduce
verrotten to rot
verrückt mad
versagen to deny
versammeln to assemble
verschenken to give away
verschieben to postpone
verschieden different
verschmutzen to dirty
verschreiben to prescribe
verschwenderisch wasteful
verschwinden to disappear
versetzen to move, shift
sich versichern to insure
die Versicherung(en) insurance
versöhnen to reconcile
die Versöhnung reconciliation
versorgen to look after
die Verspätung(en) delay
verspeisen to consume
versprechen to promise
das Verständnis(se) understanding
verstauchen to sprain
verstehen to understand
sich verstehen mit to get along with
verstreuen to scatter
versuchen to try
das Versuchsmodell(e) test model
verteilen to distribute
sich vertiefen in to get engrossed in
verwickeln to tangle
verwirklichen to realise
verwöhnt spoiled
verzeihen to forgive
vibrieren to vibrate
die Videokonferenz(en) video conference
viel much
vielleicht perhaps
die Vierergruppe(n) group of four
viermal four times
violett purple
das Virus(-ren) virus
der Visagist(en) make-up artist
das Vitamin(e) vitamin
der Vogel(¨) bird
das Volk(¨er) people
voll full
völlig complete(ly)
von from, of
vor ago, in front of
vorankommen to get on
im voraus in advance
vorbehaltlos unconditional
vorbei past
vorbereiten to prepare
das Vorbild(er) model
vorbildlich exemplary
der Vorbote(n) herald
vorfahren to drive on
vorhaben to intend
vorher before
die Vorhersage(n) forecast
vorhersagen to forecast
vorlesen to read aloud
vorne front
vornehmen to carry out
der Vorort(e) suburb
der Vorrat(-räte) stock
die Vorraussetzung(en) pre-condition
der Vorschlag(¨e) suggestion
vorschlagen to suggest
der Vorsitzende(n) chairman
vorspielen to act out
sich vorstellen to imagine, introduce yourself
das Vorstellungsgespräch(e) interview
der Vorteil(e) advantage
das Vorurteil(e) prejudice

## W

wachsen to grow
der Wackelpudding(s) blancmange
die Waffe(n) weapon
der Wagen(-) car
die Wahl(en) choice, vote
das Wahlfach(¨er) optional subject
wählen to choose
wahr true
während during, while
wahrscheinlich probably
die Währung(en) currency
der Wald(¨er) forest
das Waldstück(e) piece of forest
die Wand(¨e) wall
wandern to walk, hike
die Wanderung(en) walk
wann when
die Ware(n) product
das Warenhaus(¨er) warehouse
warm warm
die Wärme warmth
warten to wait
die Wartung servicing
warum why
was what
das Waschbecken(-) sink
waschen to wash
die Waschmaschine(n) washing machine
das Wasser water
wasserdicht waterproof
der Wasserhahn(¨e) tap
der Wasserkessel(-) kettle
Wasserski fahren to go waterskiing
die WC-Spülung toilet flush

das **Wechselgeld** small change
**wechseln** to change
die **Wechselstube(n)** bureau de change
**wechselweise** in turn
**weder** ... **noch** neither ... nor
**weg** away
der **Weg(e)** way, path
  **die Wegbeschreibung(en)** direction
  **der Wegweiser(-)** sign
**wegen** due to
**wegräumen** to tidy away
**wegwerfen** to throw away
**weh tun** to hurt
**Wehrdienst leisten** to do military service
**weich** soft
**Weihnachten** Christmas
**weil** because
der **Wein(e)** wine
**weinen** to cry
die **Weise(n)** method
**weiß** white
**weit** far
**weiter** further
**weiterfahren** to drive on
**welche/r/s** which
die **Welt(en)** world
  **die Weltbevölkerung** world population
  **die Weltkarte(n)** world map
  **der Weltkrieg(e)** world war
  **die Weltreise(n)** world trip
**weltweit** worldwide
**wenig** little
**wenige** few
**wenigstens** at least
**wenn** when, if
**wer** who
die **Werbeagentur(en)** advertising agency
der **Werbekaufmann("er)** advertising salesman
die **Werbung** advertising
**werden** to become
die **Werft(en)** shipyard
das **Werk(e)** work
  **die Werkstatt("en)** workshop
**wert sein** to be worth
im **Wert von** to the value of
**wertvoll** valuable
**westafrikanisch** west African
**westlich** westerly
der **Wettbewerb(e)** competition
das **Wetter** weather
**wichtig** important
die **Wichtigkeit** importance
**widersprechen** to contradict
**wie** how
  **wie bitte?** pardon?
**wieder** again
**wiederholen** to repeat
auf **Wiederhören** bye (on phone)
**wiederum** on the other hand
**wiegen** to weigh
**wieso** why
**wieviel** how much
das **Wild** game (animal)
**willkommen** welcome
**winddicht** windproof
die **Windschutzscheibe(n)** windscreen
**windsurfen** to windsurf
der **Winter(-)** winter
**wir** we
**wirklich** really
in **Wirklichkeit** in reality
die **Wirtschaft** economy
**wissen** to know
der **Wissenschaftler(-)** scientist
der **Witz(e)** joke
**wo** where
die **Woche(n)** week
das **Wochenende(n)** weekend
**wöchentlich** weekly
**wohl** presumably
sich **wohl fühlen** to feel well
**wohnen** to live
der **Wohnort(e)** place of residence
die **Wohnung(en)** flat
der **Wohnwagen(-)** caravan
das **Wohnzimmer(-)** sitting room
die **Wolle(n)** wool
**wollen** to want to
das **Wort("er)** word
das **Wörterbuch("er)** dictionary
**wunderbar** wonderful
sich **wundern** to wonder
**wunderschön** brilliant
der **Wunsch("e)** wish
der **Wurm("er)** worm
die **Wurst("e)** sausage
  **die Wurstbude(n)** sausage stand
  **das Würstchen(-)** sausage
die **Wüste(n)** desert

## Z

**z.B. (zum Beispiel)** e.g. (for example)
die **Zahl(en)** figure, number
**zählen** to count
**zahlen** to pay
**zahlreich** numerous
der **Zahn("e)** tooth
der **Zehnmarkschein(e)** ten-mark note
die **Zeichenerklärung(en)** legend, key
**zeichnen** to draw
**zeigen** to show
die **Zeit(en)** time
  **zur Zeit** at the moment
  **eine Zeitlang** for a while
  **der Zeitpunkt(e)** point in time
die **Zeitschrift(en)** magazine
die **Zeitung(en)** newspaper
**zerbrechen** to smash
**zerkleinern** to cut up
**zerschneiden** to cut up
**zerstören** to destroy
der **Zettel(-)** note
die **Ziege(n)** goat
**ziehen** to move, pull
das **Ziel(e)** aim
**zielbewußt** purposeful
**ziemlich** quite
die **Ziffer(n)** figure
die **Zigarette(n)** cigarette
  **der Zigarettenrauch** cigarette smoke
die **Zigarre(n)** cigar
das **Zimmer(-)** room
  **die Zimmerdecke(n)** ceiling
**zippen** to chirp
der **Zivildienst** community service
  **der Zivildienstleistende(n)** person on community service
der **Zoffkasten(")** problem box
der **Zoo(s)** zoo
**zu** to, too
**zu zweit** in twos
**züchten** to rear
der **Zucker** sugar
  **der Zuckergehalt** sugar content
  **zuckerhaltig** sugared
**zudrehen** to turn off
**zuerst** first of all
**zufällig** coincidentally
**zufrieden** satisfied
der **Zug("e)** train
das **Zuhause** home
**zuhören** to listen
die **Zukunft** future
  **die Zukunftskiste(n)** future chest
**zumachen** to close
**zunächst** first of all
**zunehmen** to put on weight
**zurechtkommen** to get on, cope
**zurück** back
**zusammen** together
**zusammenfassen** to summarise
die **Zusammenfassung(en)** summary
der **Zusammenhalt** cohesion
**zusammenpassen** to match
der **Zusammenstoß("e)** collision
**zusätzlich** additional(ly)
der **Zuschauer(-)** spectator
**zuschicken** to send
**zuverlässig** reliable
**zwar** however
  **und zwar** in fact
der **Zweck(e)** purpose
der **Zweifel(-)** doubt
**zweite/r/s** second
**zwingen** to force
**zwischen** between
der **Zwischenhändler(-)** middleman

## A

**a** ein
to be **able to** können
**about** rund, gegen
**above** oben
**abroad** im Ausland
**absolute(ly)** absolut
to **accept** akzeptieren
**accident** der Unfall(¨e)
**accommodation** die Unterkunft
**according to** laut
**account** das Konto(-ten)
**achievement** die Leistung(en)
**action** die Aktion(en)
**active** aktiv
**activity** die Aufgabe(n), die Tätigkeit(en), die Übung(en)
**actor** der Schauspieler(-)
to **add** hinzufügen
**address** die Adresse(n)
**adult** der Erwachsene(n)
**advantage** der Vorteil(e)
**adventure** das Abenteuer(-)
**advert** die Anzeige(n), die Werbung(en)
to **advise** raten
to be **afraid** Angst haben
**after** nach, nachdem
**afterwards** danach
**again** wieder
**against** gegen
**age** das Alter(-)
**ago** vor
**agreed** einverstanden
**agriculture** die Landwirtschaft
**aim** das Ziel(e)
**air** die Luft
**airport** der Flughafen(¨)
**alcohol** der Alkohol
**all** alle/alles
**allergic** allergisch
to **allow** erlauben
to be **allowed to** dürfen
**almost** fast
**alone** allein(e)
**along** entlang
**already** bereits, schon
**although** obwohl
**always** immer
**amazed** erstaunt
**amazing** erstaunlich
**ambitious** ehrgeizig
**ambulance** der Krankenwagen(-)
**America** Amerika
to **amuse oneself** sich amüsieren
**and** und
  **and so on** und so weiter (usw.)
**angry** sauer
**animal** das Tier(e)
**annoyance** der Ärger
**annoying** nervig
**answer** die Antwort(en)
to **answer** beantworten
**answerphone** der Anrufbeantworter(-)
**anyway** sowieso
**apart from** außer
**apparently** anscheinend, offenbar
to **appear** scheinen
**application** die Bewerbung(en)
to **apply for** sich bewerben um
**area** der Bereich(e), die Gegend(en)
**arm** der Arm(e)
**around** ungefähr
**arrival** die Ankunft(¨e)
to **arrive** ankommen
**article** der Artikel(-)
**artist** der Künstler(-)
**artistic** kunstvoll
**as** als
  **as ... as** so ... wie
to **ask** fragen
**at** an, um
**aunt** die Tante(n)
**Australia** Australien
**Austria** Österreich
**author** der Schriftsteller(-)
on **average** durchschnittlich
**away** weg

## B

**baby** das Baby(s)
to **babysit** babysitten
**back** der Rücken(-), zurück
**backwards** rückwärts
**bad** schlecht, schlimm
**badminton** Federball
**bag** der Beutel(-), die Tasche(n), die Tüte(n)
to **bake** backen
**baker** der Bäcker(-)
**bakery** die Bäckerei(en)
**balcony** der Balkon(s)
**banana** die Banane(n)
**band** die Band(s)
**bank** die Bank(en)
**bar** der Riegel(-), die Tafel(n)
**baseball cap** die Baseballmütze(n)
**bath** das Bad(¨er)
**battery** die Batterie(n)
to **be** sein
  **to be (situated)** sich befinden
**beach** der Strand(¨e)
**beaker** der Becher(-)
**bean** die Bohne(n)
**because** weil, denn
to **become** werden
**bed** das Bett(en)
**bedroom** das Schlafzimmer(-)
**beef** das Rindfleisch
**beer** das Bier(e)
**before** bevor, vorher
to **begin** anfangen, beginnen
**behind** hinten, hinter
to **believe** glauben
**bell** die Glocke(n)
to **belong** gehören
**best** beste/r
**better** besser
**between** zwischen
**bicycle** das Fahrrad(¨er), das Rad(¨er)
**big** groß
**bill** die Rechnung(en)
**biology** Biologie
**bird** der Vogel(¨)
**biro** der Kuli(s)
**birthday** der Geburtstag(e)
**biscuit** der Keks(e)
a **bit** ein bißchen
**black** schwarz
**blame** schuld
**blancmange** der Wackelpudding(s)
**blast!** Mist!
to **bleed** bluten
**blood** das Blut
**blouse** die Bluse(n)
**blue** blau
**board** das Brett(er)
**boat** das Boot(e)
**body** der Körper(-)
**book** das Buch(¨er)
to **book** reservieren
**bookshop** der Buchladen(¨)
**boot** der Stiefel(-)
**border** die Grenze(n)
**bored** gelangweilt
**boring** langweilig
**boss** der Chef(s)
**both** beide
**bottle** die Flasche(n)
to **bowl** kegeln
**box** das Kästchen(-), die Schachtel(n)
**boy** der Junge(n)
**boyfriend** der Freund(e)
**brain** das Gehirn(e)
to **brake** bremsen
**brake** die Bremse(n)
**brave** mutig
**bread** das Brot(e)
to **break** brechen
**break** die Pause(n)
**breakdown** die Panne(n)
**breakfast** das Frühstück(e)
to **breathe** atmen
**bridge** die Brücke(n)
to **bring** bringen
**brochure** der Prospekt(e), die Broschüre(n)
**broken** kaputt
**brother** der Bruder(¨)
**brothers and sisters** die Geschwister (*pl*)
**brown** braun
to **build** bauen
**builder** der Bauarbeiter(-)
**burglar** der Einbrecher(-)
to **burn** brennen
**bus** der Bus(se)
  **bus station** der Busbahnhof(¨e)
**but** aber, doch, jedoch, sondern
**butcher** die Metzgerei(en)
**butter** die Butter
to **buy** kaufen
**by** bei
**bye** tschüß, auf Wiederhören (phone)

## C

**cabbage** der Kohl(e)
**café** das Café(s)
**cake** der Kuchen(-)
to be **called** heißen
**camera** der Fotoapparat(e)
**campsite** der Campingplatz(¨e)
**can** die Dose(n)
**cap** die Mütze(n)
**car** das Auto(s), der Wagen(-)
  **car mechanic** der Kfz-Mechaniker(-)
**caravan** der Wohnwagen(-)
**career** die Karriere(n)
**careful(ly)** sorgfältig
**carer** der Betreuer(-)
**carpet** der Teppich(e)
**carrot** die Karotte(n), die Möhre(n)
to **carry** tragen

**case** der Fall(¨e)
**cash** das Bargeld
**cash till** die Kasse(n)
**cat** die Katze(n)
**catastrophe** die Katastrophe(n)
**CD** die CD(s)
to **celebrate** feiern
**century** das Jahrhundert(e)
**certain(ly)** bestimmt, unbedingt
**CFC** das FCKW
**chain** die Kette(n)
to **change** ändern, wechseln
**channel** der Sender(-)
**chapter** das Kapitel(-)
**chart** die Tabelle(n)
**cheap** billig
to **check** nachprüfen
**checked** kariert
**cheese** der Käse(-)
**chemists** die Apotheke(n)
**cherry** die Kirsche(n)
**chic** schick
**chicken** das Hähnchen(-)
**child** das Kind(er)
**childish** kindisch
**chips** die Pommes frites (*pl*)
**chocolate** die Schokolade
**choice** die Wahl(en)
to **choose** wählen, auswählen
**Christian** der Christ(en)
**Christmas** Weihnachten
**church** die Kirche(n)
**cigarette** die Zigarette(n)
**cinema** das Kino(s)
to **claim** behaupten
**class** die Klasse(n)
**class test** die Klassenarbeit(en)
**classroom** das Klassenzimmer(-)
**clean** sauber
to **clean** putzen
**clear(ly)** klar
to **climb** steigen
**clock** die Uhr(en)
to **close** schließen, zumachen
**closed** geschlossen
**cloth** das Tuch(¨er), der Lappen(-)
**clothes** die Klamotten/Kleider (*pl*)
**club** der Club(s), der Verein(e)
**coat** der Mantel(¨)
**cocoa** der Kakao
**coffee** der Kaffee
**cold** der Schnupfen, die Erkältung(en), die Kälte, kalt
**colleague** der Kollege(n)/die Kollegin(nen)
to **collect** abholen, sammeln
**colour** die Farbe(n)
**colourful** bunt
to **come** kommen
**comfortable** bequem
**communication** die Kommunikation
**company** die Firma(-men), die Gesellschaft(en)
**competition** der Wettbewerb(e)
to **complain** sich beklagen
to **complete** ergänzen
**complete(ly)** gesamt, völlig
**comprehensive** school die Gesamtschule(n)
**computer** der Computer(-)
**computer studies** Informatik

**concert** das Konzert(e)
**consequence** die Konsequenz(en)
**constant(ly)** ständig
**container** der Behälter(-)
**content** der Inhalt
to **continue** fortsetzen
**control** die Kontrolle(n)
**cook** der Koch(¨e)
to **cook** kochen
to **copy** kopieren
**corner** die Ecke(n)
to **correct** korrigieren
**corridor** der Gang(¨e)
to **cost** kosten
**costume** das Kostüm(e)
**cosy** gemütlich
to **count** zählen
**country** das Land(¨er)
**countryside** die Landschaft(en)
**course** der Kurs(e)
of **course** freilich, natürlich, selbstverständlich
to **cover** decken, bedecken
**cow** die Kuh(¨e)
**cream** die Sahne
to **create** schaffen
**creative** kreativ
**crime** das Verbrechen(-)
**crockery** das Geschirr
**crossroads** die Kreuzung(en)
to **cry** weinen
**cup** die Tasse(n)
**currency** die Währung(en)
**current** aktuell
**curriculum vitae** der Lebenslauf(¨e)
**curve** die Kurve(n)
**customer** der Kunde(n)/die Kundin(nen)
to **cut** schneiden
to **cycle** Rad fahren

## D

**dad** der Vati(s)
**daily** täglich
**damage** der Schaden(¨)
to **dance** tanzen
**danger** die Gefahr(en)
**dangerous** gefährlich
**dark** dunkel
**date** das Datum (Daten)
**daughter** die Tochter(¨)
**day** der Tag(e)
**dead** tot
**dear** lieb, (*on a letter*) Lieber/Liebe, sehr geehrte/r
**death** der Tod
to **decide** sich entscheiden
**decision** die Entscheidung(en)
**deep** tief
**delay** die Verspätung(en)
to **deliver** liefern
to **demand** verlangen
**demonstration** die Demonstration(en)
**dependent** abhängig
**depressed** deprimiert
to **describe** beschreiben
**description** die Beschreibung(en)
**despite** trotzdem
**detached house** das Einfamilienhaus(¨er)
to **develop** entwickeln
**dialogue** der Dialog(e)

**diary** das Tagebuch(¨er)
**dictionary** das Wörterbuch(¨er)
to **die** sterben
**difference** der Unterschied(e)
**different** verschieden
**difficult** schwer, schwierig
**dining room** das Eßzimmer(-)
**direct(ly)** direkt
**direction** die Richtung(en)
**dirty** dreckig, schmutzig
**disabled person** der Behinderte(n)
**disadvantage** der Nachteil(e)
to **disappear** verschwinden
**disco** die Disco(s)
to **discover** entdecken, erfahren
**discussion** die Diskussion(en)
**dish** die Speise(n)
**dishwasher** die Spülmaschine(n)
**dizzy** schwindlig
to **do** tun, machen
**doctor** der Arzt(¨e)/die Ärztin(nen)
**dog** der Hund(e)
**dollar** der Dollar(s)
**door** die Tür(en)
**double room** das Doppelzimmer(-)
to **draw** malen, zeichnen
**dreadful** entsetzlich, furchtbar
**dream** der Traum(¨e)
to **dream** träumen
**dress** das Kleid(er)
**drink** das Getränk(e)
to **drink** trinken
**driver** der Fahrer(-)
**drug** das Rauschmittel, die Droge(n)
**duck** die Ente(n)
**due to** wegen
**dumpling** der Knödel(-)
**during** während
**duty** der Dienst(e)

## E

**each** jede/r/s
**each other** einander
**each time** jedesmal, jeweils
**early** früh
to **earn** verdienen
**earring** der Ohrring(e)
**earth** die Erde(n)
**Easter** Ostern
**easy** einfach, leicht
to **eat** essen, (*animals*) fressen
**economy** die Wirtschaft
**edge** der Rand(¨er)
**education** die Ausbildung
**e.g. (for example)** z.B. (zum Beispiel)
**egg** das Ei(er)
**either** ... or entweder ... oder
**elbow** der Ellbogen(-)
**elephant** der Elefant(en)
**emergency** der Notfall(¨e)
**employer** der Arbeitsgeber(-)
**employment office** das Arbeitsamt(¨er)
**empty** leer
to **end** enden, beenden
**end** das Ende(n)
**endless** endlos
**enemy** der Feind(e)
**energy** die Energie
**engine** der Motor(en)
**engineer** der Ingenieur(e)

**English** Englisch, englisch
**enough** genug
**enthusiastic** begeistert
**envelope** der Umschlag(¨e)
**environment** die Umwelt
**environmentally friendly** umweltfreundlich
**episode** die Episode(n)
**equal** egal, gleich
**equally** ebenfalls
**equipment** die Ausstattung
**essay** der Aufsatz(¨e)
to **estimate** schätzen
**etc.** usw.
**Europe** Europa
**even** sogar
**evening** der Abend(e)
**in the evenings** abends
**every** jede/r/s
**everywhere** überall
**evil** übel
**exact(ly)** genau
to **exaggerate** übertreiben
**exam** die Prüfung(en)
**exchange** der Austausch
**exchange rate** der Kurs(e)
**exciting** aufregend, spannend
**exclusive(ly)** ausschließlich
**excursion** der Ausflug(¨e)
**excuse** die Ausrede(n)
**excuse me** entschuldigen Sie, Entschuldigung
**exercise** die Aufgabe(n)
**exercise book** das Heft(e)
**exhausted** erschöpft
**exhausting** anstrengend
**exit** der Ausgang(¨e), die Ausfahrt(en)
to **expect** erwarten
**expensive** teuer
**experience** das Erlebnis(se), die Erfahrung(en)
to **express** äußern
**expression** der Ausdruck(¨e)
**extraordinary** außergewöhnlich

## F

**fact** die Tatsache(n)
in **fact** tatsächlich
**factory** die Fabrik(en)
to **fall** fallen
**family** die Familie(n)
**famous** berühmt
**fantastic** astrein
**far** weit
**farm** der Bauernhof(¨e)
**farmer** der Bauer(n)
**fashion** die Mode(n)
**fast** schnell
**fat** dick, fett, das Fett(e)
**father** der Vater(¨)
**federal state** das Bundesland(-länder)
to **feed (*animals*)** füttern
to **feel** fühlen, spüren
**feeling** das Gefühl(e)
**felt-tip pen** der Filzstift(e)
**festival** das Fest(e)
to **fetch** holen
**fever** das Fieber
**few** wenige
**figure** die Figur(en), die Zahl(en)
**file** die Akte(n)
to **fill** füllen
to **fill in** ausfüllen
to **fill up with petrol** tanken
**film** der Film(e)
**finally** endgültig, schließlich, zum Schluß
to **find (out)** (heraus)finden
**fine** fein
**finger** der Finger(-)
**fire** der Brand(¨e), das Feuer(-)
**fire brigade** die Feuerwehr
**firework** das Feuerwerk(e)
**firm(ly)** fest
**first** erst(e)
**first of all** zuerst
**fish** der Fisch(e)
**fitness** die Fitneß
**flat** die Wohnung(en), flach
**flight** der Flug(¨e)
**floor** der Boden(¨)
**flower** die Blume(n)
**flu** die Grippe(n)
to **fly** fliegen
**fog** der Nebel
to **follow** folgen
**food** das Essen, die Ernährung
**foot** der Fuß(¨e)
**football** Fußball
**football hooligan** der Fußballrowdy(s)
**football pitch** der Fußballplatz(¨e)
**for** für, pro
to **forbid** verbieten
**foreign** fremd
**foreign language** die Fremdsprache(n)
**forest** das Wald(¨er)
to **forget** vergessen
**fork** die Gabel(n)
**form** das Formular(e), die Form(en)
**franc** der Franc(-)
**France** Frankreich
**French** Französisch, französisch
**free** frei, kostenlos
**free time** die Freizeit
**frequently** häufig
**fresh** frisch
**fridge** der Kühlschrank(¨e)
**from** ab, von
in **front of** vor
**fruit** das Obst
**fruit juice** der Fruchtsaft(¨e)
to **fry** braten
**full** voll
to be **fun** Spaß machen
**funny** lustig, komisch
**furniture** die Möbel (*pl*)
**future** die Zukunft

## G

**game** das Spiel(e)
**gap** die Lücke(n)
**garage** die Garage(n)
**garden** der Garten(¨)
**gas** das Gas(e)
**generally** im allgemeinen
**generous** großzügig
**gently** leise
**Germany** Deutschland
**German** Deutsch, deutsch
**germs** die Bakterien, die Bazillen
to **get** bekommen
**to get to know** kennenlernen
**to get annoyed** sich ärgern
**to get dressed** sich anziehen
**to get in** einsteigen
**to get up** aufstehen
**girl** das Mädchen(-)
**girlfriend** die Freundin(nen)
to **give** schenken
to **give up** aufgeben
**glass** das Glas(¨er)
to **go** gehen, fahren
**to go for a walk** spazierengehen
**to go out** ausgehen
**God** der Gott(¨er)
**gold** das Gold
**good** gut
**good value** preiswert
**good-looking** gutaussehend
**goods** die Waren (*pl*)
to **gossip** schwatzen
**government** die Regierung(en)
**grade** die Note(n)
**gradually** allmählich
**gram** das Gramm
**grammar** die Grammatik
**grammar school** das Gymnasium(-sien)
**grandad** der Opa(s)
**grandmother** die Großmutter(¨)
**grass** das Gras
**great** prima, spitze, toll
**Greece** Griechenland
**greedy** geizig
**green** grün
to **greet** grüßen
**greeting** die Begrüßung(en)
**grey** grau
**groceries** die Lebensmittel (*pl*)
**group** die Gruppe(n)
to **grow** wachsen
to **guess** erraten
**guest** der Gast(¨e)
**guinea pig** das Meerschweinchen(-)

## H

**half** die Hälfte(n), halb
**hall** die Halle(n)
**ham** der Schinken, der Speck
**hand** die Hand(¨e)
**handkerchief** das Taschentuch(¨er)
to **hang** hangen
to **happen** passieren
**happy** glücklich
**harbour** der Hafen(¨)
**hard** hart
**hard-working** fleißig
**hardly** kaum
**harmful** schädlich
**harmless** harmlos
**hat** der Hut(¨e)
to **have** haben
**to have bad luck** Pech haben
**to have no wish to** null Bock haben
**to have to** müssen
**he** er
**head** der Kopf(¨e)
**headache** die Kopfschmerzen (*pl*)
**health** die Gesundheit
**healthy** gesund
**heart** das Herz(en)
**heart attack** der Herzinfarkt(e)

**height** die Größe(n)
**hell** die Hölle(n)
**hello** hallo
**help** die Hilfe
to **help** helfen
**helpless** hilflos
**her** ihr/e
**here** hier
**herself** sich
**high** hoch
**higher** höher
**him** ihm, ihn
**himself** sich
**his** sein/e
**history** Geschichte
**hobby** das Hobby(s), die Freizeitbeschäftigung(en)
**hole** das Loch(¨er)
**holidays** die Ferien (*pl*)
on **holiday** im Urlaub
**holy** heilig
at **home** zu Hause
**home country** die Heimat
**homework** die Hausaufgaben (*pl*)
**honest(ly)** ehrlich
to **hop** hüpfen
**hope** die Hoffnung(en)
**hopeful** hoffnungsvoll
**hopefully** hoffentlich
**horrid** öde
**hospital** das Krankenhaus(¨er)
**host family** die Gastfamilie(n)
**hot** heiß
**hotel** das Hotel(s)
**hour** die Stunde(n)
**house** das Haus(¨er)
**housework** die Hausarbeit
**how** wie
**how much** wieviel
**however** jedoch
**huge** riesig
**humane** menschlich
**hundred** hundert
to **hurry** sich beeilen
to **hurt** weh tun

## I

**I** ich
**i.e.** d.h.
**ice (cream)** das Eis
**idea** die Idee(n), die Ahnung(en)
**idiot** der Idiot(en)
**if** wenn
**ill** krank
**illness** die Krankheit(en)
**immediately** sofort
**impolite** unhöflich
**important** wichtig
**in** in
**including** einschließlich
**individual** einzeln
**indoor pool** das Hallenbad(¨er)
**industry** die Industrie
**influence** der Einfluß(-flüsse)
**information** die Informationen (*pl*)
**inhabitant** der Einwohner(-)
**injury** die Verleztung(en)
**insect** das Insekt(en)
**inside** innen
**inspector** der Inspektor(en)
**instead of** statt
**insurance** die Versicherung(en)
**intelligent** intelligent
to be **interested (in)** sich interessieren (für)
**interesting** interessant
**interview** das Interview(s)
**introduction** die Einführung(en)
to **invent** erfinden
**inventor** der Erfinder(-)
to **invite** einladen
**iron** das Eisen
**it** es
**Italy** Italien

## J

**jacket** die Jacke(n)
**jeans** die Jeans(-)
**job** die Arbeit(en), der Job(s)
**joke** der Witz(e)
**journalist** der Journalist(en)
**journey** die Fahrt(en)
**jumper** der Pullover(-)/Pulli(s)
**just** bloß, gerade
**just as** genauso

## K

to **keep** halten
**key** der Schlüssel(-)
to **kill** töten
**kilo** das Kilo(s)
**kilometre** der Kilometer(-)
all **kinds of** allerlei
**king** der König(e)
**kiosk** der Kiosk(e)
to **kiss** küssen
**kitchen** die Küche(n)
**knee** das Knie(-)
to **know** wissen

## L

**laboratory** das Labor(s)
**lake** der See(n)
**lamp** die Lampe(n)
to **land** landen
**language** die Sprache(n)
to **last** dauern
**last** letzte/r/s
**at last** endlich
**late** spät
to **laugh** lachen
**law** das Gesetz(e)
**lawyer** der Anwalt(¨e), der Jurist(en)
**lazy** faul
to **lead** leiten, führen
**lead-free** bleifrei
to **learn** lernen
at **least** mindestens, wenigstens
**leather** das Leder
to **leave** verlassen, abfahren, lassen
**left** links
**leg** das Bein(e)
to **lend** ausleihen
**lesson** die Stunde(n), der Unterricht
to **let** lassen
**letter** der Brief(e), der Buchstabe(n)
**lettuce** der Salat(e)
**library** die Bibliothek(en)
**lid** der Deckel(-)
to **lie** legen, liegen, lügen
**life** das Leben(-)
to **lift** heben
**light** das Licht, hell
to **like** mögen, etwas gern haben
**I (don't) like** mir gefällt (nicht)
**list** die Liste(n)
to **listen** hören, zuhören
**litre** der Liter(-)
**little** wenig
to **live** leben, wohnen
**liver** die Leber(n)
**loaf** der Laib(e)
**long** lang
**loo** das Klo(s)
to **look** ansehen, blicken, gucken
**to look at** anschauen
**to look for** suchen
**to look forward to** sich freuen auf
**to look up** nachschlagen
**lorry** der Lastwagen(-)
**lorry driver** der LKW-Fahrer(-)
to **lose** verlieren
**lost property office** das Fundbüro(s)
**loud** laut
**lovely** schön
**luckily** glücklicherweise, zum Glück
at **lunchtime** mittags

## M

**machine** die Maschine(n)
**mad** verrückt
**magazine** das Magazin(e), die Zeitschrift(en)
**mail** die Post
to **make** machen, basteln, bilden
**man** der Mann(¨er)
to **manage** schaffen
**map** die Karte(n)
**mark** die Mark(-)
**market** der Markt(¨e)
**married** verheiratet
**maths** Mathe
**me** mich, mir
**mealtime** die Mahlzeit(en)
to **mean** bedeuten
**meaning** die Bedeutung(en)
**meanwhile** inzwischen, mittlerweile
**meat** das Fleisch
**mechanic** der Mechaniker(-)
**media** die Medien (*pl*)
**medicine** die Medizin
to **meet** begegnen, treffen
**member** das Mitglied(er)
to **mention** erwähnen
**menu** Speisekarte(n)
**message** die Nachricht(en)
**method** die Methode(n), die Weise(n)
**metre** der Meter(-)
**microwave** der Mikrowellenherd(e)
**middle** mitten
**milk** die Milch
**million** die Million(en)
**mineral water** das Mineralwasser
**minute** die Minute(n)
to **miss** verpassen, fehlen
**mistake** der Fehler(-)
**model** das Modell(e)
**moment** der Moment(e)
at the **moment** im Augenblick, momentan
**money** das Geld
**month** der Monat(e)
**more** mehr
**the more ... the more** je ... desto
**morning** der Morgen

**most** am meisten
**mother** die Mutter(¨)
**motorbike** das Motorrad(¨er)
**motorway** die Autobahn(en)
**mountain** der Berg(e)
**mouth** der Mund(¨er)
to **move (in)** (ein)ziehen
**Mr** Herr
**Mrs** Frau
**much** viel
**mum** die Mutti(s)
**museum** das Museum(-seen)
**music** die Musik
**mustard** der Senf
**my** mein/e

## N

**name** der Name(n)
**narrow** eng, schmal
**nature** die Natur
**near** nah
**near to** in der Nähe
**necessary** nötig
**neck** der Hals(¨e)
to **need** brauchen
**neither ... nor** weder ... noch
**nerve** der Nerv(en)
**never** nie, niemals
**new** neu
**newspaper** die Zeitung(en)
**next** nächste/r/s
**next to** neben
**nice** nett
**night** die Nacht(¨e)
  **at night** nachts
**no** nein, nee
**nobody** niemand, kein(e)
**noise** das Geräusch(e), der Lärm
**normally** normalerweise
**nose** die Nase(n)
**nosey** neugierig
**not** nicht
  **not a** kein/e
  **not at all** gar nicht, **keinesfalls,** bitte schön!
**note** die Notiz(en)
to **note** notieren
**nothing** nichts
to **notice** merken
**novel** der Roman(e)
**now** jetzt, nun
  **now and again** ab und zu
**number** die Anzahl, die Nummer(n)
**nurse** der Krankenpfleger(-)/die Krankenschwester(n)
**nut** die Nuß (Nüsse)

## O

**object** der Gegenstand(¨e)
to **observe** beobachten
to **obstruct** hindern, behindern
**occupation** der Beruf(e)
**of** von
**off** los
to **offer** bieten
**office** das Büro(s)
**official** der Beamte(n)
**often** oft, öfter(s)
**OK** alles klar, in Ordnung
  **that's OK** das geht
**old** alt
**on** an, auf
**once** einmal, einst
  **once again** noch einmal
**one** ein, man
  **one and a half** anderthalb
**only** erst, nur
**only child** das Einzelkind(er)
to **open** öffnen, aufmachen
**open** offen
**opinion** die Meinung(en)
**opposite** gegenüber (von)
**or** oder
to **order** bestellen, ordnen
in **order to** um ... zu
to **organise** organisieren
**other(s)** andere/r/s
**otherwise** sonst
**our** unser/e
**out** aus, raus, heraus
**outside** draußen
**oven** der Ofen(¨)
**over** über, übrig
**own** eigene/r/s
to **own** besitzen

## P

**packet** das Paket(e)
**page** die Seite(n)
**painful** schmerzhaft
**painter** der Maler(-)
**pair** das Paar(e)
**paper** das Papier(e)
**paragraph** der Absatz(¨e)
**pardon?** wie bitte?
**parents** die Eltern (*pl*)
**park** der Park(s)
**parking space** der Parkplatz(¨e)
**part** der Teil(e)
**part-time job** der Nebenjob(s)
**partner** der Partner(-)
**party** die Party(s)
to **pass** bestehen
**passenger** der Insasse(n)/Passagier(e)
**passport** der Paß (Pässe)
**past** vorbei
**pasta** die Nudel(n)
**patient** geduldig
**patisserie** die Konditorei(en)
**pavement** der Bürgersteig(e)
to **pay** zahlen, bezahlen
**pear** die Birne(n)
**people** das Volk(¨er), die Leute (*pl*)
**perfect(ly)** perfekt
**perhaps** vielleicht
**person** der Mensch(en), die Person(en)
**personality** die Persönlichkeit(en)
**personally** persönlich
**pet** das Haustier(e)
**petrol** das Benzin
**petrol station** die Tankstelle(n)
**pfennig** der Pfennig(e)
**phone** das Telefon(e)
to **phone** telefonieren, anrufen
**photo** das Foto(s)
**physics** Physik
**piano** das Klavier(e)
**picnic** das Picknick(s)
**picture** das Bild(er)
**piece** das Stück(e)
to **pinch** klauen
**pineapple** die Ananas(-)
**pink** rosa
**pipe** die Pfeife(n)
**place** der Ort(e), die Stelle(n), der Platz(¨e)
**plan** der Plan(¨e)
**plane** das Flugzeug(e)
**plant** die Pflanze(n)
**play** das Stück(e)
to **play** spielen
**pleasant** angenehm
**please** bitte
**pocket money** das Taschengeld
**poem** das Gedicht(e)
**poisoning** die Vergiftung(en)
**police** die Polizei
  **police station** die Polizeiwache(n)
  **policeman** der Polizist(en)
**politician** der Politiker(-)
**poor** arm
**positive** positiv
**possibility** die Möglichkeit(en)
**possible** möglich
**post office** das Postamt(¨er)
**postcard** die Postkarte(n)
**postman** der Briefträger(-)/ Postbote(n)
**potato** die Kartoffel(n)
**pound** das Pfund(e)
**power** die Gewalt
to **practise** üben
**prefer** lieber
  **preferred** am liebsten
**pregnant** schwanger
to **prepare** vorbereiten
**present** das Geschenk(e)
**president** der Präsident(en)
**pretty** hübsch
**price, prize** der Preis(e)
**primary school** die Grundschule(n)
to **print** drucken
**prison** das Gefängnis(se)
**probably** wahrscheinlich
**problem** das Problem(e)
to **produce** herstellen
**product** das Produkt(e), die Ware(n)
**programme** das Programm(e), die Sendung(en)
**progress** der Fortschritt(e)
**project** das Projekt(e)
to **promise** versprechen
**pronunciation** die Aussprache(n)
**proud** stolz
to **prove** beweisen
**psychiatrist** der Psychiater(-)
**psychology** die Psychologie
**public** die Öffentlichkeit
to **pull** ziehen
**pupil** der Schüler(-)
**pure** rein
**purse** das Portemonnaie(s), die Geldbörse(n)
to **push** drücken
to **put** stellen
**puzzle** das Rätsel(-)

## Q

**quality** die Qualität
**question** die Frage(n)
**questionnaire** der Fragebogen(¨)
**quick(ly)** schnell
**quiet** ruhig
**quite** ziemlich, ganz
**quiz** das Quiz(-)

## R

**race** das Rennen(-)
**radio** das Radio(s)
**railway** die Bahn
**rain** der Regen
to **rain** regnen
**rarely** selten
to **reach** erreichen, reichen
to **react** reagieren
to **read** lesen
**ready** fertig, bereit
**really** wirklich, eigentlich, unheimlich, echt
**reason** der Grund(¨e)
**receipt** die Quittung(en)
**recently** neulich
to **recognise** erkennen
to **recommend** empfehlen
to **recover** erholen
to **recycle** recyceln
**recyclable bottle** die Mehrwegflasche(n)
**recyclable paper** das Altpapier
**recycling bin** der Container(-)
**red** rot
**regular(ly)** regelmäßig
**relationship** das Verhältnis(se)
**relaxed** locker
**religious** religiös
to **remember** sich erinnern
to **rent** mieten
to **repair** reparieren
to **repeat** wiederholen
to **report** berichten
**report** der Bericht(e)
to **rescue** retten
**reservation** die Reservierung(en)
**responsible** vernünftig
**rest** der Rest(e)
**restaurant** das Restaurant(s)
**result** das Ergebnis(se)
**rich** reich
to **ride** reiten
**right** rechts, richtig, gerecht
to **ring** klingeln
**risk** das Risiko(-ken)
**river** der Fluß (Flüsse)
**road** die Straße(n)
**role** die Rolle(n)
**roll** das Brötchen(-)
**roof** das Dach(¨er)
**room** das Zimmer(-), der Raum(¨e)
**round** um, rundlich
**rubbish** der Abfall(¨e), der Müll, Quatsch, der Blödsinn
**rule** die Regel(n)
to **run** laufen
**Russia** Rußland

## S

**sack** der Sack(¨e)
**sad** traurig
**safe** sicher
**salary** das Gehalt(¨er)
**salesman** der Verkäufer(-)
the **same** dieselben
**at the same time** gleichzeitig
**satisfied** zufrieden
**sauce** die Soße(n)
**sausage** die Wurst(¨e)
to **save** sparen
to **say** sagen
**scarce** knapp
**scarf** der Schal(e)
**scene** die Szene(n)
**school** die Schule(n)
**school report** das Schulzeugnis(se)
**science** die Naturwissenschaft(en)
**scientist** der Wissenschaftler(-)
**scissors** die Schere(n)
**screen** der Bildschirm(e)
**season** die Jahreszeit(en)
**second** die Sekunde(n)
**secondary school** die Realschule(n)
**secret** das Geheimnis(se)
to **see** sehen
to **send** schicken
**sentence** der Satz(¨e)
**series** die Serie(n)
**serious** ernst
to **serve** bedienen
**several** ein paar
to **share** teilen
**sharp** scharf
**she** sie
**shelf** das Regal(e)
to **shine** scheinen
**ship** das Schiff(e)
**shirt** das Hemd(en)
**shoe** der Schuh(e)
to **shoot** schießen
**shop** das Geschäft(e), der Laden(¨)
to **shop** einkaufen gehen
**short** kurz
**should** sollen
to **shout** schreien
to **show** zeigen
**shower** die Dusche(n)
**side** die Seite(n)
**sign** das Schild(er), der Wegweiser(-)
to **sign** unterschreiben
**similar** ähnlich
**since** seit
to **sing** singen
**singer** der Sänger(-)
**single** einzig
**single room** das Einzelzimmer(-)
**sink** das Waschbecken(-)
**sister** die Schwester(n)
to **sit** sitzen
to **sit down** sich setzen
**sitting room** das Wohnzimmer(-)
**situation** die Lage(n), die Situation(en)
**size** die Größe(n)
**ski** der Ski(er)
to **ski** Ski fahren
**skin** die Haut
**skirt** der Rock(¨e)
**sky** der Himmel(-)
to **sleep** schlafen
**slice** die Scheibe(n)
**slow(ly)** langsam
**small** klein
to **smell** riechen
to **smile** lächeln
to **smoke** rauchen
**smooth(ly)** glatt, ruhig, flott
**snack bar** der Schnellimbiß (-bisse)
**snow** der Schnee
**so** so, also
**so much** soviel
**soap** die Seife
**sock** die Socke(n)
**soft** sanft, weich
**solution** die Lösung(en)
to **solve** lösen
**some** manche/r/s
**somebody** jemand
**somehow** irgendwie
**something** etwas
**sometimes** manchmal
**somewhere** irgendwo
**song** das Lied(er)
**soon** bald, gleich
I'm **sorry** es tut mir leid
**sound** der Ton(¨e)
**source** die Quelle(n)
to **speak** sprechen
**special** besonder/e/es
**spectator** der Zuschauer(-)
to **spell** buchstabieren
to **spend** ausgeben, verbringen (time)
**sport** die Sportart(en)
**sporty** sportlich
**stage** die Bühne(n)
**stamp** die Briefmarke(n)
to **stand** stehen
**start** der Start(s)
to **start** anfangen, beginnen
**state** der Staat(en)
to **stay** bleiben
to **stay overnight** übernachten
to **steal** stehlen
**step** der Schritt(e), die Stufe(n)
to **stick** kleben
**still** (immer) noch
to **stink** stinken
**stomach ache** die Magenschmerzen (*pl*)
**stone** der Stein(e)
to **stop** aufhören, halten
**storey** das Stockwerk(e)
**story** die Geschichte(n)
**straight on** geradeaus
**strange** seltsam
**stranger** der Fremde(n)
**stress** der Streß
**strict** streng
**strong** stark
**student** der Student(en)
**study** die Studie(n), das Studium(-dien)
to **study** studieren
**stupid** bekloppt, blöd, doof, dumm
**subject** das Fach(ër)
**successful** erfolgreich
**such** solche/r/s
to **suffer** leiden
**sugar** der Zucker
**suggestion** der Vorschlag(¨e)
**suit** der Anzug(¨e)
**suitcase** der Koffer(-)
**summer** der Sommer(-)
**sun** die Sonne
**sunny** sonnig
**superb** großartig
**supermarket** der Supermarkt(¨e)
to **surprise** überraschen
**survey** die Umfrage(n)
to **swap** tauschen
**sweatshirt** das Sweatshirt(s)
**sweets** die Süßigkeiten, die Bonbons
to **swim** schwimmen

**swimming costume** der Badeanzug(¨e)
**swimming pool** das Schwimmbad(¨er)
**Switzerland** die Schweiz
**system** das System(e)

## T

**T-shirt** das T-Shirt(s)
**table** der Tisch(e)
**table tennis** Tischtennis
**tablet** die Tablette(n)
to **take** nehmen
to **take off** ausziehen
to **take place** stattfinden
to **talk** reden, sprechen
**tape** die Kassette(n)
**taste** der Geschmack(¨e)
to **taste** schmecken
**tasty** lecker
**tea** der Tee(s)
**teacher** der Lehrer(-)/die Lehrerin(nen)
**team** die Mannschaft(en)
**technology** die Technik
**teddybear** der Teddybär(en)
**teenager** der Jugendliche(n)
to **tell** erzählen
**tennis** Tennis
**terraced house** das Reihenhaus(¨er)
to **test** prüfen
**text** der Text(e)
**thanks a lot** danke schön, vielen Dank
**that** das, daß
**the** der, die, das
**theatre** das Theater(-)
**their** ihr/e
**them** ihnen, sie
**then** damals, dann
**there** da
**there is** es gibt
**therefore** deshalb, deswegen, also
**thief** der Dieb(e)
**thin** dünn
**thing** das Ding(e), die Sache(n)
to **think** denken, meinen
**this** diese/r/s
**thought** der Gedanke(n)
**thousand** tausend
**thriller** der Krimi(s)
**through** durch
to **throw away** wegwerfen
**tidy** ordentlich
to **tidy up** aufräumen
**tie** die Krawatte(n)
**time** das Mal(e), die Zeit(en)
**tired** müde
**to** nach, zu
**today** heute
**together** zusammen
  **all together** insgesamt
**toilet** die Toilette(n)
**tomorrow** morgen
**too** auch, zu
**tooth** der Zahn(¨e)
**total(ly)** total
**tourist office** das Verkehrsamt(¨er)
**town** die Stadt(¨e)
**town hall** das Rathaus(¨er)
**toy** das Spielzeug
**track** das Gleis(e)
**traffic** der Verkehr
**train** der Zug(¨e)
**trainee** der Auszubildende(n)
**training post** der Ausbildungsplatz(¨e)
**tram** die Straßenbahn(en)
to **travel** reisen
to **treat** behandeln
**trip** die Reise(n)
**trousers** die Hose(n)
**true** wahr
to **try** probieren, versuchen
to **turn** drehen
to **turn off** ausschalten
to **turn on** einschalten
**TV set** der Fernseher(-)
**tyre** der Reifen(-)

## U

**ugly** häßlich
**under** unter
**underground** die U-Bahn(en)
to **understand** verstehen, kapieren
**unemployed** arbeitslos
**unfortunately** leider
**unhappy** unglücklich
**uniform** die Uniform(en)
**United States** die Vereinigten Staaten
**university** die Universität(en) (Uni)(s)
to **unpack** auspacken
**until** bis
**urgent(ly)** dringend
**us** uns
to **use** benutzen
**useful** nützlich
**usually** gewöhnlich

## V

to **vacuum** staubsaugen
**valuable** wertvoll
**vegetable** das Gemüse(-)
**vegetarian** vegetarisch
**very** sehr
**vet** der Tierarzt(¨e)
**village** das Dorf(¨er)
to **visit** besuchen, besichtigen
**visit** der Besuch(e)
**visitor** der Besucher(-)
**voice** die Stimme(n)

## W

**wage** der Lohn(¨e)
to **wait** warten
**waiter** der Kellner(-)
to **walk** gehen, wandern
**wall** die Wand(¨e)
to **want to** wollen
**war** der Krieg(e)
**wardrobe** der Kleiderschrank(¨e)
to **wash** waschen
to **wash up** abspülen
to **watch out** aufpassen
  **watch out** paß auf, Achtung!
to **watch TV** fernsehen
**water** das Wasser
**way** der Weg(e)
**we** wir
**weak** schwach
to **wear** tragen
**weather** das Wetter
**wedding** die Hochzeit(en)
**week** die Woche(n)
**weekend** das Wochenende(n)
to **weigh** wiegen
**welcome** willkommen
**well** na ja
**wet** naß
**what** was
**when** wann, wenn, als
**where** wo
**whether** ob
**which** welche/r/s
**while** während
**white** weiß
**who** wer
**why** warum, wieso
**wife** die Frau(en)
to **win** gewinnen
**window** das Fenster(-)
to **windsurf** windsurfen
**wine** der Wein(e)
**winter** der Winter(-)
to **wipe** wischen, abwischen
**wish** der Wunsch(¨e)
**with** mit, anhand
**within** innerhalb, binnen
**without** ohne
**woman** die Frau(en), die Dame(n)
**wonderful** wunderbar
**word** das Wort(¨er)
to **work** arbeiten, funktionieren, klappen
**work** die Arbeit(en)
**work experience** das (Berufs)praktikum
**worksheet** das Arbeitsblatt(¨er)
**world** die Welt(en)
to **worry** sich Sorgen machen
**worse and worse** immer schlimmer
to **write** schreiben
**wrong** falsch, schief, verkehrt

## Y

**year** das Jahr(e)
**yellow** gelb
**yes** ja
**yesterday** gestern
**yogurt** der Joghurt
**you** du, dich, dir, ihr, euch, Sie, Ihnen
**young** jung
**your** dein/e, euer/e, Ihr/e
**yourself** selber/selbst
**youth club** der Jugendclub(s)
**youth hostel** die Jugendherberge(n)
**yuk!** igitt!

# Glossar

| | |
|---|---|
| *Ändere die fett-/blaugedruckten Wörter.* | *Change the emboldened/blue words.* |
| *Beantworte folgende Fragen.* | *Answer the following questions.* |
| *Benutz die Buchstaben/Hinweise/Notizen oben/ unten.* | *Use the letters/instructions/notes above/below.* |
| *Beschreib ... schriftlich.* | *Describe ... in writing.* |
| *Bilde Sätze/Paare.* | *Make sentences/pairs.* |
| *Der/Die andere Partner/in stellt Fragen.* | *The other partner asks questions.* |
| *Du hörst jetzt (zehn) Dialoge.* | *You will now hear (ten) dialogues.* |
| *Du stellst Fragen.* | *You ask questions.* |
| *Entscheide, (was zusammenpaßt).* | *Decide (what goes together).* |
| *Erfinde (neue Dialoge).* | *Invent (new dialogues).* |
| *Errate.* | *Guess.* |
| *Hast/Hattest du recht?* | *Are/Were you right?* |
| *Hör dir ... an.* | *Listen to ... .* |
| *Hör (noch mal) gut zu.* | *Listen (again).* |
| *In welcher Reihenfolge ...?* | *In what order ...?* |
| *Kannst du die Fehler finden?* | *Can you find the mistakes?* |
| *Kannst du die Geschichte weiterschreiben?* | *Can you continue the story?* |
| *Korrigiere die falschen Sätze/die Sätze, die nicht stimmen/die Fehler.* | *Correct the false sentences/the sentences which are wrong/the mistakes.* |
| *Lies deine Notizen/die Fotogeschichte/die Texte.* | *Read your notes/the photo story/the texts.* |
| *Mach(t) ein Interview/ein Quiz/eine Umfrage/eine Klassendebatte/eine Collage/eine Präsentation/ ein Ratespiel.* | *Do an interview/a quiz/a survey/a class debate/a collage/a presentation/ a guessing game.* |
| *Mach(t) Notizen/eine Liste/zwei Listen.* | *Make notes/a list/two lists.* |
| *Mit welchen Meinungen bist du einverstanden?* | *Which opinions do you agree with?* |
| *Nimm ... auf Kassette (oder auf Videokassette) auf.* | *Record ... on cassette (or on video).* |
| *Richtig oder falsch?* | *True or false?* |
| *Schlag unbekannte Wörter (im Wörterbuch) nach.* | *Look up unknown words (in the dictionary).* |
| *Schlag ... vor.* | *Suggest ...* |
| *Schreib einen Brief/einen Artikel/ein Interview/ einen Satz/einen Aufsatz.* | *Write a letter/an article/an interview/ a sentence/an essay.* |
| *Schreib (jeweils) ... auf.* | *Write ... down (each time).* |
| *Schreib ... ohne Unsinn ... auf.* | *Write ... down so that it makes sense.* |
| *Sieh dir ... an.* | *Look at ...* |
| *Siehe Grammatik, 2.2.* | *See the grammar section, 2.2.* |
| *Spiel die Rolle von ...* | *Play the role of ...* |
| *Spiel ... vor.* | *Act out ...* |
| *Stell die Satzteile zusammen.* | *Put the parts of the sentences together.* |
| *Stell folgende Fragen.* | *Ask the following questions.* |
| *Trag die Tabelle in dein Heft ein.* | *Copy the table into your exercise book.* |
| *Übe/Übt den Dialog.* | *Practise the dialogue.* |
| *Vergiß ... nicht.* | *Don't forget ...* |
| *Vergleich ...* | *Compare ...* |
| *Vervollständige ... mit ...* | *Complete ... with ...* |
| *Wähl ein Bild/eine Sprechblase.* | *Choose a picture//a speech bubble.* |
| *Was haben ... gemeinsam?* | *What do ... have in common?* |
| *Was ist richtig?* | *What is correct?* |
| *Was paßt zusammen?* | *What goes together?* |
| *Welcher/Welche/Welches ... ist nicht dabei?* | *Which ... is not there?* |
| *Welcher/Welche/Welches ... wird hier beschrieben?* | *Which ... is being described here?* |
| *Wenn du Hilfe brauchst, ...* | *If you need help, ...* |
| *Wer hat eine positive/negative Meinung?* | *Who has a positive/negative opinion?* |
| *Wer meint was?* | *Who thinks what?* |
| *Wiederhole ...* | *Repeat ...* |
| *Wieviel kannst du über ... sagen?* | *How much can you say about ...?* |